媒介融合的制度安排与政策选择

The Institution Arrangement and Policy Choice on Media Convergence

王润珏 著

社会科学文献出版社
SOCIAL SCIENCES ACADEMIC PRESS (CHINA)

图书在版编目（CIP）数据

媒介融合的制度安排与政策选择/王润珏著.—北京：社会
科学文献出版社，2014.9
（中国社会科学博士后文库）
ISBN 978 - 7 - 5097 - 6466 - 4

Ⅰ.①媒…　Ⅱ.①王…　Ⅲ.①传播媒介 - 制度安排 - 研究
②传播媒介 - 政策选择 - 研究　Ⅳ.①G206.2

中国版本图书馆 CIP 数据核字（2014）第 207392 号

·中国社会科学博士后文库·

媒介融合的制度安排与政策选择

著　者/王润珏

出 版 人/谢寿光
项目统筹/张建中　周　琼
责任编辑/张建中　周　琼

出　　版/社会科学文献出版社·社会政法分社（010）59367156
　　　　　地址：北京市北三环中路甲 29 号院华龙大厦　邮编：100029
　　　　　网址：www. ssap. com. cn
发　　行/市场营销中心（010）59367081　59367090
　　　　　读者服务中心（010）59367028
印　　装/北京季蜂印刷有限公司

规　　格/开　本：787mm × 1092mm　1/16
　　　　　印　张：15.75　字　数：260 千字
版　　次/2014 年 9 月第 1 版　2014 年 9 月第 1 次印刷
书　　号/ISBN 978 - 7 - 5097 - 6466 - 4
定　　价/65.00 元

序　一

　　博士后制度是 19 世纪下半叶首先在若干发达国家逐渐形成的一种培养高级优秀专业人才的制度，至今已有一百多年历史。

　　20 世纪 80 年代初，由著名物理学家李政道先生积极倡导，在邓小平同志大力支持下，中国开始酝酿实施博士后制度。1985 年，首批博士后研究人员进站。

　　中国的博士后制度最初仅覆盖了自然科学诸领域。经过若干年实践，为了适应国家加快改革开放和建设社会主义市场经济制度的需要，全国博士后管理委员会决定，将设站领域拓展至社会科学。1992 年，首批社会科学博士后人员进站，至今已整整 20 年。

　　20 世纪 90 年代初期，正是中国经济社会发展和改革开放突飞猛进之时。理论突破和实践跨越的双重需求，使中国的社会科学工作者们获得了前所未有的发展空间。毋庸讳言，与发达国家相比，中国的社会科学在理论体系、研究方法乃至研究手段上均存在较大的差距。正是这种差距，激励中国的社会科学界正视国外，大量引进，兼收并蓄，同时，不忘植根本土，深究国情，开拓创新，从而开创了中国社会科学发展历史上最为繁荣的时期。在短短 20 余年内，随着学术交流渠道的拓宽、交流方式的创新和交流频率的提高，中国的社会科学不仅基本完成了理论上从传统体制向社会主义市场经济体制的转换，而且在中国丰富实践的基础上展开了自己的伟大创造。中国的社会科学和社会科学工作者们在改革开放和现代化建设事业中发挥了不可替代的重要作用。在这个波澜壮阔的历史进程中，中国社会科学博士后制度功不可没。

值此中国实施社会科学博士后制度20周年之际，为了充分展示中国社会科学博士后的研究成果，推动中国社会科学博士后制度进一步发展，全国博士后管理委员会和中国社会科学院经反复磋商，并征求了多家设站单位的意见，决定推出《中国社会科学博士后文库》（以下简称《文库》）。作为一个集中、系统、全面展示社会科学领域博士后优秀成果的学术平台，《文库》将成为展示中国社会科学博士后学术风采、扩大博士后群体的学术影响力和社会影响力的园地，成为调动广大博士后科研人员的积极性和创造力的加速器，成为培养中国社会科学领域各学科领军人才的孵化器。

创新、影响和规范，是《文库》的基本追求。

我们提倡创新，首先就是要求，入选的著作应能提供经过严密论证的新结论，或者提供有助于对所述论题进一步深入研究的新材料、新方法和新思路。与当前社会上一些机构对学术成果的要求不同，我们不提倡在一部著作中提出多少观点，一般地，我们甚至也不追求观点之"新"。我们需要的是有翔实的资料支撑，经过科学论证，而且能够被证实或证伪的论点。对于那些缺少严格的前提设定，没有充分的资料支撑，缺乏合乎逻辑的推理过程，仅仅凭借少数来路模糊的资料和数据，便一下子导出几个很"强"的结论的论著，我们概不收录。因为，在我们看来，提出一种观点和论证一种观点相比较，后者可能更为重要：观点未经论证，至多只是天才的猜测；经过论证的观点，才能成为科学。

我们提倡创新，还表现在研究方法之新上。这里所说的方法，显然不是指那种在时下的课题论证书中常见的老调重弹，诸如"历史与逻辑并重"、"演绎与归纳统一"之类；也不是我们在很多论文中见到的那种敷衍塞责的表述，诸如"理论研究与实证分析的统一"等等。我们所说的方法，就理论研究而论，指的是在某一研究领域中确定或建立基本事实以及这些事实之间关系的假设、模型、推论及其检验；就应用研究而言，则指的是根据某一理论假设，为了完成一个既定目标，所使用的具体模型、技术、工具或程序。众所周知，在方法上求新如同在理论上创新一样，殊非易事。因此，我们亦不强求提出全新的理论方法，我们的最低要求，是要按照现代社会科学的研究规范来展开研究并构造论著。

我们支持那些有影响力的著述入选。这里说的影响力，既包括学术影响力，也包括社会影响力和国际影响力。就学术影响力而言，入选的成果应达到公认的学科高水平，要在本学科领域得到学术界的普遍认可，还要经得起历史和时间的检验，若干年后仍然能够为学者引用或参考。就社会影响力而言，入选的成果应能向正在进行着的社会经济进程转化。哲学社会科学与自然科学一样，也有一个转化问题。其研究成果要向现实生产力转化，要向现实政策转化，要向和谐社会建设转化，要向文化产业转化，要向人才培养转化。就国际影响力而言，中国哲学社会科学要想发挥巨大影响，就要瞄准国际一流水平，站在学术高峰，为世界文明的发展作出贡献。

我们尊奉严谨治学、实事求是的学风。我们强调恪守学术规范，尊重知识产权，坚决抵制各种学术不端之风，自觉维护哲学社会科学工作者的良好形象。当此学术界世风日下之时，我们希望本《文库》能通过自己良好的学术形象，为整肃不良学风贡献力量。

中国社会科学院副院长

中国社会科学院博士后管理委员会主任

2012 年 9 月

序　二

在 21 世纪的全球化时代，人才已成为国家的核心竞争力之一。从人才培养和学科发展的历史来看，哲学社会科学的发展水平体现着一个国家或民族的思维能力、精神状况和文明素质。

培养优秀的哲学社会科学人才，是我国可持续发展战略的重要内容之一。哲学社会科学的人才队伍、科研能力和研究成果作为国家的"软实力"，在综合国力体系中占据越来越重要的地位。在全面建设小康社会、加快推进社会主义现代化、实现中华民族伟大复兴的历史进程中，哲学社会科学具有不可替代的重大作用。胡锦涛同志强调，一定要从党和国家事业发展全局的战略高度，把繁荣发展哲学社会科学作为一项重大而紧迫的战略任务切实抓紧抓好，推动我国哲学社会科学新的更大的发展，为中国特色社会主义事业提供强有力的思想保证、精神动力和智力支持。因此，国家与社会要实现可持续健康发展，必须切实重视哲学社会科学，"努力建设具有中国特色、中国风格、中国气派的哲学社会科学"，充分展示当代中国哲学社会科学的本土情怀与世界眼光，力争在当代世界思想与学术的舞台上赢得应有的尊严与地位。

在培养和造就哲学社会科学人才的战略与实践上，博士后制度发挥了重要作用。我国的博士后制度是在世界著名物理学家、诺贝尔奖获得者李政道先生的建议下，由邓小平同志亲自决策，经国务院批准于 1985 年开始实施的。这也是我国有计划、有目的地培养高层次青年人才的一项重要制度。二十多年来，在党中央、国务院的领导下，经过各方共同努力，我国已建立了科学、完备的博士后制度体系，同时，形成了培养和使用相结合，产学研相结合，政府调控和社会参与相结合，服务物质文明与精神文明建设的鲜明特色。通过实施博士后制度，我国培养了一支优秀的高素质哲学社会科学人才队伍。他们在科研机构或高等院校依托自身优势和兴趣，自主从事开拓性、创新性研究工作，从而具有宽广的学术视野、突出的研究能力和强烈的探索精神。其中，一些出站博士后已成为哲学社会科学领域的科研骨干和学术带头人，在"长江学者"、"新世纪百千万人才工程"等国家重大科研人才梯队中占据越来越大的比重。可以说，博士后制度已成为国家培养哲学社会科学拔尖人才的重要途径，而且为哲学社会科学的发展造就了一支新的生力军。

哲学社会科学领域部分博士后的优秀研究成果不仅具有重要的学术价值，而且具有解决当前社会问题的现实意义，但往往因为一些客观因素，这些成果不能尽快问世，不能发挥其应有的现实作用，着实令人痛惜。

可喜的是，今天我们在支持哲学社会科学领域博士后研究成果出版方面迈出了坚实的一步。全国博士后管理委员会与中国社会科学院共同设立了《中国社会科学博士后文库》，每年在全国范围内择优出版哲学社会科学博士后的科研成果，并为其提供出版资助。这一举措不仅在建立以质量为导向的人才培养机制上具有积极的示范作用，而且有益于提升博士后青年科研人才的学术地位，扩大其学术影响力和社会影响力，更有益于人才强国战略的实施。

今天，借《中国社会科学博士后文库》出版之际，我衷心地希望更多的人、更多的部门与机构能够了解和关心哲学社会科学领域博士后及其研究成果，积极支持博士后工作。可以预见，我国的博士后事业也将取得新的更大的发展。让我们携起手来，共同努力，推动实现社会主义现代化事业的可持续发展与中华民族的伟大复兴。

人力资源和社会保障部副部长

全国博士后管理委员会主任

2012 年 9 月

序

　　媒介融合的端倪始现于 20 世纪七八十年代，其发展过程与中国的改革开放和西方的撒切尔、里根时代形成历史性的耦合，这就使得媒介融合在世界范围内呈现类似的全球化、商业化、市场化特征。

　　美、英等国在 20 世纪 90 年代率先进行了以"放松管制"为特征的制度设计和改革，有效地释放了传媒及信息行业的市场活力，成为许多国家参照和效仿的典型。然而，在此凸显"效率"的制度框架下，资本力量与政治力量迅速结合，媒介资源、信息资源的集中度，意识形态话语的单一性问题不减反增，不同阶层、利益群体所期待的公平性、多样性的媒介信息服务并未实现。全球范围内，发达国家借助超大型传媒集团和 ICT 公司的力量，利用宽松的政策环境，在全球媒介和信息资源生产、分配的新体系中占据主导位置，持续加强对他国政治、经济和文化发展的干预度。21 世纪以来，对"放松管制"政策的反思和检讨不断增加，尤其是在经历"9·11""次贷危机""棱镜门"等涉及多个国家政治、经济、信息安全的重大事件后，"重回监管"的趋势也开始显现。

　　今天，中国的媒介融合进程为我们呈现了一幅信息传播技术驱动下媒介系统与社会政治、经济系统整体演进的宏大图景。中国媒介融合制度选择与设计的困难不仅在于媒介融合所涉及利益主体的广泛性和复杂性，更在于中国当前所处的社会经济改革和转型的特殊历史时期。当社会转型、经济转型引起的诸多矛盾开始聚焦于社会公平时，媒介资源和权利在不同阶层、不同区域、不同媒体之间分配的不公平问题也日益突出，媒介问题与社会问题相互交织，制度安排的不合理性集中显现。中国既有的媒介制度形成于计划经济时代，媒介融合的制度选择又发生于市场经济环境之下。初始制度选择的强大惯性和制度改革成本、收益的不可预知性导致中国的传统媒体体制改革谨慎而艰难，新媒体制度建设无力而迟缓，以至于目前尚无一部法律能够作为处理和应对新媒介、新问题的依据。当前，涉及媒介所有权、系统结构的深层融合仍然有待制度层面的破题，政府、媒介、企业、公众等不同主体越来越强烈的权利主张正在持续转化为明确的制度需求。能否建构合理的媒介融合制度体系，不仅关系媒介系统的可持续发展，更涉及国家社会经济发展战略。

王润珏博士的著作《媒介融合的制度安排与政策选择》在政治学、社会学的框架之下，对上述问题进行了集中讨论和思考。全书以媒介发展和媒介制度演进的基本规律为出发点，充分关照了中国媒介融合及社会经济改革的现实，并以开阔的视野对美、英、日、韩等国的实践经验进行了比较与分析，集中讨论和研究了中国媒介融合制度和政策的需求与供给、价值取向、基本框架和实现路径，正面回应了我国媒介发展的现实需求。逻辑推理与事实论证的结合使其研究兼具理论深度和现实意义。

媒介融合是一项涉及多主体、多领域的系统工程，且仍然处于不断变化和发展的过程之中；媒介融合的制度研究因涉及政治、经济、社会、文化等诸多因素而更具复杂性。学者对此类问题研究的目标往往不在于对真理的追求，而是以独立的视角对现实问题给予思考和回应，并期待激起更多思想的火花，以共同探寻解决问题的方法和路径。

胡正荣

2014 年 7 月 6 日

摘　要

　　"融合"是当前描述媒介系统特征和发展趋势最为重要的关键词。"媒介融合"所指涉的范围已经远远超出了媒介技术、媒介形态和传媒产业的领域。更值得关注的，是媒介融合的外部性所带来的媒介系统与社会政治经济系统关联和互动方式的深度变化。这一系列变化催生着新的制度和政策需求，推动着媒介制度的创新与变革。本研究尝试借助制度主义、结构功能主义和博弈论等理论和研究方法，对我国媒介融合的相关制度和政策问题展开研究和讨论。

　　本研究以对媒介发展与媒介制度演进规律的分析为逻辑起点。技术和制度是媒介系统演化的关键要素，媒介自身的发展又是媒介制度演进的内生动力。信息技术的创新与扩散驱动着媒介融合及媒介系统的一系列变化，并以"自下而上"的方式引发了既有媒介制度和政策的不适应。新中国成立以来，在政府力量的主导下，我国媒介制度经历了三次较为重要的改革。目前，形成于大众媒介时代的制度体系成为制约媒介融合发展的制度困境和障碍。

　　20世纪90年代以来，美、英、日、韩等国家先后从转变治理思路、调整监管机构和建设法律体系等几个方面进行了媒介制度改革与创新的尝试，并普遍采用了放松管制、融合监管的措施。但"如何划分政府与市场的边界？""如何协调市场利益与公共利益？"仍是各国媒介融合制度设计所面临的难题。

　　从主体间博弈关系变化的角度来看，媒介融合打破了既有媒介制度下形成的相对均衡状态，改变了利益群体的主体构成及其制度偏好，从而引发主体间围绕利益分配格局展开新一轮博弈。政府、媒介、企业、公众等不同主体之间的博弈过程是权力与实力的较量和成本与收益的反复权衡过程，其"策略解集"对中国媒介制度安排与政策选择具有决定意义。

基于对中国媒介制度变迁的历史、媒介融合现状及其他国家实践经验的分析与判断，本研究认为：在中国社会转型进入矛盾凸显期、经济发展进入结构调整期的现实环境下，中国媒介融合的制度安排与政策选择应以"平等""安全""效率"为价值取向，以合理媒介体系的建构、公民媒介素养的提升和有效治理模式的探索为目标。通过厘清政府部门的结构与职责、制定技术和服务标准、建设法律和自律体系等多层次的制度安排重新设定融合时代中国媒介运作的规则，并通过政策的调整与创新对媒介发展进行行动指引。

关键词： 媒介　媒介融合　媒介制度　媒介政策　博弈

Abstract

"Convergence" is one of the key words to describe the developing trend of media. Nowadays, the meaning of "media convergence" has gone far beyond the scope of media technologies, media forms and media industry. It's worth noting that media convergence is profoundly changing the interactive mode of media system and social system. Institutional demand and innovation is caused by the change. The main aim of this research is to apply the theories of institutionalism, structural functionalism and game to the analysis of institutional issues about media convergence in China.

This research takes the analysis of the law of media development and media institution transformation as a starting point. Technology and institution are the key elements in the evolution of media system, and the media development is the endogenous stimulus for institutional transformation. The media convergence, which is driven by the innovation and diffusion of information technology, is causing the inadaptation of institution in a bottom-up approach. Being dominated by the government, China's media institution has experienced three times of important reforms. However, the media institution, formed in the era of mass media, is becoming the obstacle for media convergence.

Since the 1990s, the United States, Britain, Japan, Korea and other countries have made many necessary institutional innovations and reforms. The changes are mainly carried out in three levels: media governance mode, supervision system and legal system. Deregulation policy has been adopted by most counties. But, some puzzles, such as "how to divide the boundary between the government and the market?" and "How to coordinate the market and public interests?" are still challenges to the new media institution.

The relative equilibrium and the gaming relationship between government departments, media, the public and the companies in other industries have been broken by the development of information technology industry and the media convergence, causing a new round of gaming for interest re-distribution. The gaming solution set determines the path of China's media institution reform.

By analyzing the history of China's media institution transformation and the current situation of media convergence, and considering the practical experience of other countries, we come to the following conclusion. China's media convergence occurs in the special historical period, in which overall socio-economic transformation is taking place. When we set the arrangement of institution and make policy choice for China's media convergence, we should take its particularity into full consideration. So our value orientation of media institution should be equality, security and efficiency, and the goals should be to construct the suitable media system, to enhance people's media literacy, and to build applicable media governance mode. By clarifying the structure and functions of government departments, developing technical and service standards, and constructing the law and self-regulatory system, the operation rules for media convergence will be re-set. And the policy innovation can give guidelines to media development.

Keywords: Media; Media Convergence; Media Institution; Media Policy; Game

目　录

Contents

导 论

一、问题的提出

1. 媒介融合：不可逆转的发展趋势

随着数字技术、信息通信技术的诞生与发展，媒介系统发生了一系列革命性的变化。从广播、电视、报纸、杂志的内容格式数字化，到门户网站、网络视频的发展，再到数字电视、移动互联网的普及，在过去的数十年中，媒介系统发展之快、变化之大，让我们应接不暇。与其说我们在推动媒介系统的发展，不如说我们在适应媒介系统的变化。继"数字化""网络化"之后，"融合"（convergence）成为当前我们描述媒介系统特征和发展趋势时最为重要的关键词。

"媒介融合"（media convergence）最早由麻省理工学院的教授伊契尔·索勒·普尔（Ithiel de Sola Pool，1917－1984）提出，其本意是指各种媒介呈现多功能一体化的趋势。① 今天，这一概念所指涉的范围已远不止于此，不仅包括媒介技术融合、生产流程融合、网络融合、终端融合，还包括媒介所有权融合（ownership convergence）、策略融合（tactical convergence），以及超出了媒介系统本身的行业融合和产业融合。更加值得关注的，是媒介融合的外部性带来的媒介系统与社会政治经济系统关联和互动方式的深度变化。

对个人而言，媒介融合最直接的影响是传播方式和媒介使用习惯的改

---

① 孟建、赵元珂：《媒介融合——作为一种媒介社会发展理论的阐释》，《新闻传播》2007 年第 2 期。

变，这种改变进而改变了受众与媒介之间的关系。今天，随着媒介功能的丰富和易得性的提高，人们的生活方式也发生了改变。人们对媒介的依赖度有增无减，从信息依赖、娱乐依赖到社会交往依赖，再到生存依赖，媒介对日常生活的介入程度不断加深，媒介使用能力成为人们不可或缺的能力之一。在欧盟新视听媒介指令（Audiovisual Media Services Directive，AVMSD）中，媒介素养被描述为一项关系生活、学习、就业和适应时代发展的个人基本能力。这些改变使得个人和社会都对媒介系统有了更高的功能期待。在许多国家和地区，学者和公众对媒介融合寄予厚望，媒介融合被视为推动公共领域的建设和媒介公共服务功能的提升的新途径。

不仅如此，媒介融合还孕育了巨大的市场机遇和潜在利润。从新的媒介形态到新的媒介服务内容，再到与电信等行业联姻产生的新的商业模式，媒介系统的经济属性和产业属性不断增强。20 世纪 90 年代，在信息化进程的推动下，产业边界的模糊、消失首先出现在电信、广播电视、出版等行业之间。传媒业成为产业融合——新一轮产业体系架构变化的先发领域。在这场变革中，传媒业既是技术革新的因变量，又是产业融合的自变量。传媒与电信、出版等领域的融合对其他产业间的边界变动有着重要的辐射效应和参照意义，也因此备受关注。2000 年，美国在线与时代华纳合并，造就了全球最大的传媒集团。这次世纪大并购被视为传统媒体企业与互联网公司迈向融合的典型事例。

在技术与资本的裹挟下，媒介融合在全球范围内呈现一派欣欣向荣的景象，同时也重构着世界的传播秩序。21 世纪的前十年，互联网的高速发展为以时代华纳为代表的大型综合传媒集团的全球扩张提供了便利。这些传媒集团甚至逐渐超越国家力量，在全球媒介和信息资源的生产和分配中扮演着越来越核心的角色。在媒介融合和全球媒介市场融合的背后，是少数发达国家和它们的跨国公司能够以更多元的方式和低廉的成本向其他国家和地区倾销媒介产品。大型公司通过电脑和互联网的传输系统实现跨边界的数据传输，新技术的不断应用使它们得以更加灵活地游走于各国的法律制度与规制体系之间，轻易地将公司利益凌驾于国家主权之上。在我们欢呼媒介数字化使传统大众媒介的单向传播模式转化为双向互动传播模式的同时，文化和信息从中心流向边缘的单向传播方式不仅未曾改变，反而正在被不断强化。

然而，媒介融合所带来的一系列变化都最终指向了媒介制度。媒介融合在技术变革的推动下发生，并以一种自下而上的方式，在其发展过程中不断催生着新的制度需求和政策需求，推动着媒介制度的创新与变革。

2. 媒介制度：多元利益主体博弈策略的解集

制度决定规则，通过建立人们互动的稳定结构减少不确定性。媒介制度亦是如此，它通过一系列正式规则、非正式规则和实施形式，明确了与之相关的政治、经济、社会团体和个人的行为方式，从而决定了约束范围内媒介系统的整体特征。从动态的角度来看，制度是多元利益主体的一种博弈均衡。因此，媒介制度将以何种方式呈现是所有相关利益主体共同关注的问题。

媒介制度演进是一个复杂的过程。历史制度主义研究提示我们，制度创设或政策最初发起时的选择，将持续和极大地影响着未来政策；同时，制度又不总是跟随最初的形式，变迁、改革是制度发展的常态。与所有社会制度一样，受到各种复杂因素的影响，媒介制度总是处于不断变化的状态之中，而相关利益主体间的力量消长、反复博弈以及对制度框架的反馈正是这些或中心或边际的制度变迁发生的直接动因。

回顾媒介演进的历史，从印刷技术到电子技术再到信息技术，每一次传播技术的革新都潜藏着新的媒介形式和媒介系统的发展方向，但并不必然导致某种媒介制度的形成。在历史、政治、文化等多重因素影响下，同一时期不同国家的媒介制度差异显著。例如，20世纪50—60年代，随着世界经济的复苏，电视成为行业的主角，传媒业迎来了二战后第一个发展高峰期，欧洲的公共广播电视体制、美国的商业广播电视制度、苏联和中国的党管媒介制度等都在这一时期共存。因此，解读是什么决定了最初的制度选择，各种力量又是如何对制度变迁产生影响的，就成为考察媒介制度演进、探索制度创新的重要前提。

今天，媒介融合在改变媒介系统运作方式的同时，打破了既有媒介制度下的均衡关系。随着新媒介、新业务的出现，形成于大众媒介时代的利益集团构成和利益分配结构同时面临挑战，放松管制带来的公共广播电视体制危机、商业化带来的公共领域的缺失、社会化新媒体带来的个人隐私权的损害等问题日渐突出。制度短缺、管理交叉等问题接踵而至，制度性矛盾成为不同国家媒介融合过程中遭遇的共同问题，改革已经成为当前各国媒介制度的共同话题。制度改革的形式和路径有很多种，无论是政府主导下的媒介制度改革，还是市场主导下的媒介制度变迁，其核心目标都在于通过制度框架的调整，重新界定利益分配方式和博弈规则；无论是渐进式的改革，还是休克式的改革，媒介制度改革的过程都是寻求重新实现均衡的过程，不同类型的利益主体将通过不同的方式和途径对这一过程和结果产生影响。

信息时代和网络社会的发展使得媒介治理研究变得异常复杂：现实问题被虚拟化，虚拟空间的问题又引发新的社会现实问题。在来自政治、经济和社会领域的各种力量的同时挤压下，形成于大众媒介时代的媒介治理思路和方式显现出越来越多的不适应：治理主体的价值取向不一致；治理理念与治理对象的现实需求不匹配；治理方式与媒介发展的现时状态不协调；治理结构难以实现不同类型主体间的利益平衡。这使得"治理低效"的现象普遍存在，媒介治理模式亟待变革。

当前，媒介制度能否回应变化、顺应发展，不仅关系媒介系统的持续发展，更涉及国家的社会和经济发展战略。实现媒介制度的同步改革和创新，已经成为媒介融合背景下不同国家面临的共同课题，这也是一个涉及媒介制度理念、制度结构、管制框架和行业全面创新的系统性工程。

对于正处在改革和转型期的中国而言，随着国家"十二五"时期以加快转变经济发展方式为主线，深化改革开放，保障和改善民生，促进经济长期平稳较快发展和社会和谐稳定总体发展思路的进一步明确，"调整媒介制度结构、提高媒介治理效率"亦成为关系传媒体制改革得失，涉及国家战略的重要命题。于是，我们需要在新的技术和社会环境中反复追问："传播"是如何发生和组织的？媒介资源如何分配、使用？媒介的社会功能和发展目标是什么？传播业的组织形式、所有权结构及控制形式是什么？媒介在权力的消解与重塑的过程中，权力在媒介的融合与重构过程中，各扮演着什么角色？

二、研究现状

1. 媒介融合的基本原理研究

对媒介融合基本原理的研究是媒介融合相关研究的起点。对这一问题的关注始于对媒介融合这一现象的观察及由此提出的理论问题：什么是媒介融合？媒介融合为什么会发生？媒介融合将如何发展？媒介融合将在多大程度上和哪些层面上对媒介发展产生影响？目前，国内外学者对上述问题的研究和认知基本一致。

· 媒介融合的概念

20 世纪 70 年代中叶，随着计算机和网络的发展，Convergence 一词开始出现在大众传播领域。法伯（Farber）和巴冉（Baran）1977 年发表了《计算和电信系统的融合》（The convergence of computing and telecommunication systems）一文；美国新闻学会媒介研究中心主任安德鲁·纳齐森（Andrew Nachison）将媒介融合界定为印刷的、音频的、视频的、互动性数字媒体组织之间的战略的、操作的、文化的联盟。[①] 1978 年，麻省理工学院教授尼古拉·尼葛洛庞蒂（Nicolas Negroponte）用三个相互交叉的圆环趋于重叠的过程演示了产业融合的趋势，这三个圆环分别代表着计算机工业、出版印刷工业和广播电影工业。这一图例也成为对不同工业即将和正在发生的融合的极具前瞻性的抽象描述。[②] 1983 年，麻省理工学院的普尔教授在《自由的技术》（The Technologies of Freedom）一书中提出了"传播形态融合"（the convergence of modes）。随后，"媒介融合"开始成为西方学界的研究热点。

尽管学者们对"媒介融合"的具体表达存在差异，但他们的定义都包括两个共同点：一是媒介融合是涉及包括传统媒体和新媒体的所有媒介形态之间的边界消融和媒介系统结构调整；二是媒介融合不是简单的加法，而是物理技术、操作流程、运作理念等多个层面的结构性变化。

· 媒介融合的动因

理查德·埃德尔曼（Richard Edelman）认为数字和信息技术将传媒带入了一个不可逆的永久性转变之中。一方面是媒介形式等方面的融合，另一方面迅速膨胀的媒介资源又试图不断地将潜在的受众市场进行前所未有的细分。[③] 在数字技术与网络传播的推动下，首先发生的媒介融合是在不改变媒介介质属性的前提下，在保持原有介质优势的同时，不同媒介之间互相借鉴传播方式和传播优势。这实际上是媒介功能的融合和相互渗透。从长远看，媒介融合远不止于功能的渗透和内容层面的融合，而是从

---

① Andrew Nachison, Good business or good journalism? Lessons from the bleeding edge, A Presentation to the World Editors' Forum, Hong Kong, June 2001.

② 宋昭勋：《新闻传播学中 Convergence 一词溯源及其内涵》，《现代传播》2006 年第 1 期。

③ Richard Edelman, "Public relations is the navigator of the new media economy", Journal of Communication Management, Vol. 5, No. 4, 2001, pp. 391 – 400.

媒介形态、结构、技术到功能、流程和传播方式的多层面、全方位的融合。① 媒介融合的经济动因在于对获得规模经济和范围经济效应的现实期待。

丁柏铨将中国媒介融合的动因归纳为政治因素、经济因素、文化因素和技术因素。他强调政治生态是媒介发展的重要制约因素。改革开放以来相对宽松的政治环境，是中国媒介融合得以试水并蓬勃发展的不可或缺的条件。② 刘婧一认为媒介融合的发展受到四种力量的推动，分别是受众需求、技术力量、政策法规和企业竞争需求。③ 但这一目标的实现正遭遇产业政策、技术等因素的制约。④ 关梅将媒介融合的限制因素归纳为政策限制、管理模式简单、人才匮乏、公众素养欠缺四个方面。⑤

·媒介融合的进程与影响

索罗·贝尔曼（Saul Berman）系统地梳理了数字技术在传媒领域的应用和影响的过程，并将这一进程分为三个阶段：1996—2001 年，数字格式化（digital formats），MPEG、DVD、CD 等数据格式相继出现，以巨大的市场驱力迫使传媒行业的平台、网络、软件等发生一系列变化；2002—2006 年，技术整合（technology integration），数字技术的深度应用，为客户提供更为柔性化的服务，传媒企业的核心竞争力也发生了转变；2006 年以后，转型（transformation），几何式的转型和变化在传媒产业系统内部发生，包括生产效率提升、商业智能化、竞合关系变化、规模经济出现等。⑥

2003 年，美国西北大学教授戈登归纳了美国当时存在的 5 种"媒介融合"（"新闻融合"）类型：一是所有权融合（ownership convergence）；二是策略性融合（tactical convergence）；三是结构性融合（structural convergence）；四是信息采集融合（information-gathering convergence）；五是新闻表达融合（storytelling or presentation convergence）。⑦

---

① 郑瑜：《媒介融合：新媒体时代的发展观》，《当代传播》2007 年第 3 期。
② 丁柏铨：《媒介融合：概念、动因及利弊》，《南京社会科学》2011 年第 11 期。
③ 刘婧一：《媒介融合的动力分析》，《东南传播》2007 年第 8 期。
④ 刘毅：《媒介融合的传媒经济学理论阐释》，《现代视听》2008 年第 8 期。
⑤ 关梅：《媒介融合的现状及其应对》，《新闻爱好者》2008 年第 3 期。
⑥ Saul Berman, "Media and entertainment 2010 scenario: the open media company of the future", *Strategy & Leadership*, Vol. 32, No. 4, 2004.
⑦ 陈浩文：《媒介融合的分类》，《中华新闻报》2007 年 7 月 4 日。

根据融合的程度不同，媒介融合大致可分为以下三个层面：第一层面的融合是媒体战术性融合（convergence of media tactics），一般指传统媒体（报纸、广播、电视、杂志）与新媒体（互联网、手机）之间在内容和营销领域的互动与合作；第二层面的融合是通过所有权的合并，媒体融合进入更深的层次，实现媒介组织的结构性融合（structural convergence of media organization）；① 第三个层面的融合是数字化平台成为各类媒体运作平台的共同存在形式，并最终走向网络、媒体、通信三者的"大融合"，打造出全新的融多种媒体形式于一体的数字媒体平台。②

2. 媒介融合的价值研究与理性反思

进入 21 世纪以后，媒介融合的相关研究被引入发展中国家和欠发达国家，随着进入这一领域的学者数量的增加，他们的研究领域、生活背景和文化背景的差异也丰富了研究视角。同时，随着媒介融合趋势日益明朗化，融合过程中的种种影响也开始显现，媒介融合研究的重心出现了明显的转向。学者们逐渐减少了对媒介融合图景描述的宏大叙事，转而关注媒介融合对不同群体、不同国家的意义，媒介融合的价值和理性反思逐渐成为研究主题。

· 媒介融合的价值研究

美国密苏里大学新闻学院副院长布莱恩·布鲁克斯（Brian Brooks）认为媒介融合是一个新闻学上的假设，也称为媒体融合。媒体融合的核心思想就是随着媒体技术的发展和一些樊篱的打破，电视、网络、移动技术的不断进步，各类新闻媒体将融合在一起。③

亨利·詹金斯（Henry Jenkins）的研究揭示了新旧媒体交叉融合的过程中各种力量之间不可预知的交互和斗争：行业领袖看到内容传播渠道的丰富、收入增加和市场扩大的机会；消费者设想能够解放公共领域，放松网络控制，更好地参与文化生产和舆论影响；精英群体和草根群体不断尝试影响对方，也由此造就了媒介与受众之间更加密切和有价值的关系。因此，他认为"融合"的真正发生不在于媒介的应用，而在于对人们思维和理念的改变。④

---

① 宋昭勋：《新闻传播学中 convergence 一词溯源及其内涵》，《现代传播》2006 年第 1 期。
② 许颖：《互动·整合·大融合——媒体融合的三个层次》，《国际新闻界》2006 年第 7 期。
③ 高钢、陈绚：《关于媒体融合的几点思索》，《国际新闻界》2006 年第 9 期。
④ Henry Jenkins, *Convergence Culture：Where Old and New Media Collide*, NYU Press, 2008.

　　马克·德乌兹（Mark Deuze）指出，探索媒介融合不应仅将其视为一个技术的过程，还需要更深入地探讨其背后的文化逻辑，在渠道、形式、生产者与消费者等诸多界限日渐模糊的同时，大众的或小众的文化正在主动或被动地发生不同程度的改变。新闻业的专业惯例、价值观等有必要适应这一趋势。克劳斯·布鲁恩·詹斯（Klaus Bruhn Jensen）通过对互联网、手机等一系列新媒体实践和应用案例的分析提出，媒介融合使传统意义上的自我传播、人际传播和大众传播模式都发生了很大的改变，意义的生产、传播和解读也与过去有所不同，给了我们重新思考一些传播学经典命题的机会，这些命题如"媒介对人的影响"（What do media do to people）"人对媒体的使用"（What do people do with media）等。①

　　德维恩·温策克（Dwayne Winseck）认为，媒介所有权集中化趋势带来的根本性影响是广播电视、网络空间的整体性变化。目前的趋势反映了"马基雅弗利式媒体"（Machiavellian media）的崛起，即传播和信息系统肩负着三项任务：建设信息社会；建构工人/公民/用户的网络空间；在全球范围内呈现国家民族的品牌形象（the "brand image" of nation-states）。②

　　在区域研究方面，更多的学者开始关注发展中和欠发达国家媒介融合及其影响。埃克沃（Ekwo）以尼日利亚为样本，采用定性现象学研究方法考察了媒介融合对欠发达国家和政府的影响。结果表明，媒介融合在推进价值观的自由开放、提高知情权和改善民主治理等方面能够产生积极影响。③ 马库斯·米夏埃尔森（Marcus Michaelsen）通过对"推特革命"（Twitter revolution，指推特带来重要信息发布和知晓方式的革命）等一系列事件和现象的分析揭示了互联网和新媒体对伊朗社会运转的影响，他认为基于互联网的社会网络能够带来更大的信息量，具有更好的交流性和移动性，但媒介融合能否真正成为国家严格审查体系下传统媒体与新媒体结合的桥梁，从而推动伊朗言论自由和出版自由的实现，仍然有待观察。④

---

① Klaus Bruhn Jensen, *Media Convergence*：*The Three Degrees of Network*，*Mass*，*and Interpersonal Communication*，Routledge，2010.

② Dwayne Winseck, Netscapes of power：convergence, consolidation and power in the Canadian mediascape，*Media Culture Society*，Vol. 24，No. 6，November 2002.

③ Ekwo, The Impact of media convergence on Africa's democracy：a nigerian perspective，*Dissertation Abstracts International Section A*：*Humanities and Social Sciences*，Vol. 72（3 – A），2011. p.776.

④ Marcus Michaelsen, "Linking Up for Change：The Internet and Social Movements in Iran"，*Social Dynamics 2.0*：*Researching Change in Times of Media Convergence*，Frank & Timme，2011，p.105.

·媒介融合的理性反思

柏德迪凯恩（Bagdikian）的研究显示全球媒介产业基本被时代华纳等5家媒介集团垄断。麦克切尼和席勒（McChesney & Schiller）在研究中发现，传播技术发展带来全球媒介集团的垄断加深，根本没有带来所谓的透明、互动或参与式的媒介生态；而受众在网络空间中被裂片化，使得大众分享共同的价值取向、形成反抗或者抵制的力量更为艰难。柯柏恩（Compaine）的研究有力地证明了媒介集团整合与受众多样化表达并没有成为媒介内容生产和消费中相互制衡的两极力量。[1]

"放松规制"是欧美等国数字化发展战略的重要内容，其结果之一是媒介所有权频繁交易和向少数大型集团集中。美国联邦通信委员会主席马克·弗劳厄所表达的"公众利益就是公众感兴趣的东西（The public interest is that which interest the public）"，用"公众兴趣"巧妙地替代了"公共利益"。事实却是，无论受众有多少种选择，内容和议题都是设定好的，都只能是在传媒企业选择的基础上的再选择。[2]

媒介的融合同时形成了对传统道德伦理观念的挑战。易趣（eBay）、维基百科（Wikipedia）、社会化媒体（social media）等新的媒介、商业和文化融合进程中的产物都对当前人们对商业道德、交往礼仪、个人隐私等概念的理解产生了冲击。而这些典型案例还只是融合过程中诸多变化的一个缩影。随着融合进程的深入，技术和媒介将以各种形式介入社会道德理念的历史性变迁之中，这种变化可能是道德体系的分裂和碎片化，也可能是新道德体系的形成，在媒介研究中值得持续关注。[3]

门罗·E. 普莱斯从媒介与国家的关系的角度，描绘了媒介技术革命所引发的全球媒介结构的格局变化，涉及地缘政治、意识形态、技术、贸易等多个层面。他指出，从表面上看，国家的概念在削弱，但实际上发生变化的却是国家权力的重新界定以及权力模式和权力实施方式的变化。国家控制正从单一的内向形式向外向的、地区性的、多边的形式转变，从法律和法规形式向谈判和协议形式转变。一个国家通过媒体将触角伸向另一个国家的情况并不是新现象，而围绕思想流动、信息流动和纯数据流动的

---

[1]　季莉：《在两极权力中冲撞与协商——论媒介融合中的融合文化》，《现代传播》2009年第1期。

[2]　赵月枝：《公众利益、民主与欧美广播电视的市场化》，《新闻与传播研究》1998年第2期。

[3]　Bruce E. Drushel, Kathleen German, *The Ethics of Emerging Media*: *Information*, *Social Norms*, *and New Media Technology*, Continuum International Publishing Group, 2011, p. 9.

协商活动也在日益加强。① 媒介空间的重构已经成为一场国家、企业、组织、个人等多种主体共同参与的权力斗争，国家和国家集团正在努力通过政策调整来实现控制信息流动、争夺言论市场的目的。

弗雷德里克·霍尔斯特（Frederik Holst）进一步指出，在媒介融合的全球化过程中，媒介融合对正在成长的年青一代的影响，比它所带来的"现代化"和"发展"更值得警惕。西方发达国家主导下的媒介融合影响的广泛性和渗透性将导致亚洲和非洲国家的文化根除（cultural uprootedness）和西方化（westernization），从而造就了后殖民社会（postcolonial society）。② 因此，当媒介融合向我们展现它双向互动的传播模式，更自由、更开放的信息生产和流通方式，以及平等和多元的价值和文化交流平台时，这并不意味着它一定将为我们带来公平、民主和开放的社会生活，情况甚至可能相反。就全球文化传播而言，"对（文化帝国主义）的抗拒意味着弘扬新的、挑战现有国际和国内不平等社会权力关系的文化想象与文化表现形式，即对全球资本主义制度以外的社会制度安排和生活方式的可能性的想象"。③

3. 媒介融合制度研究

在媒介融合现象受到关注的同时，媒介制度问题也被纳入讨论议题。早在 20 世纪 80 年代初期就有学者指出，科技打破媒介的界限后，相关的媒介管制必须及早地做出相应调整。今天，在媒介融合研究中，制度（包括规制、管制或政策）通常被作为理解媒介融合进程的核心概念，它既被作为媒介融合最重要的限制性因素进行解读和分析，又被视为解决媒介融合过程中出现的诸多问题的主要手段和途径。20 世纪末，新自由主义思潮席卷全球，对媒介制度研究产生了深刻影响。三网融合和媒介融合也迫切需要打破行业之间的管制壁垒。因此，在中外学者的研究结论中关于管理机构、监管体制、媒介制度改革的呼声最为强烈，这也成为推动媒

---

① ［美］门罗·E. 普莱斯：《媒介与主权：全球信息革命及其对国家权力的挑战》，麻争旗等译，中国传媒大学出版社 2008 年版，第 2 页。

② Frederik Holst, "Challenging the Notion of Neutrality – Postcolonial Perspectives on Information and Communication Technologies", *Social Dynamics* 2.0: *Researching Change in Times of Media Convergence*, Frank & Timme, 2011, p. 127.

③ 赵月枝：《文化产业、市场逻辑和文化多样性：可持续发展的公共文化传播理论与实践》，《新闻大学》2006 年第 4 期。

介放松管制的重要力量。多个国家先后对相关的电信法、通信法进行修改，确立或建立了基于融合思想的统一监管机构，如美国的联邦通信委员会（FCC）、加拿大的广播电视电信委员会（CRTC）和英国的通信管制委员会（Ofcom）等。

·作为限制性因素的媒介制度

布兰斯科姆（A. W. Branscomb）指出，过去传播业的政策和法律，是以邮件、电话、报纸、有线电视及广播电台为基础的传播模式所发展来的，在数字传播时代将面临不再适用的窘境。其原因在于管制者无法分辨传输的信息到底该归哪一种法律、哪一种模式来管。①

德维恩·温策克（Dwayne Winseck）对加拿大媒介融合进行了专题研究，从历史的角度检视了加拿大传媒发展和传媒政策的变迁。研究认为，加拿大的媒介融合不仅是新技术推动的结果，同时也是政府态度由限制跨媒体联合向促进媒介融合转变的结果。当前，进一步推动媒介融合和信息高速公路建设是加拿大制定传播政策首要考虑的因素之一。申东熙（Dong-Hee Shin）调查了韩国广电业与电信业的融合现状，并着重考察了韩国 DMB 卫星在 KBC 的管制框架中的发展情况。研究表明，与市场融合、技术革新相伴随的应该是政府规制逻辑的变化。当前，管制者面临的挑战是如何在政策制定上兼顾促进产业融合和保护公众利益。② 在中国，政策规制被认为是影响媒介融合进程的首要因素，尤其是集中于手机电视、IPTV 领域的管理权限与规制纠纷正束缚着传播生产力的释放。面对媒介融合带来的新挑战，政策规制创新迫在眉睫。③

韦雷娜·维德曼（Verena Wiedemann）认为，随着数字技术对媒介系统影响的进一步加深，对传统公共广播体制的批评开始更多地关注其在促进公共广播电视发展和提升公共信息服务水平方面的低效率，以及对公共媒介体系数字化转型形成的制度性障碍。

普拉迪普·托马斯（Pradip Thomas）在《谁拥有媒介？》一书中指出，美国式的媒介控制和决策模式正迅速地影响世界各地，放松管制模糊

① A. W. Branscomb, "Jurisdictional quandaries for global networks", In L. M. Harasim (ed.), *Global Networks：Computers and International Communication*, Cambridge：The MIT Press, 1993.
② Dong-Hee Shin, "Technology convergence and regulatory challenge: a case from Korean digital media broadcasting", *info*, Vol. 7, No. 3, 2005, pp. 47 – 58.
③ 朱春阳：《媒介融合规制研究的反思：中国面向与核心议题》，《国际新闻界》，2009 年 6 月。

了本土与国际的界限，国际资本和跨国公司成为媒介发展的主导，导致了媒介所有权与公众问责制发展方向的错位。合理的媒介制度应该使公民参与媒介政策的制定，使国家的文化摆脱 WTO 的控制。

· 媒介制度的改革思路

欧盟明确提出，通信、媒介、信息技术部门的融合意味着所有传播网络的传输和服务都必须在一个统一的管制框架下进行规范。① 布莱克玛（Blackma）认为有必要重新设计一种适应信息市场的新的规制框架，其主要设计原则是营造最能发挥技术效率的竞争性市场，但同时又能对消费者和公共利益提供必要的保护。② 霍夫曼－利姆（Hoffmann-Riem）等学者认为，在融合的趋势下特别应该注意国家对公共领域建设所负有的责任。

约翰内斯·巴多尔（Johannes Bardoel）认为简单地以市场替代政府的管制是幼稚的，现在所需要讨论的是如何更好地"再管制"，而不是"去管制"。申东熙（Dong-Hee Shin）认为以多部门协同监管（multi-sector regulation）建立高效规制框架是符合现实的解决思路。③ 中国学者则认为，产权改革是中国媒介体制改革的核心问题。

陈力丹在研究电信业与传媒产业融合时强调，打通电信业和传媒产业分立的界限，必须依靠产业管制和产业政策的推动，但同时也不能忽视市场的力量。从长远看，必须推进市场机制和市场制度的完善。④ 肖燕雄认为，媒介融合趋势下法制仍然是必要的，但在新的环境和背景下，媒介相关法律的制定应遵循新的规则，包括：法律政策整合原则、管理分散原则、管理国际化原则、技术中立原则。⑤

肖赞军提出的体制改革思路是，基于横向结构放松市场准入；传媒组织创新；重塑市场主体；拓展资本经营的空间；建构传媒规制体系。他特

① Directive 2002/21/EC of the European Parliament and of the Council of 7 March 2002 on a Common Regulatory Framework for Electronic Communications Networks and Services. http：//europa. eu/legislation_ summaries/information_ society/legislative_ framework/l24216a_ en. htm, 2008－5－10.

② Blackma C. R. Convergence between telecommunications and other media：how should regulation adapt, *Telecommunication Policy*, 1998, 22 （3）：163－170.

③ Dong-Hee Shin, Technology convergence and regulatory challenge：a case from Korean digital media broadcasting, *Info*, Vol. 7, No. 3, 2005, pp. 47－58.

④ 陈力丹、付玉辉：《论电信业和传媒业的产业融合》，《现代传播》2006 年第 3 期。

⑤ 肖燕雄：《论应对媒介融合的法制管理原则》，《新闻界》2006 年第 6 期。

别强调，重新建构传媒规制政策体系。应基于融合建立统一的、动态的规制框架，重组规制机构，基于产业结构的裂变重新设定市场准入，强化社会性规制。[①]

2005 年 1—3 月，牛津大学举行了媒体法与竞争政策比较研讨会，旨在讨论新媒体中竞争政策的问题。在商业广播方面与会者分为两派：一派认为，传播业终将与其他市场组成部分一样，因而公共广播基金以及其他形式的国家资助都应对未来的发展持放松管制的态度；另一派认为，为实现公共政策的目标，传媒产业应被置于一种永久性的管制之下，其竞争框架应服从于公民利益而非消费者利益。此次讨论对整个欧洲的传媒政策都产生了一定的影响。[②]

中国学者提出，在区分公益性媒介和经营性媒介的基础上，打破行业间的管理壁垒，依据融合后媒介系统运作的方式建立横向的治理模式。约翰内斯·巴多尔认为媒介融合的制度创新应该关注媒介在国家发展中的地位，区分政治性和经营性事务，分别建立不同的治理模式，例如独立监管机构。帕多瓦尼（Padovani）、图齐（Tuzzi）等学者强调，在设计媒介治理思路时应充分关注数字传播时代传播权力的变化。媒介治理应包括复杂的机制、流程、机构和关系的设计，兼顾不同利益主体的权利和义务，并能有效协调它们的分歧。

· 媒介融合与国际媒介治理

学者们在研究中还注意到，互联网的"无边界"特性，使得融合背景下的媒介制度不仅需要跨越行业和产业界限，还需要"跨国界"的解决方案。约翰内斯·巴多尔在研究欧洲媒介治理模式时提出国际化治理、水平化治理和联合治理是媒介治理模式发展的三大趋势。德维恩设计的新的全球媒介治理模式由新的国内规制、媒介自律体系和 WTO 原则三个部分构成。布鲁斯·吉纳德（Bruce Girard）认为应进一步发挥非政府组织在全球媒介治理中的作用，并将社会公众的力量引入全球媒介事务的决策之中。

布鲁斯·吉纳德、艾米·马汉（Amy Mahan）认为，国家层面的媒介

---

① 肖赟军：《媒介融合背景下中国传媒经营体制改革研究》，《湖南商学院学报》2008 年第 6 期。

② Chris Marsden, Damian Tambini, What's wrong with competition policy in new media? *Info*, Vol. 7, No. 5, 2005, pp. 3 – 5.

治理往往具有政治、经济、文化等多元目标，而国际层面的媒介治理则将重点强调贸易和经济的目标。也有很多学者持相反的观点，他们认为对跨国媒介治理的讨论首先是一个政治领域的问题，在这个讨论中美国、英国等发达国家将以其强大的经济优势占据主导地位，这也意味着如果没有有效的全球媒介治理方案，数字鸿沟将会进一步扩大。

2003 年和 2005 年，联合国先后两次举办信息社会世界峰会（WSIS），参会国家达 176 个。WSIS 试图建立包括政府、国际组织和机构、非政府组织、私营部门和媒体机构等多利益相关方共同参与的国际治理方式，推动平等、共享的信息社会的建设。从日内瓦和突尼斯两次会议的结果来看，各主权国家在如何缩小数字鸿沟、三网融合的普遍接入和普遍服务、信息安全保护等问题上分歧明显。学者们则认为，WSIS 至少提供了一个对话和对抗的空间，它代表了一种重要的趋势，即更多的非政府机构将参与全球媒介治理和公共领域的定义，这种趋势又将对国家的媒介治理产生深刻的影响。

三、理论资源

1. 制度主义相关理论

制度，是一个古老的社会经济现象。在学术传统上，制度主要作为政治学的研究对象。从亚里士多德到托克维尔、密尔、凡伯伦、康芒斯，再到拉斯维尔、亨廷顿、戴维斯、诺思（又译诺斯），思想家们从来不乏对制度、制度创新的关注和思考。

以凡伯伦、康芒斯为代表的旧制度主义研究具有五个方面的特征：一是关注法律以及治理中法律的核心地位；二是以"结构决定行为"为假设，着眼于政治体系的主要制度特征；三是整体主义的视角；四是以历史为基础的研究方式；五是强调规范性分析。

20 世纪末，新制度主义在行为主义和理性选择理论的推动下迅速兴起，将制度变迁和制度创新的研究推向新的阶段。20 世纪 80 年代，詹姆斯·马奇和约翰·奥尔森倡导要形成"新制度主义"。他们认为，集体行动应当是理解集体生活的主导方法，政治集体行动和它们的社会背景之间的关系应当是双向的，政治有机会塑造社会，社会也有机会塑造政治。随着以科斯和诺思为代表的学者将制度纳入经济学的视野，从"产权""交易费用"等角度进行一系列开创性的研究，人们开始重新认识"制度"对于人类社会发展和经济繁荣的重要意义，制度主义的对话空间不断扩充。制度研究主要包括以下几个核心命题。

一是制度的内涵。不同时期、不同学者都对"制度"进行了定义。康芒斯认为，制度是约束个人行动的集体行动，而在集体行动中，最重要的是法律制度。T. W. 舒尔茨把制度定义为一种行为规则，涉及社会、政治及经济行为。① 诺思和青木昌彦从博弈的角度定义制度。诺思认为，制度是一种社会博弈规则，是人们所创造的用以限制人们相互交往的行为的框架，可分为正式规则（宪法、产权、制度和合同）和非正式规则（规范和习俗）。青木昌彦的定义是：制度是关于博弈如何进行的共有信念的一个自我维系系统。制度的本质是对均衡博弈路径显著和固定特征的一种浓缩性表征，该表征被相关域几乎所有参与者所感知，这些参与者认为该表征是与他们策略决策相关的。②

二是制度的变迁。科斯所开创的边际替代分析法是制度变迁研究的基本方法。制度研究表明，任何制度变迁都包括制度变迁的主体（组织、个人或国家）、制度变迁的源泉以及适应效率等诸多因素。布朗松和奥尔森则指出，制度及其实际行为所宣称的价值，与周围社会及制度行为所持有的价值之间的分裂程度越大就越有可能发生变化。③

诺思建立的制度变迁模型具有代表性。该模型假定制度变迁的诱致因素在于主体期望获取最大的潜在利润。潜在利润的来源包括四个方面：由规模经济带来的利润；外部经济内部化带来的利润；克服对风险的厌恶；交易费用转移与降低带来的利润。④ 但是，潜在利润的存在并不一定带来制度变迁。如果预期的净收益超过预期的成本，一项制度安排就会被创新。只有当这一条件得到满足时，我们才有望发现在一个社会内改变现有制度和产权结构的企图。⑤ 从利益调整的角度来看，制度变迁或制度创新有三个层次：第一个层次是制度创新中潜在利润及成本收益的变化，这个

---

① 卢现祥：《西方新制度经济学》，中国发展出版社2003年版，第34、35页。
② ［日］青木昌彦：《比较制度分析》，周黎安译，上海远东出版社2001年版，第11、28页。
③ ［美］B. 盖伊·彼得斯：《政治科学中的制度理论："新制度主义"》，王向明、段红伟译，上海世纪出版集团2010年版，第35页。
④ 卢现祥：《西方新制度经济学》，中国发展出版社2003年版，第96页。
⑤ ［美］R. 科斯等：《财产权利与制度变迁》，刘守英译，上海三联书店1991年版，第274页。

层次仅仅是新古典主义的原始制度变迁。第二个层次是考虑不同利益集团后制度变迁的博弈及其演变。第三个层次是引入国家后的制度变迁。国家是一个国家制度的最大供给者。越是到后面的层次，制度变迁的利益矛盾也就越尖锐。正因为利益矛盾的影响，国家所供给的制度经常是低效的。[①]

林毅夫将制度变迁划分为诱致性制度变迁和强制性制度变迁两种类型。诱致性制度变迁是指现行制度安排的变更或替代，或者新制度安排的创造，它由个人或一群人，在响应获利机会时自发倡导、组织实行。强制性制度变迁则是由政府法令引起的变迁。强制性变迁的必要条件是统治者的预期收益高于其强制推行制度变迁的预期成本，统治者将采取行动和措施来消除制度不均衡。[②]

三是制度的供给与需求。将经济学中"需求—供给"关系的研究引入制度研究，建立一个启发式的研究框架，是新制度主义研究的一个创新。它提示我们考虑制度变迁的内生因素与外生因素。不同的行为主体对统一制度变迁的成本与收益的计算是不同的，这包括个体成本与收益，社会成本与收益，政治成本与收益。[③] 霍尔和泰勒指出，个体与制度之间的相互关系建立在某种"实践理性"（practical reasoning）的基础上，个体以这种实践理性作为展开行动的基础，并在一定情况下对可能的制度模板进行修订以设计出某种行动过程。[④] 在制度变革的酝酿阶段，经济因素处于中心地位，但是在选择变革的目标和方向时，意识形态因素的作用比较明显，而在改革的实施过程中，政治因素的影响更为重要。[⑤]

在制度的"需求—供给"关系中，"均衡"成为一个十分重要的概念。制度均衡是指人们对既定制度安排和制度结构的一种满足状态或满意状态，也就是制度的供给与制度的需求相适应的状态。但是，从现实情况来看，制度的非均衡是一种"常态"。这种非均衡主要表现为制度供给不

① 卢现祥：《西方新制度经济学》，中国发展出版社 2003 年版，第 103 页。
② 林毅夫：《关于制度变迁的经济学理论：诱致性变迁与强制性变迁》，载于 ［美］R. 科斯等《财产权利与制度变迁》，刘守英译，上海三联书店 1991 年版，第 274 页。
③ 杨瑞龙：《论制度供给》，《经济研究》1993 年第 8 期。
④ 马雪松、周云逸：《社会学制度主义的发生路径、内在逻辑及意义评析》，《南京师范大学学报》2011 年第 5 期。
⑤ 卢现祥：《西方新制度经济学》，中国发展出版社 2003 年版，第 130 页。

足和制度供给过剩，而制度的变迁过程实际上也就是不断追求和接近制度均衡的过程。

2. 结构功能主义相关理论

结构功能主义是当代最有影响的宏观社会学理论之一。以帕森斯为代表的传统的结构功能论把社会看作为一个均衡的、有序的和整合的系统，系统中的每一部分都对系统整体的生存、均衡与整合发挥着必不可少的作用。整个社会系统及其各个子系统的运行基本上是协调的，协调运行表现为社会状况的主流。20 世纪 60 年代，美国陷入越战泥潭，国内学生、工人的骚乱、暴乱连续不断，传统的结构功能理论因在解释这些社会冲突与社会变迁之间关系的现实问题上显得苍白无力而备受指责。在对帕森斯理论的批判过程中，"社会冲突论""社会互动论""功能分析"等新的理论主张和分析方法不断涌现，推动着"新功能主义"理论的丰富与发展。

·帕森斯的系统功能主义

帕森斯在其早期的著作《社会行动的结构》中指出，社会行动的结构是由"单位行动"的各个要素之间一种确定关系构成的，这些要素包括行动者、情境、手段、目的以及规范要素。单位行动具有秩序，但并不具备社会秩序的所有维度。他在对社会秩序的研究中指出，社会秩序是一些特定的社会系统的产物，这些社会系统为行动者提供了共同的价值取向，供行动者对情境做出回应；而这种提供本身又有赖于向个体行动者具体指明共享的价值模式，以适当的形式激发他们的动机，把他们调动起来。[①]

帕森斯认为社会系统由四个子系统构成，分别是：经济子系统、政治子系统、法律子系统和亲属子系统，这是满足社会基本生存的条件。这四个子系统的功能与作用分别是：经济子系统的功能主要是实现目标（如何从外部环境取得资源和分配给社会成员）；政治子系统的功能主要是满足实现目标（为整个社会设置目标并配置资源去实现目标）；法律子系统主要是执行社会的整合功能以保证整个社会的团结与整合；亲属子系统执行模式维持功能（保证社会价值观的稳定和传递）。帕森斯认为社会是具有一切必要生存功能的系统，是社会行动者之间相对稳定的社会关系模式的组合，在社会系统中，个人之间的相互作用是按照一定规范进行的。

[①]　[英] 布赖恩·特纳：《BLACKWELL 社会理论指南》，李康译，上海人民出版社 2003 年版，第 143 页。

帕森斯针对系统的不同功能维度提出了富有创造性的"系统的四种功能"理论。他指出，系统存在四种基本功能：适应（adaptation），即以某种可持续的方式，将一个给定的系统与其环境联系在一起；达鹄（goal attainment），即引领系统资源达成共享目标；整合（integration），即以规则的方式将行动单位彼此联系在一起；维模（latency pattern maintenance），即以潜在的模式维持与张力调控，确保基本运作中的连续性。[①] 在社会系统中，这四种功能分别由经济组织、政治制度、法律制度和家庭与教育制度来执行。一个系统要保持稳定的运行状态，必须具有满足一般功能需求的子系统，并且这些子系统之间能够进行跨越边界的对流式交换。对社会系统而言，维持社会内部各个子系统之间边界关系最低限度的平衡是非常重要的，只有维持好了它们之间的平衡，才能使社会的运行达到一种良性的状态，发挥社会系统的正功能；倘若失去了这种平衡，社会冲突就会出现，导致社会的病态化和畸形化发展，使整个社会的运行处于失调状态，这就是社会系统所具有的负功能。帕森斯强调，制度化了的规范文化是创造社会结构的关键要素。

在解答"社会如何能够变得越来越复杂，越来越富于生产力，却又不陷入瓦解？"这一问题时，帕森斯阐述了对社会进化的理解和观点。他认为，当某一个制度或社会出现了一种基本问题或张力时，具有进步意义的办法就是通过功能分化，将此前组合在一起的多种角色拆开。分化后的单位必须有助于适应性升级（adaptive upgrading），即产生社会可以使用的新的资源，以此来证明自身的价值。分化单凭自身之力不能导致一种新秩序，还必须辅之以一种新的方式，将此前统一的各种角色或制度整合起来，这个过程称为涵括（inclusion）。而就此形成的新型关系又要求从新的规范与准则的角度获得合法化，从而无碍于在一个更为复杂的系统里所做的工作，这个必需的过程则被称为价值一般化（value-generalization）。[②]

· 默顿的经验功能主义

以帕森斯为代表的早期结构功能主义强调社会系统内部的均衡和自我调适，弱化对社会冲突的讨论。20世纪60年代，随着社会动乱、社会冲

---

① ［英］布赖恩·特纳：《BLACKWELL 社会理论指南》，李康译，上海人民出版社 2003 年版，第 146 页。

② ［英］布赖恩·特纳：《BLACKWELL 社会理论指南》，李康译，上海人民出版社 2003 年版，第 148 页。

突等现象日益频发，传统的结构功能主义学说因对社会冲突与变革等问题的解释乏力而遭遇批判。默顿通过对传统功能分析方法的反思和批评，建立了自己的理论体系，并进一步发展了功能主义。

默顿的功能主义分析方法具有三个特点：一是把结果层次的功能分析转变为方法层次的功能分析；二是把功能分析中理性主义的、抽象的方法转变为更具经验性的中层理论指导的方法；三是把社会的静止图景转变为动态图景。默顿批评帕森斯的理论过于抽象和宏大，他强调经验实在性，倡导适用于解释有限现象的"中层理论"。"中层理论"是默顿最具代表性的研究主张，是一种介于抽象的统一性理论和具体的经验性描述之间的理论，具有代表性的理论包括角色冲突理论、参照群体理论、社会分层理论等。①

默顿对功能分析中最流行的三个假设进行了修正。一是"功能同一性"，即社会系统的所有部分以一种高度协调或内在的一致性进行共同活动的条件（或环境），也就是说不存在持久的、不可解决或调和的矛盾。默顿指出，在现代社会中，有许多东西并不具有全社会的功能，而仅仅对社会的某个部分具有功能。社会事实是对某一群体发挥功能（造成群体聚合），而对另一群体可能失去功能（造成群体破裂）。二是"功能普遍性"，即社会的任何一种活动或仪式都完成了某些对社会有益的功能。默顿提出要根据功能结果的纯粹平衡考察文化要素，衡量"肯定功能"和"否定功能"两个方面。三是"功能不可替代性"，即在每一种文明、习惯、实体观念和信仰中都实现某种活的功能，完成某种使命，代表着整体中必不可少的功能。默顿则提出了"功能交替"的概念，可以有一系列相互替代的社会制度来满足同样的功能性前提。②

此外，默顿还提出了"显功能"和"潜功能"两个重要概念。其中，"显功能"指人们可以预料到的和容易为大多数人所认知的功能；"潜功能"则指不明显、不为人们所预料的和不易为大多数人所认识的那些功能。

· 吉登斯的结构二重性理论

1984 年，吉登斯出版《社会的构成：结构化理论大纲》，提出了结构二重性（duality of structure）的概念，力图实现社会学研究方法论的超

① ［美］乔纳森·特纳：《社会学理论的结构》，邱泽奇等译，华夏出版社 2001 年版。
② 黄晓京：《默顿及其结构功能主义理论》，《外国社会科学》1982 年第 8 期。

越，着重解决个人行动与结构的关系问题。他指出，行动者和结构二者的构成过程并不是彼此独立的两个既定的现象系列，即某种二元论，而是体现着一种二重性。[①] 吉登斯同时认为，不断纳入结构的社会系统则包含了人类行动者在具体情境中的实践活动，这些实践活动被跨越时空地再生产出来。所以，在社会学分析中谈到"结构"和"结构化"，并不等于就具体的模式来谈它们，而是要求将这种具体模式视为一种普通行动者生活世界的现象。而"结构仅是作为具有特定意图和利益的情境化行动者的再生产行为而存在的"。也就是说，在谈及结构变迁的时候，首先应该关注行动主体的社会实践活动，结构和行动都是基于行动者的社会实践才发生意义的。[②]

吉登斯的结构二重性理论始终保持对结构与实践的内在联系的关注，将实践与社会系统和结构性模式整合在一起则是吉登斯理论研究的创新之处。在他看来，已有的既定结构的实践是首要的分析单位。但如果只是简单地假定存在已有既定结构的实践，却忘记了它们是如何生产出来的，忽视了它们也有可能发生改变，这样的思路将会带来危险。因此，即使是微小的实践体系转换（praxiological shift）也是值得关注和分析的。[③]

· 新功能主义"扩溢理论"

20 世纪 80 年代的结构功能主义研究对帕森斯所建构的宏大理论体系呈现出开放而多元的态度，新功能主义在对传统功能主义理论的批判与反思、继承与复兴中发展起来。其中，"扩溢理论"（spillover theory）因在解释和促进欧洲一体化过程中的重要影响而备受关注。

扩溢理论认为一个地区组织的任务将随着该组织从已经和正在执行的各种任务中获得的经验而不断扩展。扩溢主要有三种类型：功能性扩溢、政治性扩溢和地理性扩溢。功能性扩溢是指在一致同意的一个领域的行为会造成只有在另一个相关领域进一步采取行动才能实现最初目标的情况。政治性扩溢是指经济一体化实现后，一体化的重要性逐渐形成压力，要求

---

① ［美］安东尼·吉登斯：《社会的构成：结构化理论大纲》，李康、李猛译，上海三联书店 1998，第 89 页。

② ［美］安东尼·吉登斯：《社会的构成：结构化理论大纲》，李康、李猛译，上海三联书店 1998，第 89 页。

③ ［英］布赖恩·特纳：《BLACKWELL 社会理论指南》，李康译，上海人民出版社 2003 年版，第 114—119 页。

在超国家层次上实行政治控制并承担责任，最终导致超国家机构的诞生。地理性扩溢是指，当被排除在共同体的国家感到共同体对它们的直接影响时，它们将越来越倾向于加入这个共同体。①

超国家机构是扩溢理论中的重要概念。扩溢理论认为，国家之间在经济、技术等功能性领域的合作可以扩溢到政治性领域，从而实现政治统合，并逐渐形成超国家权威机构。而超国家权威机构的建立和运行必将牵涉国家忠诚的转移和国家主权的让渡等问题。②

3. 博弈论

博弈论是研究理性的经济个体在相互交往中战略选择问题的理论。近年，博弈论被视为分析和解决问题的有效方法而被广泛应用于政治、军事、经济、外交及其他社会科学领域。

1944 年，美国冯·诺依曼和经济学家奥斯卡·摩根斯特恩（Oskar Morgenstern）合著出版了《博弈论和经济行为》一书，提出了标准型、扩展型和合作型博弈模型解的概念和分析方法，从而奠定了现代博弈论的理论基础。

博弈结构可以依据不同要素标准参与人数、参与人理性程度、博弈支付等进行分类。最基本的分类是依据参与人行为逻辑划分的合作博弈和非合作博弈。现代博弈理论更多是对非合作博弈的研究，这是因为非合作博弈较合作博弈更加普遍，而非合作博弈研究也是合作博弈理论研究的基础。另一个重要的分类是依据博弈主体行动顺序划分为静态博弈和动态博弈。静态博弈中，博弈主体同时进行策略选择，或在不知晓对方选择策略的前提下先后进行策略选择；动态博弈中，策略选择存在先后次序，后选择者能够知晓前者的策略选择。③

现代博弈论存在三种相互补充的体系。一是古典博弈论。古典博弈论假设博弈参与人在信息搜集、预期形成、后果推断和决策制定方面是超理性的，所有的信息都是充分的。古典博弈论是建立在完全理性、精心计算和演绎推理基础上的行为研究理论。古典博弈论对分析外在制度相对有

---

① 刘险得：《新功能主义及其评判》，《云南行政学院学报》2008 年第 2 期。

② 潘忠岐：《新功能主义扩溢理论及其批判》，《上海交通大学学报》（哲学社会科学版）2003 年第 5 期。

③ 谢识予：《经济博弈论》，复旦大学出版社 2002 年版，第 39 页。［美］罗伯特·吉本斯：《博弈论基础》，高峰译，中国社会科学出版社 1999 年版，第 2 页。

效，这是由于外在制度通常有明确的表述和实施机制，包括强制性的惩罚和规范性预期机制。二是进化博弈论。强调博弈参与人的有限理性；参与人对后果函数的知识是不完备的，策略选择建立在经验观察的基础上；决策受到惰性、模仿和变异的影响；在博弈的认知过程中，随机事件的出现是不可避免的。进化博弈论关注有限理性、模仿性和归纳性。三是主观博弈论。强调博弈论参与人在面对现实的内部危机和外部冲击和两者并存的情况下的主观适应性，即博弈参与人愿意通过经验归纳、学习和协调机制改变自己的决策集合和决策规则。

上述三种博弈论模型是相互补充的。古典博弈论和进化博弈论分别侧重于演绎推理和以观察为基础的归纳推理，但存在假定博弈参与人的决策集合是固定的这一共同局限。主观博弈论修正了决策集合固定的假设，使我们能够更好地理解制度创新。[①]

四、研究方法与总体分析框架

1. 研究方法

本研究以对中国媒介制度变迁轨迹和媒介融合路径的梳理为基础，着重分析中国媒介融合的制度现状、制度困境与制度需求，并对媒介融合的制度安排与政策选择进行探索性研究。主要采用以下研究方法。

一是规范分析与实证分析相结合。对中国媒介融合及制度现状的研究既包括从理论层面和逻辑层面的推理与论证，也包含对中国媒介制度与媒介融合的历史发展和现实图景进行必要的描述和分析，从中提炼出发展的规律与逻辑。

二是逻辑分析与历史分析相统一。对中国媒介融合的制度和政策的研究应符合制度研究的基本原理和一般性规律，而对制度安排与政策选择的思考则需要充分考虑中国媒介和中国媒介制度的历史特征与现实状况。

三是微观分析与宏观分析相衔接。在媒介融合的背景下，媒介机构、个人、政府都是媒介发展的相关利益主体，中国社会转型、经济转轨的国情和全球化的发展趋势都是媒介融合的现实环境。因此，本研究既要关注

---

① 何晓群：《博弈论与现代市场经济》，《统计教育》1995 年 4 期；［日］青木昌彦：《比较制度分析》，周黎安译，上海远东出版社 2001 年版，第 198—200 页。

媒介融合带来的不同利益主体的目标期待，也要考虑媒介融合的整体环境和背景。

四是比较分析方法。在信息技术的推动下，媒介融合在全球范围内同时发生。但是，不同国家的媒介融合因政治体制、经济发展水平、信息技术水平、既有媒介制度等多重因素的差异而呈现进程、步骤的差异，其建构媒介融合制度的途径和框架也有所不同。因此，对中国媒介融合制度的研究需要采用纵向和横向比较分析的方法，兼顾共性与特性，从中找出适合中国媒介发展的思路和方法。

2. 总体分析框架

本研究遵循提出问题—分析问题—解决、深化问题的逻辑思路建立如下分析框架。

第一部分，提出问题（第一、二章）。第一章，从媒介发展与媒介制度演进的一般性规律入手，探讨中国媒介制度变迁的历史轨迹，从总体上把握中国媒介制度建立和变迁的特征与行动逻辑。这是我们讨论媒介融合制度设计与安排的逻辑起点。第二章，全面梳理中国媒介融合的现时状态，包括融合环境、融合进程以及融合过程中媒介制度和政策的发展和变化，并提出"多头管理""权力寻租"是我国媒介融合所面临的制度性障碍。

第二部分，分析问题（第三、四章）。第三章，对美国、英国、日本、韩国的媒介融合制度框架进行梳理，分析不同国家媒介融合制度的共性和差异性，并对这些国家媒介融合制度面临的问题进行讨论。以这些国家媒介融合制度的设计与实现方式为我国媒介融合制度的设计与选择提供借鉴和参考。第四章，从博弈论的视角讨论我国媒介融合过程中相关利益主体的利益期待以及由此产生的制度需求。讨论媒介融合过程中政府、企业、公众、媒介的利益取向及其制度偏好，并着重分析相关利益主体之间的反复博弈关系。从制度供给的角度来看，媒介制度本身的复杂性和稳定性，以及媒介制度变迁过程中的路径依赖都是影响制度供给的重要因素。

第三部分，解决和深化问题（第五、六章）。第五章，基于中国社会现实和媒介融合趋势，对中国媒介融合的制度安排与政策选择进行讨论，尝试提出符合媒介发展规律和中国媒介系统特征并适应中国社会需求的制度设计思路，主要包括"平等""安全""效率"的价值取向，"合理媒介体系的建构""公民媒介素养的整体提升"和"有效治理模式的探索"

等制度设计目标。第六章，在第五章分析和讨论的基础上，进一步提出中国媒介融合制度安排和政策选择的基本框架与实现路径。主要包括两个方面：一是从制度的角度，通过政府部门结构和职责的厘清、技术和服务标准的制定、法律体系的建立和健全以及行业自律体系的建设，确立媒介融合后中国媒介运作的基本规则；二是从政策的角度，通过既有制度下的改善型政策、回应制度变革的政策创新以及与融合进程匹配的经济政策和社会政策，实现制度建设和制度变迁过程中的利益协调，对媒介发展进行行动引导。

第一章　媒介发展与媒介制度演进

第一节　媒介与媒介制度的相互
作用、共同演进

一、技术、制度：媒介系统演化的关键要素

媒介系统演化是一个长期的、持续的过程，涉及媒介类型、生存形态、媒介系统结构等多个层面的内容。伊尼斯在研究中指出，"技术"与"制度"反映在哲学意义上即"工具"和"仪式"。媒介的发展由两类行为构成：一是工具特征的行为，如传播技术的革新；二是仪式特征的行为，如媒介制度的设计。因此，"技术创新"和"制度变迁"便是我们理解媒介系统演化这一动态的、连续的过程的关键因素。

1. 技术逻辑视角下的媒介发展

回顾媒介发展的历史，每一次重大的变革都与技术更新密不可分。以时间为轴，我们大致绘制媒介形态演进历程的图谱如下（见图1-1）。

其一，媒介形态演进的历程显示，新媒介的出现与新技术的诞生同应用之间具有高相关度，但又存在一定的滞后性。从印刷技术到电子技术，再到信息技术，每一次媒介基础技术的改革都催生了新的媒介形式；从报纸到广播电视，再到互联网等数字新媒体的诞生，传播技术的"延

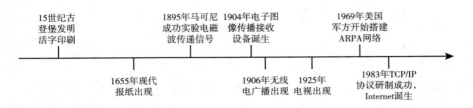

图1-1　媒介形态演进历程

时采用"①　周期正不断缩短，新旧媒介之间的关系不是相互替代而是共同发展。

其二，传播技术的革新对既存媒介产生直接或间接影响。电子技术对报纸媒体的影响不是体现在对报纸新闻采编、制作流程的直接作用，而是体现为电子媒介（广播、电视）的发展对报纸的生存环境、市场结构等的改变，并最终导致报纸运作方式的变迁。信息技术对既存媒介的影响则是直接的和全面的，它引发了报纸、广播、电视等传统媒介的信息格式、生产流程、接收终端、传播方式、生存形态、盈利模式等诸多方面的重大变革。

其三，新的技术引发传媒产业形态的转型与重构。以报纸的发展为例，活字印刷技术使信息的大量生产和大量复制成为可能，是报业产生的基础。现代印刷技术使报纸印刷成本大幅度降低，从而推动了廉价报纸的出现和普及，传媒产业化发展随之起步。在报业的发展过程中逐步形成了传媒产业所特有的二重市场。电子技术首次实现了远距离快速传输，传媒产业开始摆脱地域的约束。电子媒体及其传输技术的发展不断拓宽传播的空间领域，也推动着更大范围内传媒市场的出现和形成。

在信息技术的作用下，媒介系统结构、传播模式、媒介形态都正在经历着数字化转型的过程，传统媒体盈利模式遭遇挑战，新媒体盈利模式正在形成。同时，信息化也促使传媒与其他产业间的关系发生变动，如市场边界的模糊、产业关联的变化等。新一轮的传媒产业形态的转型与重构正在发生。

---

① 费德勒认为，新媒介技术要想在商业上取得成功，总是比预期要花更长的时间。从概念的证明到技术的普遍采用往往需要一代人（20—30年）的时间。参见［美］罗杰·费德勒《媒介形态变化——认识新媒介》，明安香译，华夏出版社2000年版，第25页。

其四，媒介技术的发展有着深刻的历史和社会意义。"媒介即讯息""媒介是人体的延伸"是麦克卢汉的经典理论。他在论及印刷技术的时候写道："人体在印刷术的延伸，造就了民族主义、工业主义、大众市场，还有普遍的识字能力与教育。"[1] 伊尼斯将古代历代文明的典型特征归结于当时处于主导地位的传播方式的作用。对每一种社会形态而言，当时主导的传播方式都有一定的偏重。不同的媒介形态决定了我们体验世界的方式和过程，也由此决定了我们的信息知晓、理解和分享方式和对时间、空间的想象力，从而影响着我们对世界的认知和感知，以及与此相关的经验、态度和行为逻辑。

今天，信息技术普及之快、发展之快，远非此前任何一种技术所能比拟；其影响之深，至今仍难以准确估量。尽管，我们尽量避免陷入"技术近视"[2] 的困境，但媒介系统内部基础性技术、媒介形态、组织结构、产业形态的变化，系统外部生存环境、产业关联、竞争关系等诸种转变，都在提示我们，信息时代的技术逻辑正在变得更加强势。

2. 制度逻辑视角下的媒介发展

按照技术逻辑，世界各国的媒介系统和传媒产业将以一致的进度沿着线性路径同步发展。然而，现实却是不同国家和地区所呈现的媒介景观千差万别，也正是这种差异向我们显示了媒介演进过程中制度逻辑的强大力量。制度通过提供一系列规则界定人们的选择空间，约束人们之间的相互关系，从而降低环境中的不确定性，减少交易费用，保护产权，促进生产性活动。这一系列规则由社会认可的非正式约束、国家规定的正式约束和实施机制构成。[3] 康芒斯指出，制度具有两面性：其主动的一面体现为制度具有限制个人和组织行为的功能；被动的一面体现为制度让个体和组织摆脱其他个体或组织的约束。我们尝试从历时性和共时性两个维度检视制度逻辑视角下的媒介发展。

---

① ［美］丹尼斯·麦奎尔：《麦奎尔大众传播理论》，崔保国、李琨译，清华大学出版社 2006 年版，第 73 页。

② 技术近视是指我们过高估计一项新技术在短期的潜在影响。当世界未能认同我们夸大了的预期时，我们就走向反面而低估其长期影响；我们先是行动过火，然后又行动不足。这一概念最早由美国学者萨弗（Saffo）提出。参见［美］罗杰·费德勒《媒介形态变化——认识新媒介》，明安香译，华夏出版社 2000 年版，第 9 页。

③ 卢现祥：《西方新制度经济学》，中国发展出版社 2003 年版，第 38 页。

（1）历时性视角下媒介制度对媒介发展的激励和约束

从历史制度主义的视角来看，制度从历史中演化而来并受到历史的深刻影响。从总体上说，媒介制度与媒介技术和媒介系统同步发展变迁，但又因不同国家的政治、文化、经济等环境差异而有所不同。从历时性的角度来看，不同时代的媒介系统呈现不同的运作规律和特征，从印刷媒体到数字新媒体，媒介所涉及的时间和空间范围不断延展，媒介制度也随之同步变迁，例如印刷媒体时代出现的禁书目录、特许检查制度，形成于电波媒体时代的许可证制度、公共广播电视制度等。这些制度为相应的媒介运作提供规则，并形成对媒介发展的激励或约束。

在很多情况下，媒介制度的有无以及关键性制度的选择对媒介发展具有决定意义。例如，泥活字印刷术发明于北宋庆历年间（公元 1041—1048 年），在沈括的《梦溪笔谈》中详细记载了泥活字的制作、印刷过程，对于印刷物的记载仅寥寥数语，且限于对印刷效果的简要评价，并未谈及印刷品管理的相关内容。① 由于缺乏相应的制度安排，印刷媒体的代表——大众报纸并没有首先出现在中国。直到 19 世纪中期《香港中外新报》诞生，中国才有了第一份中文日报，此时相距毕昇发明活字印刷术已有 900 余年时间。

另一方面，随着全球传媒业和媒介市场的关联度日益紧密，国家性的媒介制度还有可能对世界媒介发展进程产生重大影响。20 世纪末，以"激励竞争，放松管制"为特征的美国《1996 年电信法》取消了通信、传媒等多产业间的界限，放宽了对区域市场和企业规模的限制，放松了对广播电视业的所有权多元化限制，允许多种市场间的相互渗透，鼓励跨业兼并、强强联合，缩减其公共受托人义务。②《1996 年电信法》在美国传媒、电信等行业掀起了一场以产权交易为主要手段的兼并与收购浪潮，并蔓延到加拿大、欧洲等多个国家，延续至今，对美国和全球传媒市场格局和产业结构产生了巨大的影响。

（2）共时性视角下媒介制度对媒介发展的促进和制约

从共时性的角度来看，不同国家的政治、经济和文化传统在媒介的制

---

① 《梦溪笔谈》中记载对泥活字印刷术的评价：若止印三二本，未为简易；若印数十百千本，则极为神速。参见沈括《梦溪笔谈》，卷十八。

② 孙玉奎：《简介美国的 1996 年电信法》，《邮电设计技术》1996 年第 11 期。

度结构上具有明显的映射，又直接影响着本国媒介发展的模式和路径。美国经济学家库兹涅兹（S. S. Kuznets）在论及制度调整对技术进步、从而对经济增长的重要作用时说道："先进技术是经济增长的一个来源，但是它只是一个潜在的必要条件，本身不是充分条件。如果技术要得到高效和广泛的利用，而且说实在，如果它自己的进步要受这种利用的刺激，必须作出制度和意识形态的调整，以实现正确利用人类知识中先进部分产生的创新。"[1]

媒介制度选择的差异性，在政治、经济等角度对不同媒介领域形成促进或制约，从而造就了不同国家各具特色的媒介景观。以欧洲为例：西班牙、意大利、法国、希腊、葡萄牙等国家的媒介制度形成的是以低水平的报纸流通、传统的宣传报道、私有媒体工具化、公共广播和广播规制政治化、有限的媒介专业化和媒介自治为特征的"地中海多元模式"。[2] 发达的公营广播电视体系是北欧国家的共同特点，直到20世纪90年代，私营广播电视公司才得到许可，1991年，瑞典首家商业电视台TV4获得政府批准开播；1992年，挪威首家商业电视台TV2获得议会批准。今天，北欧国家的传媒市场中公营广播公司的市场份额在50%以上，公营电视公司的市场份额在30%以上。瑞士有发达的报业体系，但私营电视台仍然没有获得许可。英国和德国是广播电视公营和私营体制共存的"二元制度"代表。在卢森堡，最大的报纸由天主教大主教拥有，而大多数媒介则由私人公司运作。

二、媒介发展：媒介制度演进的内生动力

媒介制度具有稳定性和动态性的特征。媒介的初始制度一旦选定，在很长一段时间内将保持稳定，而在这一制度框架内形成的利益主体以及利益主体之间的共生关系则促使制度产生锁入（lock-in）效应，在一定程度上加强制度的稳定性。另外，媒介制度又因为制度主体的发展、制度主体与制度环境间的物质、信息的交流而始终处于动态演进的过程之中。和其

---

[1] 王宏昌：《诺贝尔经济学奖获得者讲演集（1969—1981）》，中国社会科学出版社1988年版，第97页。

[2] Georgios Terzis. "European Media Governance", http://www.intellectbooks.co.uk, 2011 - 10 - 10.

他制度一样，媒介制度的演进往往是通过无数次具体且微小的变化积累而成的。这些微小变化的产生既有内生因素，也有外生因素。其中，媒介发展是媒介制度演进最为重要的内生动力。

首先，媒介发展推动媒介制度演进。由于基础技术、生存环境、功能定位等方面的差异，每一种媒介类型在既定的制度框架之下都形成了与之对应的生存和运作方式。但是，媒介制度的设计通常是在具体的情境下相对较优的选择，其本身必然存在不完善的地方，因此媒介发展推动媒介制度进行适应性的调整。

1920 年 11 月 2 日，西屋电气公司创办的 KDKA 电台在匹兹堡开播，这是美国第一个向政府领取营业执照的电台，被视为美国广播业的开端。当时颁发执照的部门为美国商务部。1934 年，随着美国广播电台数量的迅速增加，以及电视、有线电视的发展，美国国会通过了《电信法》（Telecommunications Act），并成立专门的管理机构——美国联邦通信委员会（The Federal Communications Commission，FCC），所有商业和非商业的广播电视牌照均由 FCC 核发。《1996 年电信法》（Telecommunications Act of 1996）对 FCC 的职权进行了调整，以适应通信、广播电视、电子出版等领域的一体化趋势。

其次，媒介组织的发展推动媒介制度演进。媒介组织是媒介运作的主体，包括商业性的和非商业性的。随着时间的推移，在媒介组织的日常运作中出现的这样或那样的问题也会不断积累，形成新的制度需求，从而自下而上地推动媒介制度的调整与改进。在某些国家，媒介组织还是媒介制度的供给来源之一。

例如，依据英国公共广播电视制度的设计，英国广播公司（BBC）的最高管理机构是管理董事会（Board of Governors）。[①] 持有广播电视装置者缴纳的执照费是公共广播电视机构的主要财政来源。但是，稳定的财政来源在保障公共广播电视机构免受政府和市场过多控制的同时，也滋长了其垄断趋势和官僚作风。随着商业电视的发展和市场竞争的加剧，单一而固定的执照费也难以满足公共广播电视持续发展需要，BBC 开始出现了一

---

① 理事会成员由 12 个公众托管人组成，负责制定节目标准，控制财政计划，进行重大决策，确保节目传播的平衡性与多样化，选定 BBC 总经理，总经理在理事会的政策指导与监管之下独立进行经营管理活动。

些商业性的电视节目模式。机构臃肿、模式僵化、效率低下、节目质量下降等问题引发公众的普遍不满，成为 BBC 公共服务功能实现的障碍，BBC 的再发展迫切需要制度层面的调整。2005 年 3 月，英国公布《BBC 皇家宪章分析——一个独立于政府的强大的 BBC》（Review of the BBC's Royal Charter—A strong BBC, independent of government），该文件除再次强调 BBC 的公共服务功能、明确执照费收取的合法性、重申 BBC 不得进行商业化的要求，最大的突破是宣布正式取消已有 78 年历史的 BBC 董事会制度，监督管理 BBC 的工作分别由信托委员会（BBC Trust）和执行委员会（Executive Board）代替，信托委员会的核心职责是维护和守护缴纳执照费的公众的利益。

在日本，行业协会是媒介自律体系建设和运转的主导力量。1951 年，日本商业广播电视联盟（NAB）成立，这是一个以日本商业广播电视播出机构为会员的社团法人组织，致力于"处理商业广播电视共同的问题""提高广播电视的伦理水平""达成商业广播的公共性使命"。该组织先后制定了《广播节目基准》《电视节目基准》，1970 年这两个基准合并为《广播电视节目基准》。1996 年，日本广播电视协会（NHK）与商业广播电视联盟联合制定了适用于公共和商业广播电视的《广播电视伦理基本纲领》。此外，日本商业广播电视联盟还与 NHK 共同成立了专门的行业自律机构——"广播电视伦理与节目提升机构"（Broadcasting Ethics & Program Improvement Organization，BPO），该机构是独立于日本政府的第三方自律机构，是日本广播电视自律体系的重要构成部分。

当前，正在发生的媒介融合是媒介系统不可逆的永久性转变，包括技术基础、终端平台、媒介内容和发展趋向四个层面，体现在不同类型媒介运作方式的融合、企业与市场边界的融合、传媒与通信等行业的融合、全球传媒市场和产业的融合等方面，涉及媒介系统相关的各类利益主体，制度短缺、管理交叉等问题接踵而至，制度性矛盾成为不同国家媒介发展所遭遇的共同问题。媒介融合已经成为这一时代媒介制度变革的主要推动力量。

三、风险、不确定：不容忽视的环境因素

媒介制度演进通常兼有"连续性"和"非连续性"的特征。其中，

连续性变迁常常表现为既有制度边际和局部的调整与创新，而突发事件、个人决策则可能带来媒介制度的重大变革。媒介制度变迁是一个长期而复杂的过程，即使是具有"突变"特征的制度革命或是休克式的制度改革也不是一朝一夕就能够完成的。媒介制度环境中的诸多因素，通常包括技术、政策、法律、文化、习俗、宗教信仰等，对媒介制度演进形成促进或制约的影响。媒介制度变迁的结果则是制度规则与各项因素的阶段性耦合。因此，无论媒介制度以何种方式演进，其制度环境都是我们分析和理解这一过程的重要途径；而构成制度环境的诸因素本身就具有潜在的风险和不确定，又始终处于发展变化的状态之中，这就在很大程度上增加了媒介制度选择和变迁的风险性和不确定性。

"战争"是具有代表性的不可控因素，对媒介制度和媒介发展影响重大。第二次世界大战中，广播作为当时的新技术媒体广泛应用，被称为"电波部队"。当时，为了通过舆论宣传鼓舞士气、打击对手，各国制定了专门的战时广播制度，这些制度对战后的媒介发展和制度选择也产生了影响。以日本为例：1941 年，日本发布了广播电波管制命令，日本广播协会受内阁情报部和邮政省双重领导。随着战争的推进，日本陆续在所侵占的中国和东南亚各大城市设立电台，为其军事行动服务。1945 年，第二次世界大战结束后盟军进驻日本，并立即对日本广播进行监督管理；同年，日本广播协会根据联合国军最高司令官总司令部的指令进行改组。1950 年 4 月，日本国会根据盟军总部的意见通过了有关无线电管理的三项法案：《放送法》、《电波法》和《电波监理委员会设置法》，即"电波三法"。"电波三法"共同确立了战后日本广播事业自主经营和广播自由的原则，确立了公营和私营并存的双轨体制，这一制度模式决定了战后日本广播电视业的发展方式并沿用至今。

在中国，受到政治、经济、社会等因素的影响，政策回缩等现象也时有发生。2003 年，文化体制改革正式启动，原国家广电总局颁布《关于促进广播影视产业发展的意见》，提出以资产和业务为纽带，推进广播电视经营性资源的区域整合和跨地区经营，对经营性资源进行多种媒体的多重开发和利用。但 2005 年 7 月 7 日发布的《广播影视系统地方外事工作管理规定》中提出，广播电台电视台不得与境外机构合资、合作开办广播电视固定节目和广播电视直播节目；2007 年 10 月 31 日，国家发改委和商务部发布的《外商投资产业指导目录》中，原本有限开放的影视制作、发行业务改为禁止外资进入，同时新增禁止外商投资新闻网站、互联网内容供应与服务经营业内容，仅允许外资以合作形式参与单个广播电视节目制作项目和电影制作项目。到2011年初，国家广电总局再次明确，电台电视台作为党的重要新闻媒体和宣传思想文化阵地，必须坚持事业体制，坚持喉舌和公益性质，坚持以宣传为中心。改革中，不允许搞跨地区整合，不允许搞整体上市，不允许按频道频率分类搞宣传、经营两分开，不允许搞频道频率公司化、企业化经营。① 这就意味着广电集团整体上市的尝试被全面叫停，外资进入、跨媒体跨地域经营等被重新限制，全国范围内广播电视市场的建设和资源配置短期内也无法实现，加速制播分离成为广电领域体制改革的主要方向。

此外，值得关注的是，近年来，整个世界已步入非稳定状态的危机频发期，自然危机和社会危机都呈现高频次、多领域的发生态势。媒介制度中的结构性问题往往也在这些难以预期的危机中凸显：2003年的SARS事件直指我国的信息公开制度；2008年山西霍宝干河煤矿发生矿难后，真假记者排队领"封口费"的事件暴露了我国新闻媒体从业人员资格管理的松散和职业道德约束的失范。

随着社会的发展，媒介系统已深度嵌入人们的日常生活和国家的社会、经济系统，媒介融合也因此具有显著的外部性特征。这就要求我们在进行媒介制度的设计与选择时，充分考虑制度实施的环境中的复杂因素，关注制度的风险预防和抗风险能力。

第二节 中国媒介发展与媒介制度变迁的历史轨迹

一、党管媒介：中国媒介制度的初始选择

1949年10月1日，中华人民共和国宣告成立，中国由此揭开了历史

---

① 《广电总局发言人就2010年广播影视工作情况和今年工作规划答记者问》，http：//www.scio.gov.cn/xwfbh/gbwxwfbh/fbh/201101/t848793.htm，2011年3月15日。

发展的新篇章。在中国共产党的领导下，中国媒介制度发生了一次自上而下的强制性变迁，形成了"无产阶级党管媒介"的制度模式。这是新中国媒介制度的初始选择，对我国媒介发展和媒介制度变迁产生了深远的影响。今天，"党管媒介"仍然是我国媒介日常运作和改革创新的基本原则。

"无产阶级党管媒介"的制度模式并非我国开创，其萌芽和逐步形成的过程可追溯至 20 世纪 20 年代并与苏联的媒介制度有着密切联系。五四运动以后，在我国首次出现了以马克思主义为指导、以社会主义为方向的无产阶级报刊。这些报刊从刊名到内容再到办刊主旨和指导思想，都深受苏联十月革命的影响。1921 年，中国共产党正式成立，在借鉴了苏联的党报管理思路和无产阶级媒介制度的基础上，对自己的报刊提出了"党报必须服从党的领导，贯彻党的路线"的要求。"杂志、日刊、书籍和小册子须由中央执行委员会或临时中央委员会经办""无论中央或地方的出版物均应由党员直接经办和编辑""任何中央地方的出版物均不能刊载违背党的方针、政策和决定的文章"等规定被写入《中国共产党第一个决议》。[①]

1939 年，《中共中央关于宣传教育工作的指示》要求"从中央局起一直到省委、区党委，以至比较带有独立性的地委、中心县委止，均应出版地方报纸。党委与宣传部均应以编辑、出版、发行地方报纸为自己的中心任务"。[②]这一政策促进和保障了党报的增量发展，到新民主主义革命胜利前夕，无产阶级政党媒介在中国已经居于主导地位。党报作为"党和人民的喉舌"的定位也进一步明确。1942 年 9 月 22 日《解放日报》社论《党和党报》明确提出："报纸是党的喉舌，这是一个巨大集体的喉舌。"[③]

1948 年末至 1949 年中国共产党先后发布了一系列指示和办法，对全国范围内的媒介进行系统的接管和改造，这些政策涉及通讯社、广播电台、报纸、杂志等各个领域。这些政策包括：《中共中央关于新解放城市

---

① 中国社会科学院新闻研究所编：《中国共产党新闻工作文件汇编》上卷，新华出版社 1980 年版，第 1 页。

② 中国社会科学院新闻研究所编：《中国共产党新闻工作文件汇编》上卷，新华出版社 1980 年版，第 90 页。

③ 中国社会科学院新闻研究所编：《中国共产党新闻工作文件汇编》中卷，新华出版社 1980 年版，第 54 页。

中中外报刊通讯社处理办法的决定》（1948 年 11 月）、《中共中央对新解放城市的原广播电台及其人员的政策的决定》（1948 年 11 月）、《中共中央关于处理新解放城市报刊、通讯社中的几个具体问题的指示》（1948 年11 月）、《中共中央对处理帝国主义通讯社电讯办法的规定》（1949 年 1 月）、《中共中央对北平市报纸、杂志、通讯社登记暂行办法的批示》（1949 年 2 月）、《中共中央关于对私营广播电台的处理办法给天津市委的指示》（1949 年 2 月）、《中共中央关于未登记报纸施行新闻管制给华中局、华东局、西北局的指示》（1949 年 6 月）、《中共中央关于对旧广播人员政策的补充指示》（1949 年 9 月）等。

新中国成立初期，密集的政策供给仍然是推动媒介系统转型的重要动力，如《中央人民政府政务院关于统一发布中央人民政府及其所属各机关重要新闻的暂行办法》（1949 年）、《全国报纸杂志登记暂行办法草案》（1950 年）、《中宣部关于统一和加强国营、地方国营、公私合营报社、杂志社、出版社企业管理的指示》（1954 年）。同时，国家还设立了专门的媒介管理部门——政务院下设新闻总署和出版总署，新闻署下设广播事业局。① 1949 年 12 月新闻总署在北京召开全国报纸经理会议，明确提出改进发行，推广邮发合一，将报纸发行列为各地邮局的工作内容，由此确立了新中国"邮发合一"的报纸发行制度。直到今天，邮发仍然是我国报刊发行的重要渠道之一。到 1954 年前后，私营媒体已基本消失。

通过一系列自上而下制度安排和管制框架的设计，采用"停—改—创"相结合的实施路径，新中国成立初期我国迅速实现了对不同政治取向、不同类型、不同所有者的各类媒介的接管和改造，并将其纳入"无产阶级党管媒介"的制度体系。这一制度体系确立了我国媒介产权的公有属性、传媒业"新闻事业"的明确定位、"党和人民宣传喉舌"的功能设定、从业人员的事业单位编制。媒介机构采取党政机关行政单位的运作模式，不能进行经营性活动，人、财、物皆由上级部门统一管理，从而实现了媒介系统彻底的去私有化和去商业化。这一制度体系是在计划经济体制的基础上设计和形成的，是中国媒介发展和制度变迁的逻辑起点。

---

① 1949 年 6 月，设中国广播事业管理处，上级主管单位为中央宣传部；同年 11 月改为广播事业局，上级管理部门为政务院新闻总署。

二、事业单位、企业化管理：媒介制度第一次改革

1978 年，中国共产党第十一届三中全会提出了经济体制改革的任务；1980 年，《党和政府领导制度的改革》明确提出了政治体制改革的问题，强调要从制度上解决问题，健全社会主义民主和法制。这是一次主动的制度改革选择，也是新中国成立以后党和政府第一次做出对中国经济、政治制度进行重大调整的决定。"改革开放"成为随后三十余年整个中国发展的核心命题，全国上下开始了一场涉及政治、经济、文化等各个层面的深刻变革，这同时也是社会结构的整体性变化过程。在整个社会变革的宏阔背景之下，我国媒介政策出现了第一次松动，1978 年也成为我们考察中国媒介制度变迁路径的一个重要历史节点。以这一年《人民日报》等首都 8 家报纸递交的要求试行企业化管理的报告获批为始，到 20 世纪 90 年代初期，关于媒介经营性行为的制度约束逐步放宽。

· 1978 年，为解决报社国家财政拨款不足的困难，《人民日报》等首都 8 家报纸向国家财政部提交了关于在新闻单位试行"事业单位、企业化管理"的联名报告，并获得有关部门的批准。根据政府的有关政策，这些单位可以从经营收入中提取一定比例用于增加员工的收入和福利，并改善媒介自身的条件。

· 1979 年 1 月 4 日，《天津日报》恢复报纸广告。

· 1979 年 1 月 14 日，《文汇报》发表《为广告正名》的一篇署名文章，文中提出"有必要把广告当作促进内、外贸易，改善经营管理的一门学问对待"，"我们应该运用广告给人们以知识和方便，沟通和密切群众与产销部门之间的关系"。

· 1979 年 1 月 28 日，农历正月初一，《解放日报》在其第二版和第三版下端刊登了两条通栏广告。同日，下午五点零五分，上海电视台屏幕上映出了"上海电视台即日起受理广告业务"的字样，随即播出了我国电视史上第一条商业广告——片长一分三十秒的"参桂补酒"。

· 1979 年 5 月 14 日，中宣部发文肯定了媒介恢复广告的做法，并做出了具体规定。

· 1979 年 11 月，《关于报刊、广播、电视台刊登和播放外国商品广

告的通知》正式下发，这标志着中国广告业和媒介经营性行为首次获得政策层面的认可。

·1985 年，国家工商局、文化部、广电部发布《关于报纸、书刊、电台、电视台经营、刊播广告的有关问题的通知》，肯定了媒体从事经营权利和广告发布的权利。

·1985 年 1 月 1 日，《洛阳日报》开始实行自办发行，打破了邮发合一的长期垄断局面。

·1986 年 4 月，26 家报社参加了首次部分城市报纸自办发行工作座谈会，肯定了自办发行的做法。

·1986 年 12 月，《邮政法》颁布，允许报刊自主定价、自办发行。

·1987 年，国务院办公厅印发《关于进行全国投入产出调查的通知》，政府科委首次编制的我国产业投入产出表将新闻事业和广播电视事业纳入"第三产业"序列，这是政府部门有关媒介商品属性的第一次正式表述。

·1988 年，新闻出版署、国家工商行政管理局颁布的《关于报社、期刊社、出版社开展有偿服务和经营活动的暂行办法》，规定报社经主管机关批准，可以结合本身业务和社会的需要举办经济实体（如造纸厂、印刷厂等）。①

·1991 年，广电部、财政部联合发布《广播电视事业单位财务管理办法》，要求各单位开展有偿服务，充分利用本身优势，增加收入，并确定了广电事业的各种合法收入。

检视 20 世纪 70 年代末至 90 年代初的媒介制度变化，其特征和意义主要体现在以下几个方面。

第一，与其他领域的制度变迁不同的是，此次媒介制度变迁表现出"自下而上"和"诱致性"制度变迁的特征。

最初的"事业单位、企业化管理"的改革思路是以《人民日报》等八家媒介机构向财政部递交报告的方式提出的。1979 年 1 月媒介广告业务重开，到 5 月中宣部才发文肯定了媒介恢复广告的做法，11 月《关于

---

① 参见杨步国、张金海《整合：集团化背景下的报业广告经营》，武汉大学出版社 2005 年版，第 143 页。

报刊、广播、电视台刊登和播放外国商品广告的通知》正式下发，媒介广告业务得到政策许可。同时，此次媒介制度进行调整的初衷是解决国家财政拨款不足的困难，这是对媒介系统运作中产生的困境和需求的适应，具有明显的"诱致性"特征。

第二，这一阶段的媒介制度调整集中在媒介运作机制层面，围绕媒介机构的经营性业务展开，是既有媒介制度体系内基于媒介系统运作现实的政策调试和创新。因此，这是一次媒介制度的局部调整，核心是"放权让利"。

媒介机构的经营性业务，特别是广告业务，是此次制度变迁的主要内容。一方面，党和政府对媒介机构开展经营性业务的合理性和合法性给予了肯定；另一方面，通过一系列文件对媒介机构经营性业务的范围进行了梳理和明确。广告业务的恢复、自办发行的实施、传媒业二重市场的形成、媒介机构多元化业务的开展都是此次制度改革的直接结果，推动了传媒业的增量发展。从后来我国媒介的发展来看，这次运作层面的制度改革更为深远的影响体现在以此为基础形成的"混合型媒介体制"，也被称为"一元体制、二元运作"。

第三，此次媒介制度调整与中国宏观政治、经济制度改革具有高度耦合性，加大了媒介系统与政治经济系统相互关联的程度。

以 1978 年党的十一届三中全会召开为标志，中国步入了传统的计划经济体制向社会主义市场经济体制过渡的新阶段。从深圳经济特区的建立到建设资本市场构想的提出和实施，从精简机构、废除领导干部职务终身制的政府机构改革到农村家庭联产承包责任制的推广，制度的改革和创新在各个领域酝酿、发生。媒介制度调整的时间和方向符合我国社会经济改革的总体安排。这次制度改革不仅使与"经营"绝缘的传媒业有了与市场接触的机会，使媒介机构摆脱了自身的经济困境，还推动了以媒介广告业务为依托的广告行业的高速发展，首次显现了媒介系统在推动国家经济发展方面的作用和价值。正如香港《大公报》当时发表的评论所言，广告的出现犹如一声长笛，标志着中国经济的巨轮开始启航。[1]

---

[1] 胡正荣、李煜：《社会透镜——新中国媒介变迁六十年》，清华大学出版社 2010 年版，第 240 页。

三、采编与经营剥离：媒介制度第二次改革

中国的媒介系统具有很强的政治属性，每一次媒介制度变迁的动力都不仅来自媒介自身的发展需求，而且与中国政治、经济、文化和社会的动态变化有着密切的关联。1988 年，国内零售物价指数创下新中国成立 40 年以来上涨的最高纪录，物价的上涨和抢购风潮引发一系列的社会问题；1989—1991 年，东欧剧变，苏联解体，随之而来的是对改革开放的质疑之声。关于"媒介的商品性和能否实行市场化运作"的争论自新中国成立以来就没有停止过，此时更成为讨论的热点。"改革将往何处去？"成为当时中国面临的最大问题，它的答案对中国媒介制度和媒介发展方向具有决定性意义。

经过十余年的改革开放，中国传媒业自身也发生了很大变化，到 20 世纪 90 年代，随着经营业务范围和收入规模扩大，媒介的政治和经济双重属性开始凸显。尽管媒介制度经历了从完全的"事业化运作"到"二元运作体制"的重大突破，但媒介机构在日常运作中采编部门与经营部门直接的矛盾和冲突逐渐显现，制度改革的需求正在酝酿。

我们很难以某一个具体的年份或具体的事件对中国媒介制度的第一次和第二次改革进行阶段划分，但可以肯定的是发生于 20 世纪 80 年代末、90 年代初的关于改革思想的大讨论和 1992 年邓小平南方谈话掀起的中国新一轮思想解放运动，对媒介制度理念的变化起到了重要作用。

·1992 年 3 月 26 日，《深圳特区报》发表题为《东方风来满眼春——邓小平同志在深圳纪实》的文章，其中写到邓小平在南方的谈话：要坚持党的十一届三中全会以来的路线方针政策，关键是坚持"一个中心、两个基本点"。不坚持社会主义，不改革开放，不发展经济，不改善人民生活，只能是死路一条。[1]

·1992 年，《中国报协对有关报纸行业产业政策和体制改革的五项意见》出台，取消了"报社不得从事与报业无关的纯商业经营"的范围限制。

---

① 陈锡添：《东方风来满眼春——邓小平同志在深圳纪实》，《深圳特区报》1992 年 3 月 26 日。

·1992 年 6 月 16 日，中共中央、国务院发布的《关于加快发展第三产业的决定》，指出"争取用十年左右或更长一些时间，逐步建立起适合我国国情的社会主义统一市场体系、城乡社会化综合服务体系和社会保障体系"。① 《决定》把"报业经营管理"和"广播电视"正式列入第三产业。传媒业的产业属性获得政策层面的认可。

·1992 年，中国共产党第十四次代表大会提出"建立社会主义市场经济体制"的思路，明确了经济体制改革目标。

·1993 年 11 月，中共十四届三中全会通过《中共中央关于建立社会主义市场经济体制若干问题的决定》，提出要转变计划经济的传统观念，提倡积极探索，敢于试验。既继承优良传统，又勇于突破陈规，从中国国情出发，借鉴世界各国包括资本主义发达国家一切反映社会化生产和市场经济一般规律的经验。②

·1994 年 5 月，新闻出版署下发《关于书报刊音像出版单位成立集团问题的通知》，指出：书报刊音像出版单位组建集团是改革的新尝试，目前只作少量试点；组建集团，目前阶段只限于本省区范围内的联合，不组织跨省、区的集团，不组织股份制出版机构；集团的成员以新闻出版单位为主，也可吸收与新闻出版相关的单位，与新闻出版无关的商业、企业不参加；组建前要写出可行性报告，并经有关方面认真论证；组建集团须履行正常审批程序。③

·1994 年 6 月，新闻出版署出台报业集团组建具体条件：1. 传媒实力。除 1 份有影响的主报外，至少应该有 4 份子报子刊，可组成系列报刊。2. 经济实力。根据不同地区经济发展的差异，沿海地区报社年利税在 5000 万元以上，中西部地区年利税在 3000 万元以上。3. 人才实力。报社采编人员中，具有高级新闻职称（包括副高职称）者占 20% 以上；经营管理和技术人员中，有各类专业中级职称以上者占总数的 15% 以上，并要有高级职称者。4. 技术实力。拥有独立的印刷厂，现代化的照排、胶印设备，具备彩色胶印能力，除保证本报社所属报刊正常印刷装订外，能承接一定

---

① 《1992 年中国大事记》，http：//www. china. com. cn，2011 年 1 月 20 日。

② 《中共中央关于建立社会主义市场经济体制若干问题的决定》，http：//news. xinhuanet. com/ziliao/2005－03/17/content_ 2709770. htm，2012 年 1 月 25 日。

③ 《关于书报刊音像出版单位成立集团问题的通知》，http：//www. people. com. cn/item/flfgk/gwyfg/1994/306003199402. html，2012 年 1 月 25 日。

数量的代印业务，每日总印刷能力在对开 200 万份以上。5. 发行实力。主报和子报子刊发行量在 60 万份以上，或在本地区每 150 人以下拥有一份报纸，有畅通的发行渠道，有逐步建立自办发行网的可能。①

·1994 年，《金华日报》率先进行股份制改造。改革后，采编部门的职责和性质基本保持不变，负责报纸内容采编，提高新闻报道的质量；分离出来的经营部门，则按照现代企业制度进行改造，组建新的新闻发展总公司。由公司的董事长任命总经理，总经理负责处理日常的经营事务。通过股份制改造，新的新闻总公司资产构成为：国有资产占 10.77%，集体资产占 69.23%，个人资产占 20%。

·1994 年初，上海广电总局下属的东方明珠股份有限公司成功上市，拉开了我国传媒资本运作的序幕。

·1994 年 10 月，中央电视台首次举办黄金资源广告招标，成为我国电视广告资源经营方式的一次创新性尝试，中标总额 3.3 亿元。

·1996 年 4 月，李铁映在全国新闻出版局长会议上提出：加快建立适应社会主义市场经济要求的新闻出版体制，积极进行组建出版集团和报业集团的试验。②

·1996 年，新闻出版署在《关于同意建立广州日报报业集团的批复》中指出："适时组建以党报为龙头的社会主义现代化报业集团，可以带动实现我国报业由规模数量型向优质高效型转移，由粗放型向集约型转移，推进中国报业的繁荣与发展。"

·1996 年，在前期扩版增刊和广告经营的实践积累基础上，我国第一家传媒集团——广州日报报业集团正式成立。

·1996 年 9 月，国务院下发了《关于进一步完善文化经济政策的若干规定》，指出要拓宽文化事业资金投入渠道，逐步形成适应社会主义市场经济要求的筹资机制和多渠道投入体制。

·1996 年 10 月，中共中央发布《中共中央关于加强社会主义精神文明建设若干重要问题的决议》。该决议再次强调"新闻宣传必须坚持党性原则，坚持实事求是，坚持团结稳定鼓劲、正面宣传为主，牢牢把握正确

① 1994 年 6 月，新闻出版署邀请中央和省级 10 家报社负责人探讨怎样在我国组建报业集团，就是在这次会议上，拟定了成立报业集团必须具备的条件。参见《中国报业十年发展》，www.keyin.cn，2006 年 4 月 11 日。

② 李铁映：《进一步发展和繁荣社会主义新闻出版业》，《新闻出版报》，1996 年 4 月 22 日。

的舆论导向。党报、党刊、国家通讯社和电台、电视台要发挥主导作用"，同时，提出了"加强对新闻出版业的宏观调控，采取有力措施解决目前总量过多、结构失衡、重复建设、忽视质量等散滥问题，努力实现从扩大规模数量为主向提高质量效益为主的转变。认真整顿违反规定屡出问题和不具备基本条件的新闻出版单位，达不到要求的必须停办"。① 这一思路首次提及新闻出版单位的"退出机制"，同时对报业集团的大规模组建起到了促进作用。

·1997年，党的十五大提出进行经济结构调整，全面推进社会主义市场经济，大力推进文化产业发展进程，要求新闻出版产业有更大的发展。此时，一般企业的股份制改造开始。

·1999年3月25日，全国唯一的有广播电视媒体参与控股的湖南电广传媒在深交所挂牌上市，以其良好的发展前景、优良的业绩和突出的经营、创新能力及核心竞争力，被投资者公认为"中国传媒第一股"，并入选深交所成分指数。同年，《成都商报》通过其控股的成都博瑞投资有限责任公司，用5000多万元收购上市公司四川电器原大股东的大部分股份，实现借壳上市。

·1999年9月17日，国务院办公厅转发信息产业部、国家广播电影电视总局关于《加强广播电视有线网络建设管理意见的通知》（国办发〔1999〕82号），要求建立企业化的广播电视网络传输公司；广播电视网络传输公司暂不上市，确有需要的个案报批。广播电台、电视台及其播出业务、节目制作和广播经营不得上市。随后原广电总局提出停止四级办台，有线电视网台分离，有线台和无线台合并等举措。广电系统"制播分离"思路逐渐清晰，广电系统实施两级管理体制，集团化发展序幕拉开。

回顾20世纪90年代媒介制度的变化，其特征和意义主要体现在以下几个方面。

第一，这是一次国内外多重因素影响下的媒介制度改革，兼有"自上而下"的强制性变迁和"自下而上"的诱致性变迁特征。

---

① 《中共中央关于加强社会主义精神文明建设若干重要问题的决议》，http://www.people.com.cn，2012年1月30日。

一方面，在 20 世纪 90 年代国内外动荡不安的政治经济局势下，中国共产党明确了坚持社会主义、坚持改革开放、坚持发展经济的思路，并提出建设"社会主义市场经济体制"的发展方向。这是中国改革发展过程中又一次自上而下的制度安排，也由此确立了中国媒介和媒介制度的发展方向。围绕这一思路，一系列与媒介发展相关的政策先后出台，我国媒介的"经济属性"获得正式认可的同时，"采编与经营剥离"这一"既要宣传，又要经营"的媒介发展思路逐步形成。随后行政力量主导下的"集团化"，则有着更加明显的强制性制度安排的特征。

另一方面，采编业务与经营业务在运行中的冲突，媒介机构经营业务的再发展等行业实践中产生的制度需求，对相关政策的出台也起到了明显的促进作用。例如，新闻出版署 1994 年 5 月发出的《关于书报刊音像出版单位成立集团问题的通知》中明确表述"改革开放以来我国新闻出版业迅速发展，经营能力和经济实力普遍增强。有的报社及其他出版单位已提出组建集团。为使这方面的改革能健康发展，特作如下规定……"。①

第二，对媒介属性的认知实现了由"单一意识形态属性"到"政治与经济双重属性"的转变，媒介的经济属性、商品属性和产业属性获得政策和制度层面的认可。

在 1992 年中共中央、国务院发布的《关于加快发展第三产业的决定》中，"报业经营管理"和"广播电视"被正式列入第三产业。在当时的环境下，"双重属性"的提出实现了对媒介单一属性定位的突破，也代表着媒介制度理念的再一次转变。正是因为这一系列认可和肯定，公司制、股份制、现代企业制度等市场经济组织制度，招标、上市、集团化等企业经营方式，才开始进入我国媒介发展的视野。1992 年以挂靠形式出现的报纸成为报界新生事物，如《中国经营报》《亚太经济时报》《特区时报》等都是报社人事相对独立，经营上自负盈亏。

第三，制度改革的核心是结构调整，包括媒介机构内部组织结构和传媒行业结构两个方面。

首先发生的是媒介机构内部的组织结构调整以及相应的领导机制和责权关系的变化。实现"采编与经营剥离"最常见的方式是采编部门保留

① 《关于书报刊音像出版单位成立集团问题的通知》，http://www.people.com.cn/item/flfgk/gwyfg/1994/306003199402.html，2012 年 1 月 25 日。

事业编制，而经营部门成立企业化公司；在管理上实行社长领导下的总编辑、总经理分工负责制；在资本结构上，对新成立的经营性公司进行股份制改造，导入现代企业制度。广电系统则是通过有线电视网台分离，成立企业化广播电视网络传输公司，实施"制播分离"。"采编与经营剥离"和"制播分离"为传媒业进入资本市场奠定了基础。

以 1996 年广州日报成立为标志的"集团化"进程是一次同时涉及媒介机构内部组织结构和传媒行业结构的全面调整。从媒介机构内部来看，媒介集团由几家同类媒介机构共同组建，集团内部包括多个频道或多家报纸、杂志，组织结构也就需要进行相应的调整。有的集团采用子频道或子报纸相对独立的结构，有的集团则采用大新闻中心、大广告中心的结构，还有的集团采用独立采编、整合经营的方式。从行业结构来看，随着全国范围内报业集团、广电集团和出版集团组建完成，我国传媒行业进入了以"集团"为单位的规模化发展阶段，这也在一定程度上改变了媒介发展过程中重复建设、分散弱小的情况。但是，在"行政捏合"下形成的媒介集团并没有实现资源的优化配置，由此造成的"集而不团""整而不合"成为媒介集团化发展过程中的难题之一。

第四，此次媒介制度改革中所选取的公司制、股份制、集团化、资本运作等制度安排是对英美等发达国家媒介制度的学习和借鉴。

20 世纪 70 年代末，在新自由主义思潮和商业利益集团压力的共同作用下，在政府主导下，以"自由化、私有化、商业化、放松规制"为核心的媒介市场化改革席卷了整个欧洲。1988 年，英国撒切尔政府发布白皮书《90 年代的广电业：竞争、选择和质量》，表示将对广播电视业采取与其他企业一致的政策，以促进广播电视业的市场化。同一时期，美国 NII（国家信息基础结构）计划和《1996 年电信法》先后出台，美国传媒业掀起一股兼并与收购的浪潮。在英、美等国"放松管制"和"鼓励竞争"的政策环境下，传媒业的市场活力得到极大的释放，一批超大型传媒集团先后诞生，成为全球传媒市场的主导力量。世界传媒业的这一变化一方面给中国媒介带来了国际方面的竞争压力，另一方面也提供了可供学习和借鉴的制度经验。

第五，媒介政策首次涉及媒介融合相关内容。

1998 年，"三网融合"的概念首次在国内提出。地方广电曾尝试涉足电信业务，却引发电信与广电的激烈冲突，部分地区发生互相破坏网络传输设备的现象，甚至出现流血事件。1999 年，国务院办公厅转发原信息产业部、原国家广电总局《关于加强广播电视有线网络建设管理的意见》（国办发〔1999〕82 号），其中第五条规定，"电信部门不得从事广播电视业务，广播电视部门不得从事通信业务，对此必须坚决贯彻执行"。《意见》的出台使这场争端得到平息，通过"专网专用"的规定划定了广电部和原信息产业部的管理范围，也否定了广电与电信跨业经营的可能，三网融合随即搁置。至今，82 号文件仍是广电和电信主管部门限制对方企业经营范围的重要依据。

四、事业与产业两分开：媒介制度第三次改革

2001 年，中国申请加入世界贸易组织（WTO）的长达 15 年的谈判终于获得成功。"入世"不仅促进了中国短期经济、贸易方面的增长，更重要的是推动了中国游戏规则的变化，因此被认为是标志着中国从"市场开放阶段"过渡到"规则或制度开放阶段"的重大事件。整个国家的体制改革进入与国际接轨的新阶段。

从传媒业的发展情况来看，1996 年以来，传媒业先后经历了两个传媒集团组建的高峰期：一是以报业集团组建为主要特征的 1998—1999 年；一是以广电集团组建加速、报业集团组建完成为特征的 2001—2002 年。截至 2004 年底，我国已相继组建了 40 家报业集团、20 家广电集团。2004 年 11 月 28 日，中央主管部门在停批报业集团一年多后，批准贵州日报报业集团成立；12 月原广电总局明确表示，以后不再批准组建事业性质的广电集团。至此，我国传媒集团化过程基本结束。然而，媒介集团的广泛建立并没有使媒介发展实现由"粗放"向"集约"的转变：区域市场分割、重复建设、同质化竞争现象普遍存在；受众、人才等资源缺乏深度开发；媒介融合和产业融合停留在简单业务层面，从基础技术到产业形态的数字化转型才刚刚开始；媒介组织创新能力不足，对外贸易逆差明显。

·2001 年 8 月，中共中央办公厅、国务院办公厅转发《中央宣传部、国家广电总局、新闻出版总署关于深化新闻出版广播影视业改革的若干意

见》，指出深化改革要以发展为主题，以结构调整为主线，以集团化建设为重点和突破点，着重从宏观管理体制、微观运行机制、政策体制、市场环境、开放格局等五个方面探索。

·2001年12月，原广电总局发布《关于实行广播电视节目制作、发行行业准入制度的实施细则（试行）》《关于改革电影发行放映机制的实施细则（试行）》，对《广播电视节目制作经营许可证》申请主体条件放宽为"地市级以上的宣传、新闻、文化、广电部门及在民政部注册登记的新闻、文化、广电等行业的一级社团组织"；允许以资本或供片为纽带，加快结构调整，推进院线组建；鼓励跨区域影院间的合作经营。

·2002年5月，《新闻出版总署关于贯彻落实〈关于深化新闻出版广播影视业改革的若干意见〉的实施细则》出台，放宽了对非试点集团出版单位兼并重组、多媒体联营、跨地区经营、拓宽融资渠道等方面的政策约束。

·2002年，党的十六大报告中对"文化建设和文化体制改革"进行了专门论述，提出"积极发展文化事业和文化产业"，并指出"发展文化产业是市场经济条件下繁荣社会主义文化、满足人民群众精神文化需求的重要途径。完善文化产业政策，支持文化产业发展，增强我国文化产业的整体实力和竞争力"。

·2003年6月27、28日，全国文化体制改革试点工作会议在北京召开，重点研究部署文化体制改革试点工作。文化体制改革试点工作会议将"文化产业"与"文化事业"作为两个概念区分开来，两者共同构成文化建设的重要组成部分。这次会议确立了第一批文化体制改革的试点单位和地区，在参与试点的35家单位中新闻出版系统就有21家（包括8家新闻单位、7家出版社和6家发行单位），占总数的60%。

·2003年6月，《国家广播电影电视总局关于改进广播电视节目和电视剧制作管理办法的通知》发布，指明"申请《广播电视节目制作经营许可证》的机构，必须有符合要求的业务主管部门，对社会各类投资、咨询、发行公司或机构（不含境外组织和个人在境内设立的或与境内机构合作设立的各类机构），省级广播电视行政部门可作为其业务主管部门，实行行业管理"。这就进一步降低了行业准入门槛，极大地鼓励了民营影视制作公司的组建。

·2003年12月30日，国务院办公厅印发了《文化体制改革试点中支持文化产业发展的规定（试行）》和《文化体制改革试点中经营性质文化事业单位转制为企业的规定（试行）》。

·2003年12月，广电总局颁布《关于促进广播影视产业发展的意见》，指出"逐步加大广播影视市场的开放力度，逐步放宽市场准入，吸引、鼓励国内外各类资本广泛参与广播影视产业发展，不断提高广播影视产业的社会化程度。允许各类所有制机构作为经营主体进入除新闻宣传外的广播电视节目制作业，允许境外有实力有影响的影视制作机构、境内国有电视节目制作单位合资组建由中方控股的节目制作公司。电台、电视台和广电集团（总台）内重组或转制为企业的单位，在确保控股的前提下，可吸收国内社会资本探索进行股份制改造，条件成熟的广播电视节目（包括电视剧）生产营销企业经批准可以上市融资"。

·2004年10月，文化部制定《关于鼓励、支持和引导非公有制经济发展文化产业的意见》，2005年8月，国务院下发《关于非公有资本进入文化产业的若干决定》以及《关于文化领域引进外资的若干意见》等，都明确将传媒业纳入文化体制改革的总体框架。

·2004年12月，北青传媒股份有限公司在香港联交所正式挂牌交易，成为第一家在香港上市的内地传媒公司。

·2005年6月，新闻出版总署下发《关于加快推进新闻出版系统政企分开、政事分开和管办分离工作的意见》。随后，全国近600家出版机构开始启动转企改制。

·2005年7月，广电总局发布《广播影视系统地方外事工作管理规定》，提出广播电台电视台不得与境外机构合资、合作开办广播电视固定节目和广播电视直播节目。

·2006年1月，中共中央、国务院发出《关于深化文化体制改革的若干意见》，明确了文化体制改革的目标任务是：以发展为主题，以改革为动力，以体制机制创新为重点，形成科学有效的宏观文化管理体制，完善文化法律法规体系，强化政府文化管理和服务职能，构建覆盖全社会的公共文化服务体系；形成富有效率的文化生产和服务的微观运行机制，增强文化事业单位的活力，提高文化企业的竞争力；形成以公有制为主体、多种所有制共同发展的文化产业格局，充分发挥国有资本在文化领域的主导作用，调动全社会力量积极参与文化建设；形成统一、开放、竞争、有序的现代文化市场体系，更大程度地发挥市场在文化资源配置中的基础性作用；形成完善的文化创新体系，加大知识产权保护力度，积极应用先进科技手段，推进内容创新，使原创性文化产品在市场上占有重要地位；形成以民族文化为主体、吸收外来有益文化，推动中华文化走向世界的文化开放格局，进一步提升文化事业和文化产业的国际影响力和竞争力。同时，《意见》对"文化事业"和"文化产业"做了明确的划分。

·2007 年 10 月，国家发改委和商务部发布的《外商投资产业指导目录》中，原本有限开放的影视制作、发行业务改为禁止外资进入，同时新增禁止外商投资新闻网站、互联网内容供应与服务经营业内容，仅允许外资以合作形式参与单个广播电视节目制作项目和电影制作项目。

·2008 年，辽宁出版传媒股份有限公司在上海证券交易所正式挂牌交易，成为我国第一家实现采编与经营业务整体上市的传媒企业。

·2009 年 9 月，《文化产业振兴规划》由国务院常务会议审议通过，并向社会公开发布，标志着文化产业上升为国家的战略性产业。

·2009 年 3 月，新闻出版总署出台《关于进一步推进新闻出版体制改革的指导意见》，要求"全面完成经营性新闻出版单位转制任务，建立现代企业制度，在企业内形成有效率、有活力、有竞争力的微观运行机制；推动跨媒体、跨地区、跨行业、跨所有制的战略重组，开拓融资渠道，培育一批大型骨干出版传媒企业，打造新型市场主体和战略投资者"，"已经完成转制的新闻出版单位要按照《公司法》的要求，加快产权制度改革，完善法人治理结构，建立现代企业制度，尽快成为真正的市场主体"。

·2011 年 10 月，党的十七届六中全会通过《中共中央关于深化文化体制改革 推动社会主义文化大发展大繁荣若干重大问题的决定》，明确了文化改革发展的指导思想、重要方针、目标任务、政策举措，是新形势下推进文化改革发展的纲领性文件。

·2013 年 3 月，《国务院机构改革和职能转变方案》正式出台。根据《方案》设计，为进一步推进文化体制改革，统筹新闻出版广播影视资源，将国家新闻出版总署、国家广播电影电视总局的职责整合，组建国家新闻出版广电总局。

回顾 21 世纪以来的中国媒介制度变迁，其特征和意义主要体现在以下几个方面。

第一，进入 21 世纪以来的媒介制度变迁是文化体制改革框架之下的媒介制度改革，政府是改革的主要推动力量。

2002 年，党的十六大报告中对"文化建设和文化体制改革"进行了专门论述，并首次提出了"文化产业"和"文化事业"的概念。2003 年 6 月，全国文化体制改革试点工作会议在北京召开，以此为标志，中国文化体制改革正式启动。"事业与产业两分开"是文化体制改革的重要内容，是政府主导下的制度设计和政策安排。传媒业作为文化领域的重要构成也被纳入此次改革的体系，媒介制度改革也就自然被置于文化体制改革的总体框架和进程安排之中。

在文化体制改革总体框架之下的媒介制度改革一方面遵循与其他文化领域一致的改革目标、思路和步骤，另一方面又因为媒介系统属性和功能的特殊性而有所差异。政府对可能发生的媒介控制力削弱，以及由此带来的舆论风险、意识形态风险和市场的失序与失控深感忧虑。因此，"四不变原则"（在任何情况下党和人民喉舌的性质不变、党管媒体不变、党管干部不变、正确的舆论导向不变）是媒介制度改革与实践的基础性原则。

第二，文化体制改革背景下的媒介制度改革仍然是对前两次改革的承袭和发展。

20 世纪 80 年代，"事业型单位、企业化管理"的传媒运作方式的提出与实施是我国现代传媒发展史上第一次意义重大的体制突破，它促使传媒广告业务迅速复苏并高速发展、传媒自办发行和多元化经营尝试出现。同时，此次改革也使"事业""企业"两种属性在传媒内部混生，混合体制初现。20 世纪 90 年代，随着传媒经济属性的凸显，"采编与经营两分开"成为传媒改革实践探索的核心，它促使传媒企业的经营理念、运作机制发生了重大转变。集团化和经营性资产剥离上市是这一时期传媒领域最引人注目的动作。随着我国对传媒业双重属性认知程度的加深和对媒介发展规律的进一步探索，"事业与产业两分开"成为新一轮改革的主题。这一思路的提出，为媒介体制改革拓宽了空间，在部分领域实施"整体转制""外资导入"等成为可以探讨的话题。

第三，近十年的媒介体制改革是触及"产权"的深层制度探索。

"产权"是制度研究的核心问题，对"产权"界定的改变是考察制度变迁的重要内容。产权制度是一个经济体运行的基本基础，有什么样的产权制度就会有什么样的组织、什么样的效率。① 新中国成立之初，确立了媒介产权的"公有"性质。这种产权结构形成于计划经济时代，与当时的媒介机构事业单位属性相对应。在其后很长一段时间内，"产权"一直是我国媒介制度改革的禁区，20 世纪 70 年代末和 90 年代先后发生的两次媒介制度改革，都是以这一产权界定为基础的，分别从运行机制和组织结构两个方面对媒介制度进行调整。但是，随着以经营资产为核心的子公司的不断发展、媒介机构上市融资等市场行为日益频繁，这种产权结构的不适应、不匹配日益明显。从长远来看，产权明晰是建设社会主义市场经济制度的基本要求，也是市场机制有效运作的基本前提。2003 年正式启动的文化体制改革，以"政企分开、企事分开、产权明晰、责任明确"为原则进行体制创新尝试。"产权改革"首次进入中国媒介发展的进程，这意味着中国媒介制度变迁开始进入触及核心制度的深度变革。

2001 年 12 月，广电总局发布《关于实行广播电视节目制作、发行行业准入制度的实施细则（试行）》《关于改革电影发行放映机制的实施细则（试行）》，首次允许民营资本有条件进入广播电影电视领域；2003 年准入条件进一步放松后，大批民营影视制作公司迅速成立。出版发行领域的产权改革步子走得更快：2004 年 4 月，世纪天鸿书业有限公司成为首家获得"出版物国内总发行权"和"全国性连锁经营权许可证"的民营企业；2004 年 11 月 24 日，上海新华发行集团股权转让在上海联合产权交易所开标，房地产企业绿地集团以 3.48 亿元高价接手上海新华发行集团 49% 股权后，成为上海新华的第一大股东，上海新华发行集团有限公司成为全国文化单位通过市场竞价转让股权进行产权改革、实现混合所有制的第一家企业。

第四，"大部制"改革终于涉及传媒领域，在面向"融合"的政府机构调整与设置方面取得突破。

根据 2013 年 3 月出台的《国务院机构改革和职能转变方案》，新组建的国家新闻出版广电总局的主要职责是：统筹规划新闻出版广播电影电视事业产业发展，监督管理新闻出版广播影视机构和业务以及出版物、广播影视节目的内容和质量，负责著作权管理等。国家新闻出版广电总局加挂

---

① 卢现祥：《西方新制度经济学》，中国发展出版社 2003 年版，第 156 页。

国家版权局牌子。不再保留国家广播电影电视总局、国家新闻出版总署。[①] 尽管这次合并尚未实现期待已久的广电与电信领域监管机构的整合，但是仍然打破了传媒领域长期以来分业监管的管理传统，迈出了中国传媒领域"大部制"建设至关重要的一步，也是我国自 2003 年启动文化体制改革十年来一次重要的制度建设突破，标志着文化体制改革步入新的阶段。

第五，全球范围内创意产业的兴起和产业融合的出现，成为推动中国媒介制度改革的重要外生动力。

1998 年，英国率先提出"创意产业"的概念，并发布《英国创意产业路径文件》和《英国创意产业专题报告》。创意产业是知识密集型产业，具有低能耗、高产出的特征，它很快就显现出旺盛的生命力、对其他行业的渗透力和对国家经济发展的巨大拉动力。2001 年，英国创意产业的产值约为 1125 亿英镑，占 GDP 的 5%，已超过任何制造业对 GDP 的贡献；十年来英国整体经济增长 70%，而创意产业增长 93%。[②] 2004 年，美国知识产权价值为 5 兆～6 兆美元，占美国国内生产总值的 45%。[③] 此时，我国正处在转变经济发展方式、推动产业结构改造升级的转型时期。通过文化体制改革，释放文化领域的创造力和生产力，大力发展文化创意产业也就成为我国政府的当然选择。

与此同时，随着信息技术的快速发展与应用，新一轮的产业体系架构变迁正在全球范围内发生，这一变化以工业时代形成的固定的产业边界的逐渐消失为主要特征，被称为产业融合现象。产业融合首先发生在传媒与电信、出版等领域，并朝着信息产业大融汇的方向发展。全球经济一体化使得产业化尚不充分的中国传媒产业也被纳入这一整体性的变迁之中，技术的发展进一步降低了我国传媒业的进入门槛。传媒产业的做大做强关系着国家的文化安全与信息安全。

"建设现代传播体系"的新的历史命题与制度安排正是在此背景下形成的。2011 年 10 月 18 日，《中共中央关于深化文化体制改革　推动社会主义文化大发展大繁荣若干重大问题的决定》，对发展现代传播体系提出

---

① 《国务院机构改革和职能转变方案》，www.gov.cn，2014 年 3 月 20 日。
② 金元浦：《文化创意产业——面向未来的重大战略转移》，《青海日报》2010 年 12 月 3 日。
③ ［英］约翰·霍金斯：《创意经济》，洪庆福等译，上海三联书店 2006 年版。

了具体的要求，其中包括"整合有线电视网络，组建国家级广播电视网络公司。推进电信网、广电网、互联网三网融合，建设国家新媒体集成播控平台，创新业务形态，发挥各类信息网络设施的文化传播作用，实现互联互通、有序运行"。① 2012 年 11 月 8 日，中国共产党第十八次全国代表大会召开。在十八大报告中，"构建和发展现代传播体系，提高传播能力"作为增强文化整体实力和竞争力的内容之一被正式提出。

第三节　中国媒介制度变迁的典型特征和行动逻辑

一、政府：媒介制度变迁的主导力量

林毅夫认为制度变迁有两种方式：诱致性制度变迁和强制性制度变迁。"诱致性制度变迁指的是现行制度安排的变更或替代，或者是新制度安排的创造，它由个人或一群（个）人，在响应获利机会时自发倡导、组织和实行。与此相反，强制性制度变迁由政府命令和法律引入和实行。"② 在我国社会主义建设和发展过程中，中国共产党和中国政府居于核心位置，在国家发展方向的选择、方针政策的制定等方面居于主导地位，是制度的主要供给者。回溯新中国的媒介发展历程，政府与传媒业的关系之密切远非其他产业所能比。

中国的媒介发展始于计划者主权机制之下。③ 国家与政府的偏好引导着传媒业运行的方向及其中一切重要的发展与改革活动。因此，从产权结构、运作规则到机构内部人员设置等宏观、中观和微观的媒介制度体系均

① 《中共中央关于深化文化体制改革　推动社会主义文化大发展大繁荣若干重大问题的决定》，http://news.xinhuanet.com/politics/2011-10/25/c_122197737.htm，2013 年 2 月 26 日。
② 林毅夫：《关于制度变迁的经济学理论：诱致性变迁与强制性变迁》，见科斯等《财产权利与制度变迁：产权学派与新制度学派译文集》，刘守英译，上海三联书店 2004 年 1 月年版，第 389 页。
③ 张曙光：《中国转型中的制度结构与变迁》，经济科学出版社 2005 年版，第 9 页。

由政府设计并确立，这包括"党和人民喉舌"功能定位、产权公有制、媒介机构事业单位和人员事业编制归属，以及人员、资金、设备等资源的行政配置方式。

媒介制度的每一次改革和变迁都是在政府的支持下进行的。新中国成立至今，媒介制度的变迁经历了三个阶段：20世纪七八十年代，以"事业单位、企业化经营"为核心的运作机制调整是以"行业实践在先、政策许可在后"的方式进行的，具有"自下而上"的特征；20世纪90年代，以"采编与经营剥离"为核心的组织结构调整兼具"自下而上的诱致性变迁"和"自上而下的强制性变迁"特征；21世纪以来，以"事业、产业两分开"为核心的深层制度改革，是文化体制改革总体框架设计下的媒介制度改革，是典型的"自上而下"的变迁方式。尽管不同阶段的媒介制度变迁显现出不同特征，但都离不开相关政府部门密集的政策供给。这些政策包括指导意见、行政法规、规范性文件和部门规章等内容，是政府部门以中国共产党全国代表大会确立的国家政治经济改革方针和发展规划为基础制定的。而媒介制度的变迁路径正是由一次又一次边际或部分的政策微调和重大制度的创新和突破共同构成的。

同时，政府的偏好和目标具有多元性，集中体现为政治性偏好与经济性偏好。因此，政府在进行媒介制度的选择和设计时，也常常显示出"政治"和"经济"双重取向。

政治方面，大众媒介与政治力量的联系与生俱来。政治力量总是以各种方式影响、利用大众媒介。大众媒介也从未放弃过对政治生活的关注、对政治领域的介入。在现代政治中，传媒更是一种不可忽视的社会力量，主要表现为信息传播、舆论影响、议程设置、政治社会化和权力监督这五个方面。随着权力实践和政府治理技术的变革，媒介已被纳入权力结构，并成为其中重要的构成。

经济方面，自广告业务重开以来，媒介系统的经济性得到了极大的彰显，其产业属性也逐步得到认可和肯定。因此经济性媒介制度也必然成为政府媒介制度设计和供给的重要内容。作为传媒产业发展的利益分享者之一，政府的制度供给将有两个最基本的目标：一是界定形成传媒产权结构的竞争与合作的基本规则（即在要素和产品市场上界定所有权结构），使统治者的租金最大化；二是在第一个目标框架中降低交易费用以使传媒产出最大化，从而增加国家税收。

因此，政府在我国媒介制度变迁过程中的主导作用主要体现为"政治""经济"两个方面，具体表现为：发动改革；选择和确立媒介制度改革方向、改革目标；提供制度创新的空间，并对新制度进行评价和判断；对媒介制度改革进程、改革秩序进行计划、推动和控制；对媒介改革主体进行引导、激励和约束；对媒介制度改革的社会风险进行评估与控制；对媒介制度改革的效果进行评估。

二、试点：制度创新的必要实践步骤

"试点"改革是一个通过反复试错寻找帕累托最优的过程，是制度设计与具体现实相衔接的中间环节，也是一个新制度确立的过程。试点改革一般由政府提供一系列有针对性的优惠政策，试点的主体在实践过程中进行对新制度的搜寻、学习、试行、总结，以此形成对新制度效用的测评。

"试点"改革是我国经济改革中常用的方式，也是媒介制度创新的必要实践步骤。这是由我国媒介对社会系统的广泛关联性和媒介制度变迁的复杂性所决定的。制度研究认为，制度越是被整合进广泛的政治秩序当中，从而使一个制度的变迁以若干其他制度的变迁为条件，制度变迁的可能性就越小。① 媒介制度便是如此。作为社会系统的一部分，媒介系统在与社会、经济互动的过程中，影响着社会经济的变迁与发展，也不断实现着自身结构的完善和功能的丰富，媒介制度也因此被深度植入特定的社会形态的结构和进程。新中国成立之初，媒介系统就以"党和人民的喉舌"定位被纳入国家事业单位体系，媒介制度是国家政治秩序的重要构成部分。始于1978年的中国媒介体制改革使媒介的生产力获得释放，经济属性随之彰显，中国媒介逐步走上产业化的发展道路，显示出事业与产业的双重特征。同时，作为中国经济社会改革的特殊部类和后发领域，媒介系统承担着分摊改革成本与风险的特殊任务。这就意味着，中国媒介制度变迁同时涉及中国改革的全部内容，包括社会改革、经济改革和政治改革三个层面，因此，有效控制媒介改革与发展过程中可能出现的舆论风险、意识形态风险和市场的失序与失控至关重要。无论是涉及产权的媒介核心制

---

① ［美］詹姆斯·G. 马奇、约翰·P. 奥尔森：《重新发现制度》，张伟译，生活·读书·新知三联书店 2011 年版，第 107 页。

度探索，还是操作层面的运作机制创新，在每一次进行媒介制度安排和政策选择时，我们都必须慎之又慎。

试点改革是控制制度变迁成本的有效途径。"降低交易费用"是制度改革的目标之一，但制度改革本身也会存在"改革成本"。这些成本来源于既有制度的自我加强效应和新制度选择的潜在风险。对我国的媒介制度创新来说，一方面，西方发达国家和我国其他产业领域的制度改革提供了许多可供借鉴的创新性制度，但这些制度又需要与中国媒介具体现实结合进行取舍和修正；另一方面，媒介制度改革具有明显的外部性特征，可能带来政治、经济和社会性的风险与成本。采用试点改革的方式不仅能够同时进行多种制度的实验，及时淘汰不适用的措施，还能在有限范围内对新制度的"改革成本"进行估计和测试，从而缩短制度供给的周期、提高制度选择的效率，降低制度变迁的成本。例如，2003年文化体制改革启动时，新闻出版系统的21家试点单位分成三类进行了试点改革：第一类是山东大众、新华日报、河南日报、深圳报业等4家党报报业集团，主要是以机制创新、增强活力为主，进行事业、企业两分开的试点，即将主业（党报）与其经营部分相分离，其发行、广告、印刷及传输等经营部分组建为企业；第二类是7家出版集团（出版社）和经营性的4家报社，以体制改革、机制创新为主，进行从事业体制向企业体制转变的试点。第三类是6家发行集团，作为已经和正在转制的企业，主要是以建立现代企业制度、培育新型市场竞争主体为目标，进行股份制改造，加快现代物流、连锁经营的试点。

试点改革为利益结构的调整与适应提供了缓冲期，降低了制度改革的难度。制度的形成是相关利益主体多次反复博弈的结果，制度一旦形成，就会产生与之共存共荣的组织和利益集团。制度创新和制度改革必然使现有利益格局遭到破坏。由于既得利益主体对新制度收益的不确定性，它们通常会选择加强现有制度，从而形成对制度改革的阻力。媒介制度试点改革能够为相关利益主体提供知晓、理解和学习新制度的时间和机会，使它们能够在具体的实践过程中进行潜在利益和改革风险的评估。同时，"试点"还具有示范效应，局部或特定范围内的成功是改革动力提升的引擎。例如，1994年《金华日报》的股份制改造，1996年广州日报报业集团的成立，1999年电广传媒的挂牌上市等都对传媒业的发展起到了示范的作用。

在媒介融合时代，世界各国都面临着媒介管制框架调整和制度改革的课题。融合时代的媒介制度没有前例可循，又更加广泛地与所有有关信息网络传输服务的行业制度相关联，"试点"的意义也就更加重要。

三、渐进：媒介制度变迁的主要方式

"摸着石头过河"是中国媒介制度创新和改革过程中的常态，这一变迁过程也因此呈现"渐进式"特征。

一是以增量发展为基础，积累改革的条件。我国媒介发展的历史起点很低，新中国成立后的相当长一段时间内，我国的传媒业都处于缓慢的发展阶段。1982年，首次出版的《中国新闻年鉴》第一次将传媒业作为一个独立的行业进行发展数据的系统统计。《中国新闻年鉴》1982年和1983年卷，对新中国成立以来30多年的传媒发展状况和历程进行了梳理。数据显示，我国传媒业在新中国成立后获得了一定程度的发展，但是，技术落后、规模弱小的问题依然十分突出，特别是在"文化大革命"十年动乱中，传媒业还出现了倒退的局面。因此，推动传媒业的发展不仅是解决国家经济困难的现实需要，也是更好发挥媒介系统"党和人民喉舌"功能的要求。传媒业是媒介制度改革的实践主体，"增量"是对传媒业进行其他方面改革的首要步骤，每一次媒介政策的放松也都带来了传媒业事实上的增量发展。

例如，1978年广告业务恢复以后，媒介机构广告经营额即获得高速增长，1983年为1.18亿元，2003年达548亿元，传统的四大传媒（电视、报纸、广播、杂志）的广告营业额增加了460倍以上。[①]到1986年，全国的报社已由1978年的186家增至1574家。1996年，第一家传媒集团——广州日报报业集团成立，到2009年底，全国共有29家出版集团，49家报业集团，4家期刊集团，24家国有发行集团。[②]

二是媒介制度创新和新制度的应用采取从局部到整体的制度扩散路径。一方面，我国媒介制度改革的过程中，无论是"事业单位、企业化运作"的尝试还是"集团化运作方式"的应用，都经过了改革试点的阶

---

① 杨步国、张金海：《整合：集团化背景下的报业广告经营》，武汉大学出版社2005年版，第46页。

② 《蒋建国：出版量世界第一　2020年建成新闻出版强国》，www.people.com.cn，2010年12月3日。

段，以此对新制度的效率和适应性进行测试，以降低制度改革的风险和制度变迁的成本。从试点成功到全国推广是一个由局部到整体的渐进过程。另一方面，我国媒介发展还呈现行业发展不平衡和地域发展不平衡的特征。因此，新制度的实施通常采用分地区、分行业和分阶段的方式进行，逐步推动全国范围内媒介制度的整体性变迁和传媒业整体实力的提升。

三是媒介制度改革采取从运作机制到产权核心的分阶段的方式逐步探索和推进。自新中国成立初期媒介制度确立以来，我国媒介制度演进经历了三个阶段，分别是20世纪七八十年代以"事业单位、企业化运作"为主题的运作机制改革、20世纪90年代以"采编与经营剥离"为主题的媒介组织结构调整和21世纪初以"事业产业两分开"为主题的触及媒介产权的深层变革。从广告重开到自办发行再到股份制改革、集团化和部分机构转企改制，每一次改革都是以前一次改革的成果为基础，每一次新的制度安排都包括对原有制度的完善、补充以及对新制度的探索和尝试。这三个阶段的改革具有明显的延续性，其制度设计和政策安排是基于媒介发展的现时状态，对既有制度进行调适和创新，是随着我国对媒介属性和媒介运作规律把握的不断加深而不断深入的过程。

我们认为，媒介制度改革采用渐进的方式，是符合我国社会经济发展的宏观环境和媒介发展的实际水平的。

从制度演进的一般性规律来看，如哈耶克所强调的，市场是一个发现的过程。媒介的制度需求是一个不断发现、逐步形成的过程。媒介制度改革的目标经历了从模糊到清晰、从抽象到具体的过程。在计划经济体制下，媒介只有单一的政治属性，因此不存在体制上的困惑。随着经济功能的复苏和产业属性彰显，媒介与市场越走越近。在媒介系统和市场的不断磨合过程中，既有体制之下的多种不均衡现象才开始出现，而技术的更新使传媒领域内的潜在利润明显提高，这些变化使得一系列改进市场和促进流通的制度革新更加有利可图。

国家社会经济的整体变迁和结构变化从宏观层面决定了我国媒介制度变迁只能采用渐进的方式。1978年，中国共产党第十一届三中全会提出了经济体制改革的任务，整个中国由此开始了一场涉及政治、经济、文化等各个层面的整体性变革。"事业单位、企业化运作"——我国媒介制度的第一次松动正是在此背景出现的，也由此拉开了媒介制度与中国社会政治经济体制同步变迁的序幕。作为中国改革的一部分，媒介制度的演进既要符合媒介系统运作的规律，更要服从和服务于中国改革的整体设计和发展需要。中国的改革是一个复杂的过程，也是一个痛苦的过程，经济政治制度的改革在推动经济发展的同时也带来了社会结构转型，同时还需应对日益复杂的国际环境，因此必然出现许多这样或那样的问题，能否及时发现、处理和化解问题，关系改革成败。而媒介系统不仅具有服务宣传、产生经济效益的功能，更具有守望环境、协调社会以及实现社会遗产、法律、习俗传递等多重功能，此外也被赋予了分摊改革成本与风险的特殊任务。因此，媒介制度在设计过程中需要在"经济效益"与"社会效益"之间反复考量，并依据社会现实的变化和国家发展的需要进行及时的调整。

四、均衡：媒介制度设计的核心目标

"均衡"的概念是从物理学引入社会科学的，本意是指系统中的各种力量在特定的时空中所达到的某种势均力敌的稳定或相对静止的状态。诺思认为，在"均衡"的语境中探究新制度的形成是有效的方法。在制度经济学研究中，制度均衡是指在各方的谈判力量以及一系列构成整个经济交换的契约性谈判给定的情况下，任何一方都不可能通过投入资源来重构合约而获益。① 苏·E.S. 克劳福德（Sue E. S. Crawford）和埃莉诺·奥斯特罗姆（Elinor Ostrom）曾在《制度的语法》一文中将制度定义为一种均衡、一种规则和一种规范，呈现稳定的状态。② 因此，实现制度均衡是制度设计和改革的核心目标。均衡并不意味着制度能够达到每一个主体的利益最大化，而仅意味着继续改革的成本与预期收益并不匹配。因此，均衡也有可能是解决方案的次优选择。

中国媒介制度是多重力量反复博弈的结果，其中政治力量与经济力量的博弈是主导媒介制度演进的核心力量，又具体表现为"媒介与政府的博弈""媒介与其他行业的博弈""媒介系统内部的博弈"等多个方面，一定时期内形成的媒介制度是在当时条件下的一种均衡的实现。以"事业单位、企业化运作"这一制度安排为例：报社国家财政拨款不足是当

---

① ［美］道格拉斯·C. 诺思：《制度、制度变迁与经济绩效》，杭行译，上海三联书店 2008 年版，第 118 页。

② Sue E. S. Crawford, Elinor Ostrom, "A grammar of institutions", *American Political Science Review*, Vol. 89, No. 3, September 1995, pp. 582 – 599.

时最突出的困难，解决"经济困境"是当时策略选择的主要目标。此时，对制度安排的经济性期待大于政治性期待，因此政策松动首先发生在经营性业务层面。这一政策的实施不仅使媒介机构获得了新的资源补给渠道，在短时间内实现了自给自足，减轻了国家财政负担，同时也满足了市场经济建设过程中企业的广告传播需求。因此，这一政策在当时实现了既定制度环境下的利益均衡。

中国媒介制度是嵌套于社会经济宏观博弈之中的，需优先实现国家整体制度均衡。媒介制度变迁过程中涉及的诸多博弈关系是整个国家发展中庞大且复杂的博弈关系之中的一部分。当我们将媒介制度变迁中的博弈视为嵌套于整体博弈中的子博弈时，子博弈中的最优策略并不意味着是针对大博弈的最优解。反之，若我们以国家发展的整体制度均衡的实现为原则进行策略选择时，针对大博弈的最优反应就不一定是媒介制度博弈中相关利益主体收益最大化的解。服从和服务于国家整体发展战略是媒介发展和媒介制度设计的前提。因此，作为媒介制度改革的主导者，政府必然以整体制度均衡实现为核心导向，也就并不总是选择或设计最有利于传媒发展的改革策略。

媒介制度变迁是通过制度的"非均衡—均衡—非均衡—重新均衡"这样一个不断反复的过程实现的。按照机制设计理论，如果我们知道媒介发展的目标，并知道如何决策以及这些决策会导致何种结果，那么就可以通过机制设计达到制度均衡。但是，在媒介制度变迁的过程中，媒介技术、媒介环境和媒介机构等客观和主观因素都是不断发展和变化的，而这些因素影响的结果又常常难以判断。例如，我们仅能观察到数字技术对媒介系统多个层面的深刻影响，却很难断言它终将把媒介系统带向何方。从演化的角度看，制度环境和制度本身都处于一个不断变化的状态之中，无论何种效率的均衡，都是一种短时的动态的均衡。环境的不断变化使博弈主体的利益认识、权力结构和目标偏好总是处于不断调整和适应的过程中。新的潜在收益的出现是引起博弈均衡变化的因素。不同博弈主体对潜在利润的价值判断存在差异，对既得利益的保护和对建立新均衡的博弈成本、收益预期、外部性的评估，都对参与者选择维持或打破现有均衡有着直接的影响。因此，在媒介发展的过程中，相关利益主体对"均衡"的预期是不断变化的，不同时期、不同区域、不同领域"制度均衡"的内涵是有所不同的，媒介"制度均衡"的标准和目标也是不断调整的。

第二章 中国媒介融合的现时状态

第一节 中国媒介融合的现实环境

一、社会转型进入矛盾凸显期

"社会转型"通常指从一种社会类型过渡到另一种社会类型的过程。社会结构的变动是社会转型的主体,它不是指某些单一指标的实现,而是指一种整体的和全面的结构状态的过渡。这也就意味着,人们的价值体系、生活方式、行为方式等都会在社会转型期发生明显的变化[1]。社会转型具有全面性和长期性的特征。1978 年,十一届三中全会提出了经济体制改革的任务,中国步入传统的计划经济体制向社会主义市场经济体制过渡的新阶段,随着资源分配方式、社会运行机制的调整,社会转型同步发生。这是中国社会从自给、半自给的产品经济社会向社会主义市场经济社会,从农业社会向工业社会,从乡村社会向城镇社会,从封闭、半封闭社会向开放型社会,从同质的单一性社会向异质的多样性社会,从伦理型社会向法理型社会,总之,是从传统社会向有中国特色社会主义现代化社会的转型。[2]

改革开放以来,中国经济经过了 30 多年持续高速的增长,2009 年

---

① 李培林:《另一只看不见的手:社会结构转型》,社会科学文献出版社 2005 年版,第 3—7 页。

② 林默彪:《社会转型与转型社会的基本特征》,《社会主义研究》2004 年第 6 期。

GDP 超过日本，成为世界第二大经济体。按照 2011 年的统计，我国国内生产总值已达 471564 亿元人民币，是 1978 年 3645.2 亿元的 129 倍。[①] 但与此同时基尼系数也不断增长，2000 年已经突破 0.4 的国际警戒线，2006 年升至 0.49。[②] 当前，中国仍处在高速发展和剧烈变革的时代，一方面是经济的增长与繁荣，另一方面是社会分化和社会力量之间的竞争与冲突加剧，中国社会已经进入一个社会矛盾凸显期，社会改革和转型中的常见问题也开始集中显现，社会风险增加。因为市场机制本身不可避免的某种"市场失灵"，也因为制度建设滞后所造成的"政府失灵"，中国社会酝酿着多重的社会矛盾，也不同程度地激化着多重矛盾：社会分配的不均，造成贫富两极分化的加剧；社会保障机制的不健全，造成社会弱势群体的生存无助；社会资源配置不公，造成社会各种利益主体利益冲突的日益激化；下岗、失业、低收入，引发日益增多的社会群体的生存危机；面积越来越广、程度越来越深的制度性腐败，造成官民、干群、执政者与社会公民对抗情绪的日益加深；核心价值体系的缺失和多元文化的冲击，带来社会心理的普遍焦虑和迷茫，等等。当中国社会进入一个特定的历史发展时期，这一系列曾被持续高涨的中国经济不同程度遮掩着的社会矛盾，会越来越明显地呈现一种激化的状态。

2010 年，中国社科院发布的《法制蓝皮书》显示，2009 年中国犯罪数量打破了 2000 年以来一直保持的平稳态势，出现大幅增长。其中，暴力犯罪、财产犯罪等案件大量增加。2009 年 1 月到 10 月，中国刑事案件立案数和治安案件发现受理数大幅增长，刑事案件数增幅在 10% 以上，治安案件数增幅达 20% 左右，全年刑事立案数达到 530 万件，治安案件数达到 990 万件。[③] 2011 年，《中华人民共和国国民经济和社会发展第十二个五年规划纲要》在分析国内发展环境时指出，"我国发展中不平衡、不协调、不可持续问题依然突出，主要是，经济增长的资源环境约束强化，投资和消费关系失衡，收入分配差距较大，科技创新能力不强，产业结构不合理，农业基础仍然薄弱，城乡区域发展不协调，就业总量压力和结构性矛盾并存，物价上涨压力加大，社会矛盾明显增多，制约科学发展

---

① 数据来源：《国家统计局：2011 年中国经济增速同比增长 9.2%》，http：//news. xinhuanet. com，2012 - 1 - 15。

② 数据来源：《发改委专家建议按家庭征个税》，《新京报》2010 年 8 月 24 日。

③ 俞岚：《中国暴力犯罪近十年来首次增长》，http：//view. news. qq. com，2012 - 2 - 5。

的体制机制障碍依然较多"。①

　　法国社会学家图海纳认为，今天的法国，就像一场马拉松比赛一样，每跑一段都会有人掉队，即被甩到社会结构之外。被甩出去的人，甚至已经不再是社会结构的最底层，而是处于社会结构之外。坚持跑下去的就是那些被吸纳进国际经济秩序中的就业者②。这种由社会经济发展马拉松带来的断裂在我国社会中普遍存在，如：城乡发展的脱节、东西部的差异、世代间的隔阂，等等。由此整个社会日益呈现支离破碎的局面，分裂为无数利益群体，甚至无法寻找到社会的主流阶层或群体；收入上的两极分化又加深了社会阶层的分层和相互隔离，并形成以"自我"为中心的联系方式。随着互联网的发展和媒介融合的出现，从表面上看，新的媒介形态所呈现的"低门槛"的特征为学历、收入、地理位置等特征各异的社会群体和个人提供了更加平等的进入和意见表达的权利。但是，一个更为明显的特征是，不同群体的人在网络空间中也正呈现"社区化"的趋势。由于网络传播的碎片化、分散化、互动化的特征，不同社会群体之间甚至已经没有信息共享和交流的空间，"数字化鸿沟"不断加大群体间的深度隔离，并使这些群体产生对分散权威的渴望。

　　中国发展速度之快，社会转型涉及人口规模之大，是此前任何一个国家改革过程中都不曾遇到的。多发的社会矛盾如果不能得到有效的化解，将演化成大范围的社会危机。在中国社会矛盾凸显的特殊时期，社会管理难度加大，社会管理成本提升。这一时期，媒介扩大在社会利益协调与矛盾疏导方面的功能是社会系统为维持均衡有序的运作而向媒介系统提出的要求，也是媒介系统功能伴随我国社会环境变化动态调适的必然结果。通过媒介系统，以相对较低的成本，借助其广大的信息覆盖面、强大的传播影响力以及对不同社会阶层的高渗透性，到达分散而庞大的受众，以实现利益协调和矛盾疏导的目的，从而进行有效的社会管理，促进社会和谐发展，是"矛盾凸显"这一中国特定历史时期国家和社会对媒介系统的重要期待。

二、经济发展进入结构调整期

　　我国经济发展的历史起点很低，这成为影响经济发展战略选择的重要

---

① 《"十二五"规划纲要》，http：//news. xinhuanet. com，2012 – 1 – 20。

② 孙立平：《断裂——20 世纪 90 年代以来的中国社会》，社会科学文献出版社 2003 年版，第 17 页。

因素。新中国成立初期，受到国内外政治、经济等因素的影响，我国首先选择了"重工业优先"的发展战略。这一战略的实施使新中国较快地建成了较为完整的工业经济体系，但同时也导致了产业结构发展不平衡和微观经济效率低下等问题。① 1978 年，"经济体制改革"和"社会主义市场经济建设"成为国民经济发展战略的核心内容。在"以出口带动制造业"的思路指导下，"长三角""珠三角"等沿海经济开发区迅速崛起，并形成对中西部地区的辐射效应和拉动效应。外向型工业化战略将中国经济发展带入了长达 30 年的"黄金时代"，在"效率优先、兼顾公平"的政策目标导向下，中国经济高速增长，中国成为令世界瞩目的工业生产大国。到 2005 年，我国工业总产值占 GDP 比重的 50.1%；2007 年，我国制造业占全球制造业总值的 13%，跃居世界第二，仅次于美国。2009 年，中国经济总量规模超过日本，位居全球第二，成为全球最大出口国，中国对世界经济增长的贡献超过 50%。

　　然而，不容忽视的现实是，中国经济发展是以"高投入低产出、高消耗低收益、高速度低质量"（"三高三低"）的传统经济发展方式实现的，这一模式是与国家经济可持续发展的目标相背离的。党和政府早已意识到这一经济增长方式存在的问题，1981 年的五届全国人大四次会议就提出过"探索新路子"的思想，其后又多次提出"从粗放型向集约型转变""推进增长方式根本性转变""转变发展方式"等改革目标。但是，这种"三高三低"的发展方式不仅没有得到根本性的改变，反而又出现了"高出口依赖、低内需拉动"的新的特征，进一步演化为"四高四低"的发展方式。②

　　今天，在不断刷新的经济增长数据背后，我国经济发展模式结构上的缺陷及其对经济发展的阻碍日益明显：以牺牲环境、消耗能源为代价的高速增长，造成了资源浪费、环境污染、生态破坏等一系列不可修复的负面影响；经济发展过度依赖进出口贸易和引进外资，拉动经济发展的三驾马车失衡，不仅使得国家经济发展受制于国外市场供给需求情况和他国贸易政策，还使得经济发展的大部分利润被外商获取；以廉价劳动力资源为优

---

① 林毅夫等：《中国的奇迹：发展战略与经济改革》（增订版），格致出版社、上海三联书店 1999 年版。

② 赵凌云、操玲姣：《中国传统发展方式的总体性危机及其转变》，《江汉论坛》2010 年第 4 期。

势参与国际分工、承接产业转移，使得中国始终处于产业链的低端，缺乏话语权和主动权；偏向城市的经济政策导致了城乡生产和组织的各种不对称性，持续扩大的城乡经济差距使得这种"二元结构"不断固化。

另外，国际经济局势剧烈变化，原有经济发展模式陷入被动。2007年末，美国次贷危机引发全球金融危机。2011年，欧洲多国深陷主权债务危机。这场危机导致世界大多数国家经济增速放缓，市场疲软乏力，同时也引发了发达国家贸易保护主义回潮，对工业制成品的进口限制越来越严格。诸多经济指标表明，我国以制造业为代表的部分实体经济已开始陷入困境。特别是以出口为导向的中国制造业核心板块长三角和珠三角地区的制造业集群开始进入低谷和调整期；沿海外贸加工企业停工停产现象严重，进一步显现了我国自主创新能力不足、自主技术和品牌缺乏、投资消费失衡、产业结构不合理、地区发展不协调等经济发展的"短板"。同时，经济发展中的不平衡和不协调，又成为社会矛盾不断加深的重要原因。

"经济结构调整"和"经济发展方式转变"已迫在眉睫，这不仅是保障经济发展平稳、可持续的基本前提，也是有效应对国际金融危机影响的必要手段，更是协调多方利益、维持社会稳定的现实要求。2009年初，国务院先后审议通过了汽车业、钢铁业、装备制造业、纺织业、船舶业、电子信息产业、轻工业、石化产业、有色金属业、物流业等十大重要产业的调整振兴规划。同年9月，我国第一部文化产业专项规划——《文化产业振兴规划》出台，文化产业首次晋升为国家战略性产业。

《电子信息产业振兴规划》明确提出了"以新一代移动通信、下一代互联网、数字广播电视等领域的应用创新带动形成一批新的增长点，产业发展模式转型取得明显进展"的规划目标，并将视听产品、信息服务列入电子信息产业发展的重点领域。《文化产业振兴规划》则提出了"以文化创意、影视制作、出版发行、印刷复制、广告、演艺娱乐、文化会展、数字内容和动漫等产业为重点，加大扶持力度，完善产业政策体系，实现跨越式发展"的规划和设计，并强调"采用数字、网络等高新技术，大力推动文化产业升级"。[①] 处于"融合"进程中的媒介系统，不但是文化

---

① 参见《电子信息产业振兴规划》，www.miit.gov.cn；《文化产业振兴规划》，www.ccnt.gov.cn，2010年1月7日。

产业的核心构成，还被纳入电子信息业重点发展的领域。这也就意味着媒介系统产业属性的持续张大对我国经济发展具有战略意义。传媒市场主体确立，产业结构优化，创新能力提升，体系进一步完善，产品和服务出口扩大，等等，就成为传媒系统发展的重要内容。

三、全球化进程加速

20 世纪下半叶，"全球化"开始成为国内外学界关注的新热点，到 20 世纪 80 年代末，"全球化"已成为公认的世界发展的重要趋势之一。全球化是一个多维概念，"它关涉各大洲之间存在的相互依赖网络，并通过资本、商品、信息、观念、人民、军队、与环境和生物相关的物质（如酸雨和病原体）的流动和影响联结在一起"[①]，从而促使各个国家之间形成"利益共享、风险共担"的依存关系。

进入 21 世纪以来，我们明显感受到不断加速的全球化进程及其对社会经济的深刻影响。经济方面，全球化表现为世界范围内的资源配置、商品销售和产业分工；其核心是金融自由化、贸易自由化和生产一体化；目标是形成全球范围内统一的、无碍的自由市场，通过资源的优化配置提高生产效率，实现世界经济的快速和持续增长，通过建立国家间经济依存关系，推动国际合作，维护世界经济稳定和经济安全。政治方面，全球化促进了政治多极化的发展趋势。经济全球化推动了第三世界国家的崛起，加深了国家间的政治交往与合作，欧盟、非盟、东盟、阿盟等一系列地缘性国际组织在加强区域国家的联合与合作中扮演着越来越重要的角色，成为国际政治力量的重要构成部分，而国家间的联盟关系也因为经济、政治等诸多因素而不断变化。正如罗伯特·基欧汉所描述的，"政治联盟将变得更为碎片化，更加不固定"。[②] 文化方面，日益频繁的人口流动、信息交换为国家、民族间的文化传播和交流提供了越来越多的机会，促进了多元文化的碰撞和交融。不断扩大的全球文化产业规模预示着市场已经成为文化传播的重要平台和途径，"文化"在全球化进程中的作用和地位也将更

---

① ［美］罗伯特·基欧汉、约瑟夫·奈：《权力与相互依赖》（第三版），门洪华译，北京大学出版社 2002 年版，第 275 页。

② ［美］罗伯特·基欧汉：《局部全球化世界中的自由主义、权力与治理》，门洪华译，北京大学出版社 2004 年版，第 226 页。

加重要。

然而，全球化具有两面性，"既是集中化，又是分散化；既是国际化，又是本土化。这些都是全球化的合理悖论"①：西方发达国家凭借强大的政治经济实力成为全球化的主导者、规则的制定者和主要的获益者。世界经济增长的成果并没有在全球范围内得到分享，而是加剧了发达国家与欠发达国家之间的贫富分化，加深了国际竞争中的不平等和世界发展的不平衡。与此同时，全球化在一定程度上形成了对民族国家主权的侵蚀和弱化。国际货币基金组织、世界银行、世界贸易组织等一些国际性组织的影响力不断加大，常常超越国家的层面发挥其治理作用；跨国公司迅猛发展，在全球范围内开展各种类型的商业活动，通过资本、技术、制度等各种方式渗透到不同国家的各个经济领域，影响着国家的产业格局，甚至是政府决策。从文化的角度来看，随着国家和市场的开放，"文化冲突"不可避免，而更令人不安的是"文化霸权"的进一步加深。20世纪末，"知识经济"高速发展，创意产业、文化产业崛起，书籍、电影、音乐等文化载体在市场力量的推动下迅速商品化。西方发达国家通过文化产品的规模化生产和销售进行文化输出和价值输出，对其他国家形成价值观、道德观、社交礼仪等多个方面的冲击，西方主流文化对亚文化形成侵蚀，由此引发人们对文化多样性和文化独立性的深度忧虑。

从全球化的角度来审视，媒介发展及媒介融合更具复杂性，它几乎涉及全球化的各个层面，同时又具有积极和消极的作用。首先，媒介系统本身正处在全球化进程之中。信息通信技术的发展、互联网和移动互联网的普及使得媒介系统不断实现着对"空间"和"时间"的突破；媒介融合为人们提供了多样化的信息交换、传播、呈现方式，丰富了信息获取、接触和消费的途径。在无数终端和传输网络所构筑的"网络化"世界中，世界各国的媒介系统被紧密地联系在一起，跨地域传播、跨文化传播变得触手可及，麦克卢汉所提出的"地球村"概念得以实现。其次，对传媒产业而言，媒介融合弱化了传媒业的自然垄断属性，降低了跨国资本进入的门槛。跨国传媒集团已构筑了跨国界、跨媒介、跨产业的业务和资源网络和完整的产业链，成为全球传媒产业超国界的垄断力量。最后，媒介是西方发达国家政治、文化全球化策略的重要手段。弗雷德里克·霍尔斯特

---

① 郁建兴：《全球化：一个批评性考察》，浙江大学出版社2003年版，第35页。

（Frederik Holst）就曾指出，随着媒介融合的全球化，与媒介融合所带来的"现代化"和"发展"相比，更值得警惕的是这一融合对正在成长的青年一代的影响。西方发达国家主导下的媒介融合影响的广泛性和渗透性将导致亚洲和非洲国家的文化根除（cultural uprootedness）和西方化（westernization），从而造就后殖民社会（postcolonial society）。① 同时，"网络战争""信息战争"这种争夺信息和舆论而非资源和领土的大规模国际冲突也正成为越来越现实而又难以控制的威胁。因此，在全球化的背景下，对"媒介融合"的实施与控制不仅是经济问题，更是政治问题，关系国家的信息安全与文化安全。

第二节　中国媒介融合的发生与发展

数字技术与信息技术的诞生和发展是媒介融合的直接动因，涉及媒介系统运作的生产、传输、接收、存储等全部环节，引起了行业运作方式、媒介生存方式的变化，并在更大范围内改变了媒介与社会大系统及其他子系统的关联方式。同时，媒介融合发生与发展的过程不可避免地受政治、经济、文化等多重因素影响，不同国家和地区的媒介融合景观也因此呈现差异。中国的媒介融合伴随着互联网的诞生与发展起步，并在国家信息化建设的进程中持续推进，以传统媒体的网络化尝试为始，以多媒体、跨行业融合为指向。

一、中国互联网的诞生与普及

1987 年 9 月，北京计算机应用技术研究所内正式建成了我国第一个互联网电子邮件节点，9 月 20 日 22 时 55 分，钱天白教授向世界发出我国第一封电子邮件，邮件内容是："越过长城，通向世界"，揭开了中国

---

① Frederik Holst，"Challenging the Notion of Neutrality – Postcolonial Perspectives on Information and Communication Technologies"，*Social Dynamics* 2.0：*Researching Change in Times of Media Convergence*，Frank & Timme，2011，p. 127.

人使用互联网的序幕。1989 年，"中国国家计算机与网络设施"（NCFC）工程项目（中关村示范网）建立，这是中国第一个互联网络——中国科技网的前身。1990 年 11 月 28 日，中国正式在国际互联网络信息中心（Inter NIC）的前身 DDN－NIC 注册登记了我国顶级域名 .cn。1994 年 4 月 20 日，中国与国际互联网的 64K 网络信息开通，标志着中国正式加入互联网国际大家庭，实现了真正的 IP 连接，中国被国际上正式承认为有互联网的国家。

1994—1996 年间，我国四大骨干网（CHINANET 中国公用互联网、CERNET 中国教育和科研计算机网、CSTNET 中国科技网、CHINAGBN 中国金桥信息网）先后建成，中国全面进入互联网时代。1997 年 6 月 3 日，中国互联网络信息中心（CNNIC）成立，负责行使国家互联网络信息中心的职责。1997 年 11 月，CNNIC 首次发布《中国互联网络发展状况统计报告》，数据显示，截至 1997 年 10 月 31 日，我国共有上网计算机 29.9 万台，其中，直接上网计算机 4.9 万台，拨号上网计算机 25 万台。上网用户数 62 万，其中，大部分用户是通过拨号上网，直接上网与拨号上网的用户数之比约 1:3。[①]

1996 年 9 月 22 日，全国第一个城域网——上海热线正式开通试运行，标志着作为上海信息港主体工程的上海公共信息网正式建成。12 月，中国公众多媒体通信网（169 网）开始全面启动，广东视聆通、四川天府热线、上海热线作为首批站点正式开通。

2000 年 5 月 17 日，中国移动互联网（CMNET）投入运行。同日，中国移动正式推出"全球通 WAP（无线应用协议）"服务。2001 年 12 月 20 日，中国十大骨干互联网签署了互联互通协议。同年，国家信息化推进工作办公室发布《中国互联网络信息资源数量调查报告》，首次对网络信息资源进行调查。结果显示，截至 2001 年 4 月 30 日，中国互联网络的域名总数为 692490 个，网站总数为 238249 个，网页总数为 159460056 页；在线数据库的总数为 45598 个。2002 年 5 月 17 日，中国电信在广州启动"互联星空"计划，标志着 ISP 和 ICP 开始联合打造宽带互联网产业链。

2003 年 8 月，国务院正式批复启动"中国下一代互联网示范工程

---

① CNNIC：《中国互联网络发展状况统计报告（1997/10）》，http：//www.cnnic.cn，2012 年 2 月 5 日。

（CNGI）"。2009 年 1 月 7 日，工业和信息化部举办小型牌照发放仪式，为中国移动、中国电信和中国联通发放 3 张第三代移动通信（3G）牌照。由此，2009 年成为我国的 3G 元年，此后手机上网用户规模迅速增长。2013 年 12 月 4 日工信部正式向三大运营商发布 4G 牌照，中国移动、中国电信和中国联通均获得 TD－LTE 牌照。

从我国正式接入国际互联网以来，网民规模、人均上网时长和基础资源水平等指标一直呈现逐年递增趋势。2014 年 1 月，CNNIC 发布《第 33 次中国互联网络发展状况调查统计报告》，数据显示，截至 2013 年 12 月底，中国网民规模达到 6.18 亿，互联网普及率达到 45.8%，人均每周上网时长达 25 小时，中国手机网民规模达到 5 亿。网民中通过台式电脑上网和笔记本电脑上网的比例分别为 69.7% 和 44.1%；手机上网比例上升至 81.0%，手机成为网民上网的主要终端。基础资源方面，我国 IPv4 地址数量为 3.30 亿，拥有 IPv6 地址 16670 块/32。我国域名总数为 1844 万个，其中 .cn 域名总数达到 1083 万；中国网站总数为 320 万。国际出口带宽为 3406824 Mbps，较去年同期增长 79.3%。[①] 今天，互联网和移动互联网的发展、普及使中国已经成为全球网络建设、使用、消费的重要构成部分，同时也为中国媒介融合的发生与发展提供了至关重要的平台和条件。

二、传统媒体的数字化之路（1993—1999 年）

1993—1996 年是我国传统媒体数字化之路的起步阶段，报纸、杂志、广播、电视等传统媒体都先后接入了互联网，其中纸质媒体在网络尝试方面几乎与我国网络设施建设同步，成为这一时期的先行军。

报纸媒体的首次"触网"尝试是在我国网络正式与国际互联网连接之前。1993 年 12 月 6 日，《杭州日报·下午版》通过该市的联机服务网络——展望咨询网进行传输，这是我国报纸电子化传输的首次尝试。

1995 年 1 月 12 日，由国家教委主办的《神州学人》杂志正式通过互联网发行《神州学人周刊》（*China Scholars Abroad*，CHISA）电子版，提

---

① CNNIC：《第 33 次中国互联网络发展状况调查统计报告》，http：//www.cnnic.cn，2014 年 6 月 5 日

供邮件订阅、WWW、FTP、Gopher 等多种发行途径，成为我国第一家开展互联网业务的媒体。

1994 年 5 月，中国日报社为推动《中国日报》进入电子出版领域，成立了专门的电子报制作公司，后改名为"英信联"。1995 年 10 月 20 日，《中国贸易报》电子版正式上线。1995 年 12 月，《中国日报》网站开通，成为我国第一个由全国性日报主办的新闻网站，1997 年"美国在线"将该网站列为全球领先的新闻网站之一。

随后我国迎来了报刊"上网"的第一个高峰期。到 1996 年底，我国已有《中国贸易报》《人民日报》《农民日报》《解放日报》《北京日报》《南方日报》《广州日报》《市场报》《讽刺与幽默（画刊）》《中国经营报》《计算机世界报》等 30 余种报纸；《中国集邮》《大众摄影》《旅游》《战略管理》《证券市场》《今日上海》等 20 余种杂志的电子版在互联网发行。1996 年，我国还出现了第一份只在网上出版发行的刊物《非线性科学与数值模拟通信》（*Communications in Nonlinear Science & Numerrical Simulation*）。1996 年，《中国证券报》电子版正式出版，它不仅通过互联网发行，还与无线寻呼台合作，将重要的内容发送到用户使用的寻呼机上。

报刊媒体集中"上网"的同时，1996 年广东人民广播电台正式接入互联网，成为我国第一家进入互联网的广播电台，广播电视系统也推开了网络时代的大门。1996 年 12 月，中央电视台在互联网建立站点。通讯社也先后接入互联网，1995 年 4 月，中国新闻社在香港"上网"，域名为 www.chinanews.com，这是我国第一家上网的通讯社。

1996 年，北京易迈电子邮件有限责任公司与北京的新闻出版界联合成立了中国电子报刊联机服务中心，提供电子报刊的上网技术服务。这也成为我国第一家专门从事网络媒介内容资源集成服务的 ISP 公司。随后出现的 ISP 公司都在它们的网页上设置了"国内报刊""新闻媒介"等栏目，用户通过搜索便可进入相应的报刊网站。

1997—1999 年是从"传统媒体电子版"到"网络媒体"的第一次转型期。传统媒体的网络发展开始突破将纸质媒体或现有内容简单放上网的方式，主动探索互联网的特征和规律，关注用户的使用习惯、内容的丰富性和交互性，逐步尝试"数据库""电子商务""公司制""海外上市"等全新的业务领域和运作方式。

　　1997 年 1 月 1 日，国务院新闻办公室建立的"中国互联网新闻中心"开通，定位为中国进行对外新闻报道的网络平台，这是我国第一个网络新闻媒体综合平台。

　　1997 年，《人民日报》网络版正式上线，在原来将纸质报纸直接放上网的电子版基础上，增加了多媒体手段，其综合数据库能够将当天的《人民日报》《人民日报·海外版》《市场报》的全部文字内容和部分图片送入互联网，这是我国媒介数据库建设的开始。同时，《人民日报》网络版还实现了传统媒介与新媒体结合的体制创新，它采用的是行政机构"《人民日报》信息化管理工作领导小组办公室"、报社部门"《人民日报》网络版编辑部"、企业实体"金报电子出版中心"三位一体的运行机制。①

　　1997 年 11 月 7 日，新华通讯社网站正式建立，定位为"全球信息总汇"。同年，新华通讯社与中华人民共和国邮电部合作建立"国中网"，目标是建立一个覆盖中国、联通世界的会员制的商业信息服务网。新华社香港分社控股的中国国际网络传讯有限公司（China Internet Corporation）在开曼群岛注册成立中华网（www.china.com.co），主要从事门户网站及相关业务。② 1999 年 7 月 13 日，中华网（NASDAQ：CHINA）正式登陆纳斯达克，发行价 20 美元，融资 9600 万美元，成为中国首家赴美上市的互联网企业。2000 年 3 月，中华网分拆旗下的门户网站在香港创业板上市，募资 1.7 亿美元。

　　1998 年 12 月 26 日，中国国际广播电台主办的网站国际在线（CRI Online）对外发布，提供多语种的新闻、文化和经济类音频信息和节目。到 1998 年底，我国已有中央电视台、中国教育电视台、地方台等 40 余家电视台建立自己的网站。1999 年 9 月 1 日，中央电视台网站改版，具体举措包括增加上网的电视栏目、开办新的网上栏目、新闻即时更新；还提出了将中央电视台各中心所有栏目、下属公司的资料建立数据库的思路。

　　网络媒体集成平台也在这一时期出现。1999 年 1 月，四川新闻网正式开通，它汇聚了全省 106 家报纸、期刊、广播、电视的媒介内容资源，

---

① 彭兰：《中国网络媒体第一个十年》，清华大学出版社 2005 年版，第 44 页。

② 1994 年，中国国际网络传讯有限公司（简称"CIC"）成立；1996 年，CIC 在百慕大群岛注册 CIC 控股公司，将部分股权出让给海外风投。1997 年，CIC 在开曼群岛注册从事门户网站及相关业务的中华网。

并首次尝试组建了自己的"网络记者"队伍。1999 年 9 月 15 日，中央人民广播电台信息传播咨询中心与国创信息技术公司联合组建的泛广公司正式开通"风格风"网站。这一网站利用网上多媒体技术，突出音频、视频实时传输的特点，播出全国数十家广播电台和电视台的节目。

电子商务是 1999 年我国互联网行业的热点，传统媒体亦没有落后，进行了初步的尝试：《信息产业报》从 10 月 1 日起将所有广告业务全部转为以网上直销，率先尝试对传统媒体广告经营模式创新；10 月 15 日，浙江日报网站推出实时支付系统，用户只需通过招商银行的"一网通"，就可以在中国的任何一个地方预订 2000 年的浙江日报社所出版的 6 种报纸；11 月 26 日，《北京青年报》与实华开公司合作推出 ec123 网上商城。

三、商业网站的初生与成长（1997—1999 年）

1997 年是我国商业网站发展的初始年。1997 年 2 月，瀛海威全国大网开通，3 个月内在北京、上海、广州、福州、深圳、西安、沈阳、哈尔滨 8 个城市开通，成为中国最早、最大的民营 ISP、ICP。1997 年 1 月 15 日，中国互联网第一家商业网站 chinabyte 开通。1997 年 6 月，丁磊创立网易公司，选择公司名字的本意是"希望上网变得容易一点"。

1998 年 2 月，搜狐公司成立，这是中国第一个搜索引擎，10 月 sohoo.com 域名改为 sohu.com。1998 年，腾讯公司成立，将即时通信工具 OICQ 引入我国；10 月，3721 成立，并且推出了网络实名的前身——中文网址；12 月，国内首家引进国际高科技风险资金的四通利方公司与美国华渊资讯公司合并，共同成立新浪公司，新浪网（www.sina.com）定位为"门户网站"。1998 年底，网易、搜狐、广州视窗等商业互联网站先后以建立"门户网站"为目标进行改版。

1999 年，电子商务是中国互联网发展的主题，这一年中国商业网站再次迎来许多个第一：中国第一家在线销售软件图书的 B2C 网站 8848 于 5 月 18 日正式上线；第一家 B2B 电子商务网站阿里巴巴、第一家 C2C 电子商务网站易趣网、第一家网上书店当当网、首家提供网上机票和酒店预订服务的携程网先后成立。1999 年 4 月 12 日，新浪网全新改版，实现了中国大陆、中国台湾、北美三地的全面整合，成为第一个真正意义上的跨国网络公司。

1999 年，随着传统媒体对互联网的关注度不断提高和商业网站的快速涌现，互联网成为当时最热门的投资领域。由于传统媒体网站的特殊体制限制，大量风投资金涌向商业互联网企业。商业网站也随之开始了争夺用户的广告大战。据 1999 年对全国 340 个主要电视台和 360 份报刊的广告数据统计，互联网站共投放广告 1.56 亿元；1999 年第四季度的广告投放较第一季度增长了 651%。[①] 商业网站的大力推广很快取得了显著效果，到 1999 年 12 月 31 日，用户推荐的优秀站点排名前五位均为商业网站，分别为 www.sina.com.cn、www.163.com、www.sohu.com、www.163.net、www.yahoo.com。

同时，一个新的问题也随之出现。快速的新闻发布是商业网站争夺用户的有效途径，但这些网站没有新闻采访权，大量的新闻资讯都是直接从传统媒体及其新闻网站获取，既不注明出处，也没有支付费用，因此引发了传统媒体新闻网站的不满。1999 年 4 月 16 日，国内 23 家上网新闻媒体在北京召开会议，并通过了《中国新闻界网络媒体公约》，各公约单位郑重约定，凡不属于此公约的其他网站，如需引用公约单位的信息，应经过授权，并支付相应的费用，使用时注明出处、建立链接；各网络媒体无论规格高低、实力大小，实行信息产权面前人人平等。这是中国传统媒体机构对商业新媒体发展做出的正面回应，是中国媒体网上信息产权保护的开始。首批签署《中国新闻界网络媒体公约》的单位包括中国计算机报、新华社、人民日报、中央电视台、光明日报、中国青年报、经济日报、科技日报、法制日报、北京日报、解放日报、天津日报、南方日报、羊城晚报、中国证券报、中国经济时报、中国妇女报、华声报、新闻出版报、中华新闻报、北京青年报、金融时报、计算机世界报。[②]

四、合作与创新中的融合发展（2000 年至今）

2000 年，美国在线与时代华纳宣布合并组建新的"美国在线 – 时代华纳公司"，全球最大的互联网接入商（ISP）和最主要传统媒体产业的

① 彭兰：《中国网络媒体第一个十年》，清华大学出版社 2005 年版，第 44 页。
② 《〈中国新闻界网络媒体公约〉在京诞生》，http：//www.people.com.cn/item/chqbh/newfils/kjb.html，2012 – 2 – 10。

结合，造就了全球最大的横跨媒介及通信领域的传媒集团。它的出现对世界传媒业的发展具有里程碑意义。同一年，中共中央下发《国际互联网新闻宣传事业发展纲要（2000—2002年）》，这是我国第一次对网络新闻传播的发展做出规划，意味着中国新媒体进入了在国家指导下有步骤的发展时期。

随着媒介技术的进步，传统媒体与新媒体、传媒业与通信业的交流不断增加，媒介技术融合、生产流程融合、网络融合、终端融合、所有权融合、策略融合，以及超出了媒介系统本身的行业融合和产业融合等现象都开始出现，我国媒介融合全面铺开。

1. 新闻网站：从媒介合作到所有权融合

2000年5月，对北京传统媒体资源进行整合发布的"千龙新闻网"和对上海大部分媒体资源进行集成的"东方网"相继成立。这两个网站突破了传统新闻网站的"资讯提供"功能，提出了"服务衔接、电子商务拓展"的发展目标。千龙新闻网是由北京市委宣传部牵头建立的政府背景的新闻网站，采用现代企业制度运作，这也是首家获得国务院新闻办公室批准的综合性新闻网站。

2000年12月，国务院新闻办公室先后批准人民网、新华网、中国网、央视网、国际在线、中国日报网、中青网等中央级网站为我国首批重点新闻网站，千龙网、东方网、北方网、东北新闻网、浙江在线、红网、中国江西网等为全国重点地方新闻网站。2001年，新闻网站建设力度进一步加大，省、区及计划单列市的重点新闻网站纷纷建立或确立，基本形成了以传统媒介资源为依托的中央、省级、市级的三级新闻网站布局。

同时，国家也从制度层面对新闻网站的资本结构进行了限制。2000年，中宣部在关于网络工作的"西山会议"上明确指出，新闻网站不得融资、不得上市。因此，各级新闻网站的功能仍以新闻宣传和资讯提供为主，资金主要来源于合作的新闻单位和政府拨款。2009年国务院文化产业振兴规划提出"要降低准入门槛，吸收更多的社会资本和外资进入政策所允许的文化产业领域"，至此新闻网站的体制才出现松动。2009年9月，国新办下发《关于重点新闻网站转企改制试点工作方案》，对10家全国重点新闻网站（人民网、新华网、央视网3家中央重点新闻网站和北京千龙网、上海东方网、天津北方网、湖南华声在线、山东大众网、浙江在线和四川新闻网7家地方重点新闻网站）转企改制试点进行部署。新闻网站的商业模式和赢利能力开始成为各方关注的焦点。

2010 年 6 月，人民网改制成为股份有限公司并进行增资；2011 年 3 月，人民网向证监会正式递交上市申请；2012 年 1 月 9 日，人民网公布招股说明书。招股说明书显示，2010 年人民网收入构成为：互联网广告 50.79%、信息服务 35.88%、移动增值业务 10.29%、技术服务 3.04%。此次人民网是采编和经营业务整体上市。从股东结构来看，不仅包括人民日报、环球时报、京华时报、中国出版、中影集团等 7 家媒介机构，还包括中银投资、中国移动、中国联通、中国电信、中国石化等八家业外投资者。① 2012 年 4 月 27 日，人民网正式挂牌上市，公开发行股份 6910.57 万股，发行募集资金 13.4 亿元。首家官网 IPO 不仅开启了我国新闻网站的上市大幕，也开启了官方媒介所有权融合的大幕。

2. 数字电视：从数字化改造到下一代广播电视网建设

广播电视系统的数字化进程是在相对独立的环境中进行的。主要工作包括台内数字化、有线电视数字化、地面无线广播电视数字化、卫星广播电视系统数字化等内容。通过上述工作，我国广播电视系统不仅逐步完成了传统业务的数字化改造，还推出了数字电视、移动多媒体广播电视（CMMB）、数字音频广播（DAB）等新媒体业务，是广播电视走向媒介融合的重要步骤。其中，有线电视网的改造与下一代有线电视网（NGB）的建设是我国三网融合的关键内容，对我国媒介融合的发展意义重大。

台内数字化方面，2006 年、2007 年，原广电总局制定了《台内数字化程度评价办法》《广播电视节目资料编目规范》《广播电台、电视台数字化网络建设白皮书》等广播电台、电视台台内数字化改造的相关标准和规范性文件。到 2008 年末，省级以上电台、电视台直播系统数字化率达到 90% 以上；2010 年底，省级电台、电视台基本完成数字化、网络化改造；2011 年中央电视台、北京卫视、湖南卫视、江苏卫视、浙江卫视等实现高标清同播，山东、重庆等省级电视台具备高清制播能力；2012 年 1 月 1 日，首个立体电视节目综合性试验频道在中央电视台、北京广播电视台等 6 家电视台开播。

有线电视的数字化历程中，原广电总局组织召开的三次现场会议具有标志性意义：2004 年青岛现场会标志着有线电视数字化整体转换工作的

① 《人民网股份有限公司首发招股说明书（申报稿）》，http：//www.csrc.gov.cn，2012 - 2 - 10。

全面启动；2005 年大连现场会确立了有线电视数字化工作方针，即"政府领导、广电实施、社会参与、群众认可、整体转换、市场运作"；2006 年深圳现场会标志着我国有线电视数字化由试点进入全面推广的新阶段，明确了有线数字电视由单向进入双向、交互、多功能发展的新目标，使我国有线电视数字化发展迈入一个新的起点。[①] 2008 年，地面数字电视平台建成并在北京开播；截至 2009 年，全国约有 100 个城市开播数字广播电视节目，提供付费广播电视节目 181 套。

2006 年 5 月，原广电总局颁布了《30MHz－3000MHz 地面数字音频广播系统技术规范》，并批准在北京、上海等地开展数字声音广播技术试验，播出数字声音广播节目，探索广播电台数字化发展的模式。2006 年 11 月 1 日，北京人民广播电台 DAB 数字多媒体广播正式播出，随后大连、长沙、杭州等城市都开始进行 DAB 的试验和发展。

到 2012 年末，全国有线广播电视用户数 2.15 亿户，其中数字电视用户数 1.43 亿户，数字化比例达到 66.50%；双向网络覆盖用户超过 7000 万户。[②]

移动多媒体广播电视是广电数字化建设最重要的内容之一。2005 年 6 月，原国家广电总局无线电台管理局的全资公司中广传播集团有限公司（中广卫星移动广播有限公司）在北京注册成立，主要承担我国卫星移动多媒体广播 CMMB 项目的投资和运营、系统设计、广播卫星相关技术开发和信号传输服务。CMMB 系统是利用地面或卫星广播电视覆盖网面向手机、PDA、MP4、笔记本电脑以及在车船上的小型接收终端，点对面提供广播电视节目的移动多媒体广播系统。截至 2010 年底，全国相继挂牌的 CMMB 子公司共计 31 个，地市级公司则为省公司的子公司，构架了我国 CMMB 总公司、省级子公司、市级分公司的运营体系。2008 年北京奥运会期间，CMMB 在 37 个城市免费试用；2008 年底，全国 150 个城市建设了 CMMB 覆盖网，工信部正式颁发带有 CMMB 制式的 TD 手机牌照，并有 200 余家企业推出手机、MP4 等终端产品；2008 年 7 月 3 日，中国移动启动了 4 万部具备 CMMB 功能的 TD 手机招标。2010 年 3 月 22 日，中国

---

① 张海涛：《统一思想　形成合力　推动广播影视科技和事业发展上一个大台阶》，http://www.sarft.gov.cn，2012－2－10。

② 国家新闻出版广电总局发展研究中心：《中国广播电影电视发展报告（2013）》，社会科学文献出版社 2013 年版，第 92 页。

移动召开"手机电视"业务新闻发布会,中国移动手机电视商用正式启动。截至 2010 年 12 月 30 日,CMMB 已经在全国 331 个地级市实现信号覆盖。[①]

2008 年 12 月 4 日,原广电总局与科技部共同签署《国家高性能宽带信息网暨中国下一代广播电视网(NGB)自主创新合作协议书》,NGB 进入我们的视野。NGB 是以有线电视网数字化整体转换和移动多媒体广播(CMMB)的成果为基础,以高性能宽带信息网(3TNet)为核心技术,有线无线相结合、全程全网、互联互通、可管可控的中国下一代广播电视网技术体系,骨干网速率达到每秒 1000 千兆。它是一种全业务平台、门户化的运营模式,强调的是海量视音频及大量增值应用、电视商务等的综合服务,且具有超强的多向互动功能。NGB 是我国广电系统面向媒介融合和三网融合的重要战略布局,一期试验已在杭州、上海、江苏、北京、广州、深圳、大连、海口等地展开。

3. 多样化的融合方式、层出不穷的新媒体和新应用

手机报的出现是传媒与电信跨行业合作的尝试,也形成了内容生产方、渠道运营方、技术支持方合作运营的新模式。继电脑之后,手机作为新的媒介终端逐渐受到重视,媒介融合进入移动时代。2004 年 7 月 18 日,《中国妇女报》推出了全国第一家手机报——《中国妇女报·彩信版》。这份手机报由北京好易时空网络科技有限公司进行手机报系统开发,《中国妇女报》提供内容信息,通过中国移动公司的通信网络以彩信的形式发送给用户,三方采用合作分成的方式。随后,多家报纸、杂志开始推出各自的手机报,主要类型包括文本型、彩信型、WAP 网页型。商业网站也迅速进入这一领域,2006 年,专门制作电子杂志的主流网与中国移动合作推出"手机杂志""博文快信",与新浪网合作以电子杂志形式制作博客文集以及《新浪主流博客周刊》。主流网、中国移动、新浪网三家的合作,是媒介合作方式的又一次新尝试。进入 3G 时代以后,手机报的形式和内容更加丰富。2009 年,中央人民广播电台开办国内第一份有声手机报《新闻报纸摘要》;2011 年,中央电视台与中国移动战略合作,推出首个视频手机报产品,客户端具备实时推送功能,不限制网络接入方式。

---

① 参见《中广互联 2010 年度 CMMB 产业盘点》、《2009CMMB 大事记》,http://www.sarft.net,2010 - 2 - 10。

IPTV 是典型的三网融合新媒体形态，也是广电系统与电信业合作开展的新媒体服务。IPTV 基于电视终端的多媒体业务，拥有电视直播、视频点播、视频时移、双向互动、分众传播等功能。2003 年上海广播电视台在上海启动 IPTV 的技术试验和业务试点，2005 年上海广播电视台获得原广电总局颁发的首张 IPTV 集成运营牌照，并开始与中国电信、中国联通的 IPTV 业务合作。① 2010 年，三网融合试点方案出台，明确提出了试点地区电信企业可以开展 IPTV 传送和分发业务，内容集成播控平台由广电机构建设。同年出台的《关于三网融合试点地区集成播控平台建设有关问题的通知》，提出了建立以 CNTV 为 IPTV 集成播控主平台、地方试点电视台为集成播控分平台的二级播控机制。2012 年，CNTV 成为唯一一家 IPTV 中央集成播控总平台。电信运营商通过与拥有 IPTV 牌照的广电企业合作，获得开展 IPTV 业务的资格，从包括影视公司、地方广播电视台以及国外内容提供商进行内容采购，再借助集成播控平台完成内容的分发。广电系的企业是主要的内容提供商，而业务的推广、运营则更多由电信运营商承担。

2000 年互联网泡沫破裂后，Web 2.0 逐渐进入人们的视线，带来了"用户分享、信息聚合、开放平台"的互联网应用新思维，互联网发展从"门户时代"进入"搜索引擎时代"，用户原创内容（User Generated Content，UGC）的概念随之兴起。UGC 意味着用户使用互联网由以下载为主的方式向下载和上传并重的方式转变，社交网络、视频分享、博客、播客、微博等都是 UGC 的主要应用形式，也由此对媒介融合的发展产生了巨大影响。

Web 2.0 时代，网络视频服务应运而生，它是一种由网络视频运营商为用户提供的各类（点播、P2P 直播、轮播及在线录制上传、分享、搜索等）视频免费或付费服务。2005 年，56 网正式在广州开通上线，成为我国第一家网络视频分享网站，网络视频业务在我国起步；2006 年，网络视频用户高速增长，网络视频运营商数量迅速增加，国际顶级风险投资先后进入我国网络视频领域。这一年被称为中国网络视频元年，视频网站是当时的主流形式。2005 年 7 月，CNNIC 首次将"在线影视"列为用户经常使用的网络服务的调查内容。根据调查结果，2005 年 6 月 30 日，网民

---

① 胡正荣主编：《新媒体前沿（2011）》，社会科学文献出版社 2012 年版，第 157 页。

总人数为 10300 万人，使用率为 37.8%，视频用户约 3893 万人；到 2006 年末，网民总人数为 13700 万人，使用率为 36.3%，视频用户约为 4973 万人，增长 27.7%。①

2009 年，网络视频领域掀起版权纷争。② 随着《关于加强互联网视听节目内容管理的通知》的发布和国家版权局打击网络侵权盗版专项治理行动的展开，网络视频发展进入"版权时代"，"台网联动"的新模式出现。2010 年 4 月，优酷与湖南卫视合作播出《杨贵妃秘史》。同时，"国家队"开始整体进入：2009 年 12 月 28 日，中国网络电视台（CNTV）正式上线，发布客户端、新闻台、体育台、搜视台、博客台，并承担建设网络电视、IPTV、手机电视、移动电视和互联网电视五大中央集成播控平台；2010 年中国国际广播电视网络台（CIBN）、央广广播电视网络台（CNBN）、新华社网络电视台、人民日报旗下网络电视台相继成立。这标志着广播、电视、报纸、通讯社等传统媒介机构全部进入网络视频领域。

到 2011 年，我国共有 200 家左右的网络视频服务提供商，大致分为四类：一是传统媒体开办的视频网站，如省级电视台开办的视频网站；二是商业网站开办的网络视频业务，如搜狐高清等；三是商业性垂直视频网站，如优酷等；四是网络电视台，如 CNTV 等。网络视频用户规模达 32531 万人，使用率 63.4%。

2010 年 1 月 13 日，国务院常务会议明确提出，鼓励广电和电信业务双向进入试点，混业经营终于获得政策许可，"三网融合"进入实质性发展阶段。2011 年 5 月 8 日，武汉移动与武汉广电共同签署"三网融合·共建 G3 数字家庭"战略合作协议，推出武汉三网融合套餐（1399 元年费包括一年期 2M 宽带、互动高清电视以及 600 元话费。移动用户还可享受 VIP 影音专区，每月优先享受最新的 12 部电影和 2 部电视剧），由电视内容提供商和网络运营商共同为用户提供"电视、电话、上网"的一揽子

---

① CNNIC：《中国互联网络发展状况统计报告 2005/7》《中国互联网络发展状况统计报告 2007/1》，http://www.cnnic.cn，2012 - 2 - 5。

② 2009 年 1 月，激动网联合 80 多家版权方组建"反盗版联盟"，将矛头指向视频网站；7 月，中国国际电视总公司对 6 家视频网站提起 162 件诉讼；乐视网起诉迅雷，投放盗版视频的广告主也同时成为被告；8 月，央视网、凤凰网、上海文广、北京电视台等成立网络视频版权保护联盟；9 月，由激动网、优朋普乐、搜狐和华夏视联 4 家国内新媒体版权拥有和发行方代表共同发起，联合全国 110 家互联网视频版权各权利方共同创建"中国网络视频反盗版联盟"。

解决方案。这是通信运营商与广电联合推出三网融合套餐的首次尝试。2011 年 12 月 31 日，国务院发布第二阶段试点地区（城市）名单的通知，42 个地区（城市）入围。第二批试点地区包括天津、重庆两个直辖市，一个计划单列市宁波，石家庄、太原、呼和浩特、西安等 22 个省会、首府城市，以及扬州、南通、孝感、佛山等 17 个其他城市，加上 2010 年 7 月确定的第一批共 12 个试点地区，三网融合试点已基本涵盖全国范围。

2012 年 9 月，工业和信息化部开始向 12 个试点城市的广电企业发放业务许可，同意广电企业开展基于有线电视网的互联网接入业务、互联网数据传送增值业务、国内 IP 电话业务。2012 年末，湖南电广传媒、深圳天威视讯、北京歌华有线等有线电视上市企业已先后发布公告，称收到工信部关于开展基于有线电视网的互联网接入业务、互联网数据传送增值业务、国内 IP 电话业务的批复。同时，电信运营商的广电业务也获得许可，进入市场实践阶段。2013 年初，北京联通 IPTV 业务正式商用，名为"沃·家庭 TV 版"，与光纤宽带业务捆绑销售。到 2014 年 1 月，全国 IPTV 用户数达到 2914.3 万户，其中江苏、广东、浙江用户数量居于前列。①

第三节 中国媒介融合过程中的制度与政策

一、媒介融合制度与政策的演变

从 1997 年我国政府关于网络媒体管理的第一个正式文件——《关于利用国际互联网络开展对外新闻宣传暂行规定》（国新办发〔1997〕1 号）出台至今，我国已有数十个与媒介融合相关的政策和文件出台，管理思路和相关制度也经历了多次调整。这一过程以我国互联网以及媒介融合发生发展的现实情境为基础，并与我国媒介制度安排和变迁路径相一致；国家发展规划和文化体制改革的总体设计则从宏观上规定了制度与政

---

① 数据来源：《2014 年 1 月份通信业经济运行情况》，http://www.miit.gov.cn/n11293472/n11293832/n11294132/n12858447/15907323.html，2014 - 5 - 10。

策变迁的思路和方向。

1. 管理思路调适与发展规划制定

1997 年，国务院新闻办公室、新闻出版署联合下发《关于利用国际互联网络开展对外新闻宣传暂行规定》（国新办发〔1997〕1 号），这是中国政府针对网络媒体管理发出的第一个正式文件。文件针对利用国际互联网络开展对外新闻宣传提出了"实行积极支持、促进发展、宏观指导、归口管理的方针"，并强调"引导和支持新闻宣传单位利用国际互联网络开展对外新闻宣传"。1998 年，为了更充分地发挥国际互联网络在对外宣传方面的作用，促进新闻宣传信息更多地上网，国务院新闻办公室和新闻出版署联合发布《关于利用国际互联网络开展对外新闻宣传的补充规定》。

1999 年 10 月 16 日，中共中央办公厅转发《中央宣传部、中央对外宣传办公室关于加强国际互联网络新闻宣传工作的意见》（中办发〔1999〕33 号），这是中央关于网络新闻宣传工作的第一个指导性文件。文件从争夺 21 世纪思想舆论阵地的一个制高点的高度，明确了今后网络新闻宣传工作发展的方向，并提出了一系列原则，明确要求"按照归口管理、分级负责、加强纪律、兴利除弊的原则，对互联网络新闻宣传进行规范管理"。文件指出，要把中央主要新闻宣传单位作为网站建设重点，经过努力尽快办成全球性的名牌网站；各省、自治区、直辖市和计划单列市应集中力量建立一两个重点新闻宣传网站；新闻媒体网站要把握正确的舆论导向，努力提高互联网新闻宣传的针对性、时效性和艺术性；要进一步完善互联网新闻宣传的规范管理等。①

2000 年 5 月，中宣部、中央外宣办下发《国际互联网新闻宣传事业发展纲要（2000—2002 年)》。这一文件提出了互联网新闻宣传事业建设的指导原则和奋斗目标，并确定了首批重点新闻宣传网站：中国互联网新闻中心、人民日报、新华社、中国国际广播电台和中国日报（*China Daily*）。②

2001 年 8 月 20 日，中共中央办公厅、国务院办公厅转发中央宣传部、国家广电总局、新闻出版总署《关于深化新闻出版广播影视业改革的若干意见》（中办发〔2001〕17 号）。文件共 24 条，其中第 16 条为"加强

---

① 闵大洪：《中国网络媒体发展编年（1995—2001)》，http：//it. sohu. com，2012 - 2 - 14。
② 闵大洪：《中国网络媒体发展编年（1995—2001)》，http：//it. sohu. com，2012 - 2 - 14。

新闻网站建设"，再次明确了新闻网站建设的指导原则、新闻网站的定位和报道方针，以及管理及经营上的要求。

2004 年 9 月，中国共产党第十六届中央委员会第四次全体会议通过的《中共中央关于加强党的执政能力建设的决定》。《决定》指出"高度重视互联网等新型传媒对社会舆论的影响，加快建立法律规范、行政监管、行业自律、技术保障相结合的管理体制，加强互联网宣传队伍建设，形成网上正面舆论的强势"。11 月，中共中央办公厅、国务院办公厅联合下发《关于进一步加强互联网管理工作的意见》，确定了"以互联网行业主管部门为主、协管部门紧密配合的治理机制"，提出了"大力推进互联网管理的规范化、制度化，加快建设法律规范、行政监管、行业自律、技术保障的管理体制"的要求。

2006 年，《国家"十一五"时期文化发展规划纲要》实施，其中第四部分为"新闻事业"，包括：推进新闻媒体建设；加大对重点新闻媒体的扶持力度；办好新闻网站；发展新兴传播载体。《规划》明确提出"加快建设一批综合实力强、在国内外有广泛影响的新闻网站。形成若干个与我国地位相称的、具有较强国际竞争力和影响力的综合型网络媒体集团，争取其中一到两家重点新闻网站进入世界前列"；"拓展即时通信、博客、播客、聚合新闻服务等业务领域，实现多渠道、全方位新闻信息发布的技术调整和业务整合，提升技术应用水平和业务保障能力"；"发展手机网站、手机报刊、IP 电视、移动数字电视、网络广播、网络电视等新兴传播载体，丰富内容，创立品牌，不断提高市场占有率"；"完善地方互联网新闻事业发展格局"。

2007 年，中共中央办公厅、国务院办公厅下发《关于加强网络文化建设和管理的意见》，强调要积极发挥互联网等信息网络的媒体功能、产业功能和文化功能属性，提供更多更好的网络文化产品和服务；强调互联网管理受到不同文化传统、发展阶段和社会制度的影响和制约，各国都无先例，要把握和遵循互联网的发展规律和结合我国国情实际进行有效治理。[1]

2009 年，《文化产业振兴规划》发布，提出了"发展新兴文化业态"的要求："采用数字、网络等高新技术，大力推动文化产业升级。支持发

---

[1] 陈华：《互联网新闻信息服务领域执法实践十年回顾》，《北京社会科学》2011 年第 2 期。

展移动多媒体广播电视、网络广播影视、数字多媒体广播、手机广播电视，开发移动文化信息服务、数字娱乐产品等增值业务，为各种便携显示终端提供内容服务。加快广播电视传播和电影放映数字化进程。积极推进下一代广播电视网建设，发挥第三代移动通信网络、宽带光纤接入网络等网络基础设施的作用，制定和完善网络标准，促进互联互通和资源共享，推进三网融合。"①

2012 年 2 月 15 日，《国家"十二五"时期文化改革发展规划纲要》发布，其中第七部分"加强传播体系建设"专门提出了加强重要新闻媒体建设、加强新兴媒体建设、加强文化传播渠道建设的发展规划。《纲要》提出了具有指导性的发展思路，如"以党报党刊、通讯社、电台电视台为主，整合都市类媒体、网络媒体等宣传资源，调整和完善媒体的布局和结构"；"加强互联网等新兴媒体建设，鼓励支持国有资本进入新兴媒体，做强重点新闻网站，形成一批在国内外有较强影响力的综合性网站和特色网站，发挥主要商业网站建设性作用，培育一批网络内容生产和服务骨干企业"；"积极推进下一代广播电视网、新一代移动通信网络、宽带光纤接入网络等网络基础设施建设，推进三网融合，创新业务形态，发挥各类信息网络设施的文化传播作用，实现互联互通、有序运行。在确保播出安全的前提下，广播电视播出机构与电信企业可探索多种合资、合作经营模式。整合全国有线电视网络，基本实现全程全网，跨部门集成文化资源、产品和服务"。②

2. 运作机制的确立与制度体系的完善

1997 年，《关于利用国际互联网络开展对外新闻宣传暂行规定》（国新办发〔1997〕1 号）明确了由国务院新闻办公室对利用国际互联网络开展对外新闻宣传实行归口管理，统筹协调新闻宣传进入国际互联网的有关问题。新闻宣传单位入网须提出申请，报国务院新闻办公室审批。经批准入网的新闻报刊，应到新闻出版署办理备案手续。各新闻宣传单位利用国际互联网络对外新闻宣传的内容，需在中央对外宣传信息平台统一入网，不得自行通过其他途径入网，更不得自行在国外入网。

1998 年 10 月，国务院新闻办公室和新闻出版署《利用国际互联网络

---

① 《文化产业振兴规划》，http：//news. xinhuanet. com，2012 – 2 – 14。
② 《国家"十二五"时期文化改革发展规划纲要》，http：//news. xinhuanet. com，2012 – 2 – 16。

开展对外新闻宣传的补充规定》，对上述文件做了补充规定。文件指出，一年多来，各新闻单位和各地利用国际互联网络开展对外宣传的积极性很高，工作进展较快。为了更充分地发挥国际互联网络在对外宣传方面的作用，促进新闻宣传信息更多地上网，根据实际情况，国务院新闻办公室、新闻出版署做如下补充规定。一、原规定"各新闻宣传单位利用国际互联网对外新闻宣传的内容，需在中央对外宣传信息平台统一入网"。一年多的实践表明，统一进入中央外宣网站虽可增大中央外宣网站的信息量，但网址单一，不利于查找；信息拥挤，容易形成瓶颈，影响信息传递速度。因此，今后各新闻宣传单位获准入网后，将信息链接中央外宣信息网站的同时，可以申请独立的域名，建立自己的网站。二、入网开展对外新闻宣传，经国务院新闻办公室审批后，除到国家新闻出版署履行备案手续外，还须将本单位网址、域名、电子邮件地址报国务院新闻办公室备案。[1]

1999 年 10 月，国家广播电影电视总局发出《关于加强通过信息网络向公众传播广播电影电视类节目管理的通告》，要求在境内通过包括国际互联网络在内的各种信息网络传播广播电影电视类节目，须报国家广播电影电视总局批准；在境内通过信息网络传播广播电影电视类节目，不得擅自使用"网络广播电台""网络电视""网络电视台"等称谓；经批准通过信息网络传播的广播电视新闻类节目（包括新闻和新闻类专题），必须是境内广播电台、电视台制作、播放的节目；并对禁止通过互联网传播的节目内容进行了具体规定。[2]

2000 年 9 月，国务院发布《互联网信息服务管理办法》，规定从事新闻、出版、教育、医疗保健、药品和医疗器械等互联网信息服务，依照法律、行政法规以及国家有关规定须经有关主管部门审核同意的，在申请经营许可或者履行备案手续前，应当依法经有关主管部门审核同意；从事新闻、出版以及电子公告等服务项目的互联网信息服务提供者，应当记录提供的信息内容及其发布时间、互联网地址或者域名。[3]

2000 年 11 月 7 日，国务院新闻办公室、信息产业部发布《互联网站从事登载新闻业务管理暂行规定》，是国内第一项涉及网络新闻传播的行

---

[1] 闵大洪：《中国网络媒体发展编年（1995—2001）》，http：//it. sohu. com，2012 - 2 - 14。

[2] 《关于加强通过信息网络向公众传播广播电影电视类节目管理的通告》，http：//www. gl. gov. cn，2010 - 2 - 14。

[3] 《互联网信息服务管理办法》，http：//www1. cnnic. cn，2012 - 2 - 14。

政法规，对在互联网从事登载新闻业务的单位条件和权限做出了明确规定。文件指出，新闻单位、中央国家机关各部门新闻单位以及省、自治区、直辖市和省、自治区人民政府所在地的市直属新闻单位依法建立的互联网站（以下简称新闻网站），经批准可以从事登载新闻业务。其他新闻单位不单独建立新闻网站，经批准可以在中央新闻单位或者省、自治区、直辖市直属新闻单位建立的新闻网站建立新闻网页从事登载新闻业务。非新闻单位依法建立的综合性互联网站（以下简称综合性非新闻单位网站），具备本规定第九条所列条件的，经批准可以从事登载中央新闻单位、中央国家机关各部门新闻单位以及省、自治区、直辖市直属新闻单位发布的新闻的业务，但不得登载自行采写的新闻和其他来源的新闻。非新闻单位依法建立的其他互联网站，不得从事登载新闻业务。[①]　同日，信息产业部发布《互联网电子公告服务管理规定》。

2002 年 3 月 9 日，中共中央办公厅、国务院办公厅发出《关于进一步加强互联网新闻宣传和信息内容安全管理工作的意见》，国家新闻出版总署和信息产业部联合发布《互联网出版管理暂行规定》。2003 年 3 月，原广电总局发布《互联网等信息网络传播视听节目管理办法》，启用《网上传播视听节目许可证》制度；明确了开办视听节目网络传播业务的主体资质，并对开办“新闻类视听节目”和“影视剧类视听节目”的主体资质进行了分类要求；对以流媒体播放、互联网组播、数据广播、IP 广播和点播等多种形式为公众提供在线或下载收看视听节目的活动进行了规范。[②]　5 月，文化部发布《互联网文化管理暂行规定》。2003 年 8 月，中央相继发出《关于进一步改进和加强国内突发事件新闻报道工作的通知》和《中共中央宣传部关于当前思想理论领域的形势和下一步工作措施》两个文件。文件再次强调：要切实加强重点新闻网站建设，要高度重视互联网上的报道。

2005 年 3 月 20 日，信息产业部发布的《非经营性互联网信息服务备案管理办法》开始施行，至年底未登记备案的网站将被关闭。5 月 30 日，《互联网著作权行政保护办法》实施。9 月，国务院新闻办公室、信息产业部联合发布《互联网新闻信息服务管理规定》，将互联网新闻信息服务

---

①　《互联网站从事登载新闻业务管理暂行规定》，http://news.sina.com.cn，2012 - 2 - 14。

②　《互联网等信息网络传播视听节目管理办法》，http://www.scio.gov.cn，2012 - 2 - 14。

单位分为三类：①新闻单位设立的登载超出本单位已刊登播发的新闻信息、提供时政类电子公告服务、向公众发送时政类通讯信息的互联网新闻信息服务单位；②非新闻单位设立的转载新闻信息、提供时政类电子公告服务、向公众发送时政类通讯信息的互联网新闻信息服务单位；③新闻单位设立的登载本单位已刊登播发的新闻信息的互联网新闻信息服务单位。其中，第一类单位应当是中央新闻单位，省、自治区、直辖市直属新闻单位，以及省、自治区人民政府所在地的市直属新闻单位；第二类单位不得登载自行采编的新闻信息。并明确规定"任何组织不得设立中外合资经营、中外合作经营和外资经营的互联网新闻信息服务单位"。① 2005 年 11 月，新闻出版总署启动"互联网出版违规警告制度"，对提供宣扬淫秽色情、暴力内容网络游戏下载的网站进行查处。

2006 年 5 月，国务院发布《信息网络传播权保护条例》，明确了权利人享有的信息网络传播权受著作权法和本条例保护。这是依据著作权法对互联网版权问题做出的专门性规定，是从政策角度对"实现权利人、网络服务提供者、作品使用者的利益平衡"的一次实践。②

2007 年 12 月 20 日，国家广播电影电视总局和信息产业部共同颁布《互联网视听节目服务管理规定》。互联网视听节目服务，是指制作、编辑、集成并通过互联网向公众提供视音频节目，以及为他人提供上载传播视听节目服务的活动。国务院广播电影电视主管部门作为互联网视听节目服务的行业主管部门，负责对互联网视听节目服务实施监督管理，统筹互联网视听节目服务的产业发展、行业管理、内容建设和安全监管。国务院信息产业主管部门作为互联网行业主管部门，依据电信行业管理职责对互联网视听节目服务实施相应的监督管理。互联网视听节目服务单位应当选择依法取得互联网接入服务电信业务经营许可证或广播电视节目传送业务经营许可证的网络运营单位提供服务。③

2009 年，国家广播电影电视总局发布《关于加强互联网视听节目内容管理的通知》，国务院新闻办公室下发《关于重点新闻网站转企改制试点工作方案》。文化部下发《关于加强和改进网络音乐内容审查工作的通

① 《互联网新闻信息服务管理规定》，http://news. xinhuanet. com，2012 - 2 - 14。
② 《国务院通过〈信息网络传播权保护条例〉》，http：//www. chinacourt. org，2012 - 2 - 14。
③ 《互联网视听节目服务管理规定》，http：//www. gov. cn，2012 - 2 - 14。

知》，规定"经营单位经营网络音乐产品，须报文化部进行内容审查或备案"。全国"扫黄打非"办公室下发《关于严厉打击手机网站制作、传播淫秽色情信息活动的紧急通知》。12月，中央对外宣传办公室、全国"扫黄打非"办公室、工业和信息化部、公安部、文化部、国务院国有资产监督管理委员会、国家工商总局、国家广播电影电视总局、新闻出版总署九部委在全国范围内联合开展深入整治互联网和手机媒体淫秽色情及低俗信息专项行动。12月26日十一届全国人大常委会第十二次会议表决通过了《中华人民共和国侵权责任法》（2010年7月1日起施行）。该法首次规定了网络侵权问题及其处理原则。

2010年6月6日，《三网融合试点工作方案》通过。7日1日，第一批12个试点城市名单公布。10月1日起，修订后的《中华人民共和国保守国家秘密法》施行，在第三章《保密制度》中多个条款涉及互联网；在第五章《法律责任》中，规定有12种行为之一的要依法给予处分，构成犯罪的，要依法追究刑事责任，12种行为中有6种涉及互联网和计算机的使用。

2011年5月4日，经国务院同意，国家互联网信息办公室正式设立。12月16日，由北京市人民政府新闻办公室、市公安局、市通信管理局和市互联网信息办公室共同制定的《北京市微博客发展管理若干规定》发布，要求任何组织或者个人注册微博客账号，应当使用真实身份信息；网站开展微博客服务，应当保证注册用户信息真实。

二、多头管理：难以突破的制度困境

目前我国对媒介发展和媒介融合的管理主要依赖行政体系实现，由各级人民政府和主管部门制定的行政法规、部门规章、地方政府规章是媒介融合制度体系的主要构成部分。因此"管制框架"对制度体系的形成和确立具有决定性意义，政府部门间的责权分配是管制框架形成的基础。

我国媒介融合的管理框架是在既有的媒介制度基础之上形成的，并随着对新媒体、新技术发展规律理解和把握的深入而进行着动态的调整和创新。我国既有媒介的管制框架形成于大众媒介时代，依据不同媒介的技术基础设置不同管理归口，其重要意义之一在于对不同类型的媒介进行专门化的分类管理。信息技术的发展催生了新的媒介形式，引发不同媒介形式之间以及传媒与其他行业和领域的融合，包括技术、产品、业务、产业结构等多个方面，不同行业主管部门的责权范围不可避免地发生交叉和重叠，原本处于均衡状态的政府部门间关系发生变化。这些变化首先出现在新媒介和新业务的管理中。

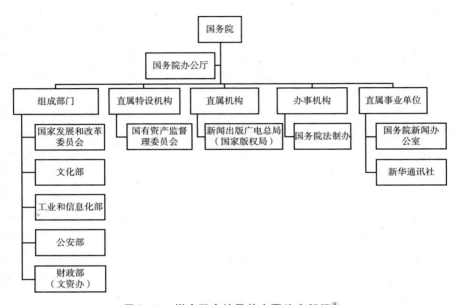

图 2 - 1　媒介融合涉及的主要政府部门[①]

从我国媒介融合相关事务的管制现状来看，文化部、公安部、新闻出版广电总局、工业和信息化部、国务院新闻办公室等政府部门均有不同程度的介入。同时，由于媒介机构所在的地区和行政级别有所差异，管理机

---

① 国务院新闻办公室与中共中央对外宣传办公室，一个机构两块牌子，列入中共中央直属机构序列；新华通讯社不具有管理职能。中共中央宣传部也是传媒管理的重要部门，主要职能是：负责指导全国理论研究、学习与宣传工作；负责引导社会舆论，指导、协调中央各新闻单位的工作；负责从宏观上指导精神产品的生产；负责规划、部署全局性的思想政治工作任务，配合中央组织部做好党员教育工作，负责编写党员教育教材，会同有关部门研究和改进群众思想教育工作；受党中央委托，协同中央组织部管理文化部、新闻出版署、中国社会科学院的领导干部，会同中央组织部管理人民日报社、广播电影电视总局、新华社等新闻单位和代管单位的领导干部，对省、自治区、直辖市党委宣传部部长的任免提出意见；负责提出宣传思想文化事业发展的指导方针，指导宣传文化系统制定政策、法规，按照党中央的统一工作部署，协调宣传文化系统各部门之间的关系；完成党中央交办的其他任务。参见 http：//cpc.people.com.cn，2010 年 2 月 1 日。

构还涉及省、市、县等各级政府和行业主管部门，从而形成了分散而复杂的管理体系。随着新媒体业务范围的扩大和刊载内容的丰富，所涉及的管理部门还会不断增加。

以北京新浪互联信息服务有限公司为例。该公司是我国起步较早的经营性互联网公司，目前在大陆地区的业务主要包括向用户提供地区性门户网站、移动增值业务、微博、博客、影音流媒体、相册分享、网络游戏、电子邮件、搜索、分类信息、收费、电子商务和企业电子解决方案等服务。公司收入的大部分来自网络广告和移动增值服务，少部分来自收费服务。截至 2012 年 2 月，该公司为开展上述业务已申请获得各类证照 12 个，并在北京市公安局进行了计算机信息网络国际联网单位备案，涉及十余个国家政府部门及北京市主管部门。其中仅动漫内容业务的经营许可就涉及文化部、新闻出版总署、广电总局及相应的地方部门（见表 2 - 1）。

表 2 - 1　北京新浪互联信息服务有限公司业务许可证获得情况 *

许可证	审批机关	许可内容
ICP 证	工业和信息化部（北京通信管理局）	通过互联网向上网用户有偿提供信息或者网页制作等服务
电信与信息服务业务经营许可证	工业和信息化部（北京市通信管理局）	因特网信息服务业务
增值电信业务经营许可证	工业和信息化部	第二类增值电信业务中的信息服务业务（不含固定网电话信息服务和互联网信息服务）
互联网新闻信息服务许可证	国务院新闻办公室	网站登载新闻业务
网络文化经营许可证	文化部（北京市文化局）	利用互联网经营音乐娱乐产品，游戏产品运营，网络游戏虚拟货币发行，艺术品，演出剧（节）目，动漫（画）产品，从事互联网文化产品的展览、比赛活动
互联网出版许可证	新闻出版总署	社会科学、文学、艺术（含动画片、图片）、教育内容和音像作品、游戏作品互联网出版业务
信息网络传播视听节目许可证	广播电影电视总局	转载中央和北京市级广播电台、电视台播出过的新闻节目；影视剧；DV 片、娱乐、体育、汽车资讯类视听节目

续表

许可证	审批机关	许可内容
广播电视节目制作经营许可证	广播电影电视总局（北京市广播电影电视局）	制作、发行动画片、电视综艺、专题片；不得制作时政、新闻及同类专题、专栏等电视节目
互联网药品信息服务资格证	国家食品药品监督管理局（北京市药品监督管理局）	非经营性互联网药品信息服务
关于同意北京新浪互联信息服务有限公司从事互联网教育信息服务的批复	教育部（北京市教育委员会）	互联网教育信息服务
关于同意北京新浪互联信息服务有限公司开设电子公告服务栏目的批复	工业和信息化部（北京市通信管理局）	开展 BBS 服务
互联网医疗保健信息服务审核同意书	卫生部（北京市卫生局）	非经营性互联网医疗保健信息服务
测绘资质证书	国家测绘局	互联网地图服务

　　* 2014 年，新浪公司因涉嫌传播淫秽色情信息受到行政处罚。2014 年 4 月 16 日和 23 日，北京市文化市场行政执法总队向北京新浪互联信息服务有限公司送达了《北京市文化市场行政执法听证告知书》（〔2014〕2 号），并受国家新闻出版广电总局委托向其送达了《北京市文化市场行政执法听证告知书》（〔2014〕1 号、3 号），《告知书》决定拟吊销新浪公司的《互联网出版许可证》和《信息网络传播视听节目许可证》，依法停止其从事互联网出版和网络传播视听节目的业务。

　　由于缺乏统一的管理思路和科学的流程设计，在这个管理体系中，一方面，由于没有针对融合业务管理的专门部门，媒体业务按照多种标准划分管理归口，受众多部门管理。例如，媒体内容被划分为新闻信息、教育信息、视听内容、广告信息、音像制品、文学艺术等多个种类，分别由多个不同主管部门管理。另一方面，这些主管部门之间的职权范围也存在相互重叠的部分。例如，国新办、新闻出版总署、信息产业部都曾经出台有关互联网新闻信息服务的相关文件，对主体资格、审批流程、业务规范等提出要求。2013 年，新闻出版广电总局的组建也未从根本上改变融合性新业务的开办和运行需获得数家管理机构的审批和许可的现状。不同部门的管理思路、出发点、立足点和政策主张都有所差异，表现在出台的政策上有各自的规制目标偏好，这就使得"规定""办法"之间缺乏系统的、整体的关联性，难以建构相对稳定的规制环境。多头管理以及由此造成的职能重叠、交叉管理、重复审批、管理成本增加、管理效率低下等问题就成为这一管制框架下媒介融合和新媒体发展难以突破的制度困境。

表 2 - 2　管理部门与媒介融合相关的主要职责

部门名称	主要职责
国务院新闻办公室	· 制定互联网新闻事业发展规划,指导协调互联网新闻报道工作
新闻出版广电总局	· 负责拟订新闻出版广播影视宣传的方针政策,把握正确的舆论导向和创作导向 · 负责起草新闻出版广播影视和著作权管理的法律法规草案,制定部门规章、政策、行业标准并组织实施和监督检查 · 负责制定新闻出版广播影视领域事业发展政策和规划,组织实施重大公益工程和公益活动,扶助老少边穷地区新闻出版广播影视建设和发展。负责制定国家古籍整理出版规划并组织实施 · 负责统筹规划新闻出版广播影视产业发展,制定发展规划、产业政策并组织实施,推进新闻出版广播影视领域的体制机制改革。依法负责新闻出版广播影视统计工作 · 负责监督管理新闻出版广播影视机构和业务以及出版物、广播影视节目的内容和质量,实施依法设定的行政许可并承担相应责任,指导对市场经营活动的监督管理工作,组织查处重大违法违规行为。指导监管广播电视广告播放。负责全国新闻记者证的监制管理 · 负责对互联网出版和开办手机书刊、手机文学业务等数字出版内容和活动进行监管。负责对网络视听节目、公共视听载体播放的广播影视节目进行监管,审查其内容和质量 · 负责推进新闻出版广播影视与科技融合,依法拟订新闻出版广播影视科技发展规划、政策和行业技术标准,并组织实施和监督检查。负责对广播电视节目传输覆盖、监测和安全播出进行监管,推进广电网与电信网、互联网三网融合,推进应急广播建设。负责指导、协调新闻出版广播影视系统安全保卫工作 · 负责印刷业的监督管理 · 负责出版物的进口管理和广播影视节目的进口、收录管理,协调推动新闻出版广播影视领域"走出去"工作。负责新闻出版广播影视和著作权管理领域对外及对港澳台的交流与合作 · 负责著作权管理和公共服务,组织查处有重大影响和涉外的著作权侵权盗版案件,负责处理涉外著作权关系和有关著作权国际条约应对事务 · 负责组织、指导、协调全国"扫黄打非"工作,组织查处大案要案,承担全国"扫黄打非"工作小组日常工作 · 领导中央人民广播电台、中国国际广播电台和中央电视台,对其宣传、发展、传输覆盖等重大事项进行指导、协调和管理 · 承办党中央、国务院交办的其他事项

续表

部门名称	主要职责
工业和信息化部	·统筹推进国家信息化工作,组织制定相关政策并协调信息化建设中的重大问题,促进电信、广播电视和计算机网络融合,指导协调电子政务发展,推动跨行业、跨部门的互联互通和重要信息资源的开发利用、共享 ·统筹规划公用通信网、互联网、专用通信网,依法监督管理电信与信息服务市场,会同有关部门制定电信业务资费政策和标准并监督实施,负责通信资源的分配管理及国际协调,推进电信普遍服务,保障重要通信 ·统一配置和管理无线电频谱资源,依法监督管理无线电台(站),负责卫星轨道位置的协调和管理,协调处理军地间无线电管理相关事宜,负责无线电监测、检测、干扰查处,协调处理电磁干扰事宜,维护空中电波秩序,依法组织实施无线电管制 ·承担通信网络安全及相关信息安全管理的责任,负责协调维护国家信息安全和国家信息安全保障体系建设,指导监督政府部门、重点行业的重要信息系统与基础信息网络的安全保障工作,协调处理网络与信息安全的重大事件
文化部	·推进文化艺术领域的公共文化服务,规划、引导公共文化产品生产,指导国家重点文化设施建设和基层文化设施建设 ·负责文艺类产品网上传播的前置审批工作,负责对网吧等上网服务营业场所实行经营许可证管理,对网络游戏服务进行监管(不含网络游戏的网上出版前置审批) ·拟订动漫、游戏产业发展规划并组织实施,指导协调动漫、游戏产业发展

三、权力寻租：难以避免的制度障碍

寻租的概念最早由美国经济学家安妮·克鲁格提出，指通过非生产活动实现获得或维持利益的结果。权力不对称和信息不对称是寻租现象存在的根本原因。具有特殊强制权的政府及其代理机构是现代寻租理论研究的重要主体之一。我国经济学家吴敬琏指出，寻租是与政治创租、抽租相关联的概念，它是由于政府对经济活动进行管制，增加官员的干预权力，使得能够接近这种权力的人利用合法或非法手段，如游说、疏通、走后门、找后台等，得到占有租金的特权。①

现在的中国正处于经济转轨、社会转型的特殊历史阶段，由于市场体

---

① 吴敬琏：《当代中国经济改革》，上海远东出版社2004年版，第69页。

制不健全、政府改革滞后等历史和现实问题，寻租现象普遍存在。对中国媒介而言，体制改革与产业化发展同步发生，又在产业化发展尚不充分的前提下遭遇了多个层面的"融合"。在现有的媒介制度下，既得利益集团的改革惰性和其他利益集团的"寻利"需求构成了媒介制度变迁的动力和阻力，又由于媒介与政府之间特殊而紧密的关系以及媒介系统的自然垄断属性，"政府寻租"与"媒介寻租"的同时存在使得媒介融合中的"权力寻租"更加复杂，这成为媒介融合难以避免的制度障碍。

一方面，中国媒介发展的"强政府"特征使得政府寻租普遍存在。政府是媒介改革的推动者、媒介制度的设计者、资源配置的主导者、行业运行的管理者、市场运作的参与者，同时也是媒介发展的既得利益者。从媒介体制改革到传媒集团组建、再到新闻机构的人事任免，政府部门运用行政权力对媒介发展和运作进行多方面的干预和管制。在媒介融合的过程中，各级政府和不同行业的主管部门不断介入监管体系，强化资源配置的权力和对经济活动的干预，使寻租的基础在许多领域继续保持甚至扩大。其主要原因包括以下方面。第一，新中国的媒介发展所经历的是传媒业由单纯的政治属性到经济属性和产业属性逐步得到认可和彰显的过程，也是传媒业从单纯的事业单位运作向公益性事业和经营性产业分开运作转变的过程。但在这一过程中，不管媒体的属性、体制、模式等发生怎样的变化，中国传媒始终坚持的原则是"党和人民喉舌的性质不变、党管媒体不变、党管干部不变、正确的舆论导向不变"。第二，我国传媒业实行行政许可准入制度。政府掌握着频道、频率、刊号、书号等核心资源的审批权；新媒体业务的主体资格审核、业务许可等权限也有相应的部门管理归属。各级政府部门和官员还掌握着很大的自由量裁权，可以通过项目审批、价格管制、行政处罚等手段直接干预行业运作。第三，媒体产权主体是国家，国家是媒体资产的直接拥有者。由于媒体国有资产产权体系没有相应变革，媒体主管部门广电局、出版局或党委宣传部并不是法律意义上的媒体资产的国家代表，却能参与媒体资产运营。例如，上海华闻传媒的最终控制人为财政部，广电网络的实际控制人为陕西省广播电影电视局，新华传媒最终控制人为上海市委宣传部，时代出版、皖新传媒的实际控制人为安徽省人民政府，出版传媒的实际控制人为辽宁省人民政府。

另一方面，"混合性体制""双轨制"使得媒介寻租成为可能。"混合性体制"和"双轨制"的运作方式形成于中国媒介体制改革和发展的过程中，是在"党和人民喉舌"的基本属性和"事业单位、企业化管理"的改革尝试基础上逐步形成的。无论是"采编与经营剥离"还是"集团化""剥离上市"的市场化改革，我国主要传媒机构、新闻单位始终保持了其资产的国有性质。这些"国资"传媒机构是增量改革的获益者，同时又优先获得了媒介领域的稀缺资源。传媒业的稀缺资源包括两类：一是刊号、频率、频道等"硬资源"；二是权威性、公信力等"软资源"。前者由政府部门以行政手段配给"国资"传媒机构，后者则因"党和人民喉舌"的职责和"舆论引导"的定位而与党报、党刊和传统大众媒介有着天然的联系，传媒在履行特殊使命的同时也被赋予了行政的特权。在现有媒介制度体系下，"国资"媒介机构有开展部分业务的"特权"，而民间资本、境外资本则被严格限制。例如，2005 年 9 月，国务院新闻办公室、信息产业部联合发布的《互联网新闻信息服务管理规定》明确规定"任何组织不得设立中外合资经营、中外合作经营和外资经营的互联网新闻信息服务单位"。同时，"国资"媒介机构又因为与政府部门的密切关联，与政府的合谋寻租也不可避免。例如，中广传播集团有限公司（中广卫星移动广播有限公司）是原国家广电总局无线电台管理局的全资公司，主要承担我国卫星移动多媒体广播 CMMB 项目的投资和运营、系统设计、广播卫星相关技术开发和信号传输服务。原国家广电总局发放的 7 张"互联网电视集成业务"牌照全部由广电机构掌握，而新的集成业务牌照不再发放。[①] 因此，为了维护自己的既得利益，"国资"媒介机构希望维持甚至扩大行政权力广泛干预市场和经济体制的"双轨"状态，以便继续维持自己的特殊地位。随着权力寻租的扩散，媒介机构的改革惰性将表现得越来越明显。

---

① 这 7 家获得"互联网电视集成业务"牌照的机构分别是中国网络电视台（CNTV）、上海文广新闻传媒集团、华数传媒、南方传媒、湖南电视台、中国国际广播电台（CIBN）以及中央人民广播电台。

第三章 不同国家媒介融合的
制度设计与实践

第一节 媒介融合的制度框架

一、美国媒介融合的制度框架

美国是较早针对媒介融合进行制度设计和改革的国家。成熟的商业广播电视体制和高度发达的传媒产业是美国媒介融合发生的基础。1993 年美国政府提出的 NII（国家信息基础设施，即信息高速公路）计划，将建设可实现电话、计算机通信、传真、无线和有线广播电视、电子出版等业务一体化的综合性网络，旨在通过该计划保证美国在信息时代的领导地位。[①] 由于当时所执行的《1934 年通信法》（Communications Act of 1934）与该计划存在诸多冲突，如通信和广播业的严格区分、区域市场的封闭隔离等，对通信法的修订工作随后启动。目前，美国媒介融合的制度框架主要由法律体系、监管机构和自律体系构成。

[①] 1994 年 1 月，美国政府正式发表了 NII 基本政策报告书，进一步明确了建设信息高速公路的方法和途径。其主要内容有：1）铺设光缆所需的巨额资金主要从民间筹集；2）信息高速公路将向一切节目提供者开放，实行"无差别"原则；3）将之建成任何地区和任何收入水平的美国国民均可利用的普遍服务设施。参见郭庆光《二十一世纪美国广播电视事业新构图——1996 年电信法的意义与问题》，《国际新闻界》1996 年第 6 期。

1. 法律体系

法律体系在美国媒介融合制度框架中居于核心位置。美国是当今世界拥有互联网有关法律最多的国家，1978 年以来，美国先后出台一百余项涉及互联网管理的法律法规，包括联邦立法和各州立法。

· 《1996 年电信法》（Telecommunications Act of 1996）

1996 年 2 月，美国总统克林顿签署了《1996 年电信法》，它是对美国《1934 年通信法》的全面修正。新电信法的制定是信息化背景下美国媒介及电信制度的一次至关重要的调整，确立了美国媒介融合制度的基本原则和核心法律。该法有三重目标：1）促进竞争和减少管制，以获得较低的价格和较优的服务；2）鼓励开发新电信技术；3）保护消费者免受竞争之害。这体现了美国政府基于"融合"理念的管制思路的变化。

"激励竞争，放松管制"是新法的最大特征。《1996 年电信法》取消了通信、传媒等多产业间的界限，放宽了对区域市场和企业规模的限制，放松了对广播电视业的所有权多元化限制，允许多种市场相互渗透，鼓励跨业兼并、强强联合，缩减其公共受托人义务。如，《1996 年电信法》明确规定，禁止州或地方通过法律或管制方式设置进入市场的壁垒。

· 《数字千年版权法案》（Digital Millennium Copyright Act）

1995 年 9 月，美国政府发表《知识产权与国家信息基础设施：知识产权工作组的报告》（Intellectual Property and the National Information Infrastructure：The Report of the Working Group on Intellectual Property Rights）白皮书，从法律、技术及教育等方面分析和探讨了信息技术和互联网对现行知识产权法律制度形成的冲击，对修改著作权法条文、付诸实施方式提出了建议，涉及作品的临时复制、网络上文件的传输、数字出版发行、作品合理使用范围的重新定义、数据库的保护等内容。

1998 年 10 月，克林顿签署《数字千年版权法案》，该法案是针对数字技术与网络环境的知识产权保护法案，为网络版权保护提供了法律依据。《法案》将世界知识产权组织（WIPO）于 1996 年颁布的《世界知识产权组织版权条约》（WCT）和《世界知识产权组织表演与录音制品条约》（WPPT）纳入美国的《著作权法》，并对《美国法典》中"版权法"的部分条款进行了修订，在加强对著作权人保护的同时对网络服务供应商的侵权责任进行了限制。《数字千年版权法案》共有五个部分：世界知识产权组织条约的实施（WIPO Treaties Implementation）；网上著作权侵权责任限制（Online Copyright Infringement Liability Limitation）；计算机维护与修理之著作权豁免（Computer Maintenance or Repair Copyright Exemption）；综合条款（Miscellaneous Provisions）；原创设计保护（Protection of Certain Original Designs）。每隔三年，由美国国会图书馆对该法案进行重新审议。

·《爱国者法案》（The Patriot Act）、《国土安全法案》（Homeland Security Act）

2001 年"9·11"事件是这两部法案出台的直接动因，这两部法案也是当前美国互联网管理的主要依据。2001 年 10 月 26 日，布什签署《爱国者法案》，全称为《通过为拦截和阻止恐怖主义犯罪提供适当手段来团结和加强美利坚合众国法》（Uniting and Strengthening America by Providing Appropriate Tools Required to Intercept and Obstruct Terrorism Act），这是美国历史上第一部专门针对恐怖主义的法律。该法确立了政府对网络传播内容、私人信息资料等进行监控和收集的合法性。例如，第 212 款规定，允许电子通信和远程计算机服务商在为保护生命安全的紧急情况下，向政府部门提供用户的电子通信记录；第 217 款规定，特殊情况下窃听电话或计算机电子通信是合法的。[①]

2002 年 11 月 19 日，美国国会通过《国土安全法案》。该法案在《爱国者法案》的基础上进一步加强了对互联网的监控。法案增加了有关监控互联网和惩治黑客等条款，服务商信誉、客户机密让位于国家安全。例如，"加强电子安全"部分的有关条款规定，提供互联网服务的公司，在调查机关要求下，有义务向美国政府提供用户的有关信息和背景，警方也有权监视互联网上的信息来往，其中包括个人电子邮件。

·《通信内容端正法》（Communication Decency Act）、《儿童在线保护法案》（Child Online Protection Act）、《儿童互联网保护法案》（Children's Internet Protection Act）、《儿童在线隐私保护法》（Children's Online Privacy Protection Act）

1996 年以来，美国先后通过四部法律，集中保护儿童免受互联网及有害信息的侵扰，尤其是避免色情信息、恐怖主义、种族主义等不适宜内容的侵蚀，保护未成年人的身心健康。例如，《通信内容端正法》规定，通过网络向未成年人提供猥亵、低俗内容是犯罪行为，违者处以 2.5 万美

---

① 王靖华：《美国互联网管制的三个标准》，《当代传播》2008 年第 3 期。

元以下罚款，还可判入狱两年。《儿童在线保护法案》的目标为"限制未成年人在因特网上接近任何对其有害的材料"。

此外，美国的相关法律还包括《计算机犯罪法》、《计算机欺诈和滥用法》、《电子通信隐私权法案》、《控制未经请求的侵犯性色情和营销法》（《反垃圾邮件法》）、《加强网络安全法案》等多项法案。

2. 监管机构

联邦通信委员会（FCC）是美国涉及媒介发展和媒介融合的主要监管机构。此外，依据相关法案，商务部的国家电信与信息管理局（NITA）、联邦贸易委员会（FTC）、国土安全部等政府部门也在部分领域和特殊情况下拥有一定的规制权限。

1934 年，美国依据《1934 年通信法》建立联邦通信委员会（The Federal Communications Commission）。该委员会是一个独立的政府机构，受美国国会监督。FCC 主要负责对美国国内州际和国际通信的监管，这些通信包括广播、电视、卫星、有线电视网、电话网等领域，它的职能随着通信技术及相关行业的发展动态调整。《1996 年电信法》调整了 FCC 的权力范围，使其对行业的管理更具弹性。例如，FCC 可依据市场竞争状况的变化制定新的定性判断标准，随时取消对公众利益有害的法规。

具体到媒介融合发展方面，FCC 的权力和责任包括：接受和处理消费者关于有线电话、无线电话、宽带、广播电视台、有线电视、卫星、互联网等各相关领域的产品、服务和计费问题的投诉；行使国会赋予的频谱拍卖权；管理和许可商业和非商业电子频谱使用机构；授权使用无线频谱设备。FCC 还负责依据《1996 年电信法》审核与行业并购相关的许可证和授权书的转让申请；审核媒介执照及其他授权申请主体的资格。同时，国会赋予了 FCC 对"媒介机构在法律禁止的时段、播放法律禁止内容"的行为执法权，对这些行为可以采用警告、罚款、吊销许可证等方式进行处罚。国会还要求 FCC 以"是否符合公众利益""是否有利于市场竞争"为原则，每四年对媒介所有权规则进行一次审核，及时废除或修改不符合公众利益的规制，尽可能地去除电信业发展过程中的规制、经济或运行方面的障碍。[①]

---

① 参见 http：//www.fcc.gov/media-marketplace，2012－2－20。

二、英国媒介融合的制度框架

20 世纪七八十年代以来，在新自由主义思潮和信息技术的共同影响下，英国的传媒业和电信业的政策、管理思路和监管机构都先后进行了调整，其核心是"面向融合、放松规制、激励竞争"。

20 世纪 80 年代初，英国的邮政和电信还是统一由国家垄断经营，C&W（Cable&Wireless）主要经营海外电信业务。1981 年邮电分营分别建立英国电信公司和皇家邮政公司，同时成立水星通信公司，随后允许两家电信公司各自经营建立电信网和经营基础电信业务。英国电信业发展进入"双寡头垄断市场"时期。1988 年，英国撒切尔政府发布白皮书《90 年代的广电业：竞争、选择和质量》，表示将对广播电视业采取与其他企业一致的政策，以促进广播电视业的市场化。白皮书在肯定 BBC 作为英国广播电视业基石的同时，建议集中力量改革广播电视业的双头垄断格局，并催生了《1990 年广播电视法》。随后，广播电视行业被允许单向进入电信行业，1991 年有线电视（CATV）运营商进入电信市场，英国电信市场首次逐渐向行业以外的网络运营商开放。[①] 1995 年，英国发布绿皮书建议放松广播电视的跨媒介所有权。[②] 20 世纪 90 年代后期，英国电信管理局开始实行电信管制自由化政策，允许英国电信公司和许多新公司进入数字广播市场。

2000 年，英国政府发表《传播的新未来》（A New Future for Communications）白皮书，表达了建立广播电视、电信行业统一独立的监管机构的目标。2003 年，英国议会批准了《通信法草案》（Communications Bill），《通信法 2003》（Communications Act 2003）诞生并正式取代《1984 年电信法》，成为英国媒介发展和媒介融合的主要法律依据。2003 年 12 月 29 日，通信办公室（The Office of Communications，Ofcom）正式开始行

---

① 曾剑秋、钟伏初：《〈电信法〉到〈通信法〉》，《当代通信》2006 年第 10 期。

② 绿皮书提出，在全国市场份额不超过 20% 的报业集团允许拥有低于 15% 的电视市场总份额和低于 15% 的商业电台市场份额。电视台和电台可以拥有低于 20% 的全国报纸份额、低于 15% 的电视市场总份额和低于 15% 的商业电台份额。同时，为保证媒介多元化，规定在一地市场份额超过 30% 的报纸不能拥有同地电视台和电台。而且，再次放宽电视台与节目制作公司间的交叉所有权，资产上限标准由 15% 提高到 25%。

使权力，成为英国唯一合法的电信及广电行业管制机构。

1.《通信法 2003》（Communications Act 2003）

与《1984 年电信法》相比，新的《通信法》充分体现了以融合为基础的监管思路，它的出台是信息时代英国媒介制度的一次重大改革。该法案分为"Ofcom 的职能""网络、服务及无线频谱""电视与广播服务""许可证与电视接收""通信市场竞争""杂项及补充"六个部分。《通信法》的核心内容是赋予和确立通信办公室的基本职能；为电信网络服务、广播电视服务提供监管依据；并对涉及报业及其他传媒企业的兼并做出相关规定。① 《通信法 2003》是英国电信、广播电视行业发展和媒介融合实践的主要法律依据。

第一，《通信法 2003》提出设立通信办公室作为英国电信、广播电视行业的统一监管机构，并明确了其职责与义务。依据《通信法 2003》，Ofcom 对英国原有的五家监管机构（电信管理局 OFTEL、独立电视委员会 ITC、广播标准委员会 BSC、无线管制局 RA 和无线通信局 RCA）的职能进行整合，对电信、广播电视内容、经济规制和基础设施进行统一管理，并设立一个消费者专门小组，该小组负责向 Ofcom 提出建议，代表和保护消费者的利益。通信办公室的设立改变了英国广播电视、电信行业多头管理、分散管理的监管模式。

第二，《通信法 2003》将电信市场的许可证制度改为一般授权制度，鼓励电信市场的竞争。新法针对电信网络和电信业务经营提出"一般性条件"（general condition），并规定了电信网络运营商需要承担的"一般接入和互联互通""广播和其他指定服务承载""额外设施提供"等义务。除了无线电频率等稀缺资源需要采用许可证或使用权的方式保证利用效率外，满足一般性条件的经营者可以自由进入电信市场，而不必申请许可证。②

第三，《通信法 2003》保留无线电频率许可制度、引入许可证交易制度，提高了市场资源配置的自由度。新法保留了无线电频率许可证制度，但将频率许可管理和实施权转交给 Ofcom，同时简化了许可证申请的规则

---

① Communications Act 2003，http：//www. legislation. gov. uk/ukpga/2003/21/contents，2012 – 2 – 20.

② 续俊旗：《英国新通信法解读》，http：//www. cnii. com. cn/20030915/ca194658. htm，2012 – 2 – 20。

和条件。依据许可证交易制度，许可证中所有权利义务可以进行部分或全部转让交易，但交易前需获得 Ofcom 批准，具体的转让规章也由 Ofcom 制定。①

第四，《通信法 2003》对媒介所有权的限制有所放松。新法取消了对非欧洲地区外资和个人拥有媒介所有权的限制；取消了对宗教团体媒体所有权的限制；放宽了对全国性报业企业拥有广播电视媒介所有权的限制，但仍保留了持股份额的限制。②

2. 通信办公室（The Office of Communication，Ofcom）

2003 年，依据《通信法 2003》，英国设立通信办公室作为通信业的监管机构，它的设立统一了通信业、广播电视业的管理归口，有利于提高通信和媒介管理的效率，也适应了三网融合和国家信息化建设的需要。Ofcom 的管辖范围包括广播电视、固定电话、移动通信、邮政服务以及无线电设备运行。《通信法 2003》是 Ofcom 日常运作和实施管理的基本依据，运作费用来源于行业收费和政府拨款。

Ofcom 的法定职责包括 7 个部分，分别为：确保英国有丰富的可供使用宽带等电信服务；确保广播电视节目的高质量，以满足不同受众的需求；确保广播电视服务提供商的多样性；保护广播电视受众免受有害信息侵害；确保广播电视受众在收看/听广播电视的过程中免受不平等对待，免受隐私侵犯；确保英国范围内的普遍邮政服务；确保无线电频率最有效的使用。

同时，《通信法 2003》明确了 Ofcom 在提高国民媒介素养方面的义务。2004 年，通信办公室成立媒介素养部，相关工作随之展开，主要包括三个方面。一是定义"媒介素养"。Ofcom 认为媒介素养是使用、理解和发起传播的能力（the ability to use，understand and create communications）。③ 二是开展调研。Ofcom 分阶段开展针对所有社会阶层的媒介素养水平调研，为媒介制定和实施促进媒介素养提升的规划和措施提供基础资料的支持。三是整合力量。促进已有的媒介素养推广机构之间的合作，资助相关问题研

① 续俊旗：《英国新通信法解读》，http：//www. cnii. com. cn/20030915/ca194658. htm，2012 - 2 - 20。

② Communications Act 2003，http：//www. legislation. gov. uk/ukpga/2003/21/contents，2012 - 2 - 20.

③ What is media literacy? http：//stakeholders. ofcom. org. uk/market-data-research/media-literacy/about/whatis/，2011 - 12 - 10.

究，指导人们关注和思考媒介素养的相关问题。四是建立标签化管理框架。成立工作小组调查和确定不同受众群体可接受内容的程度，以便建立一种易于接受的标签化的信息和内容管理方式（类似电影分级制），帮助他们判断和处理可能面对的媒介内容。①

三、日本媒介融合的制度框架

20 世纪 80 年代，日本学者开始认识到产业融合是产业演化的新趋势之一，并提出了"中间产业"概念。1985 年，日本通产省在有关日本产业结构调整的报告中提出"技术融合"的概念。20 世纪 90 年代，邮政省开始对广播电视与通信领域发生的融合现象展开调研。随后，涉及政府机构职能、政策法律框架的一系列调整相继展开。

2000 年，日本通过《IT 国家基本战略》，正式决定 IT 立国，目标是到 2005 年把日本建设成为世界上最先进的 IT 国家。日本由此进入了国家信息化建设的快车道，三网融合开始全面推进。随后，日本先后出台《e-Japan 战略 2001》（e-Japan Strategy 2001）、《u-Japan 推进计划 2006》（u-Japan Promotion Program 2006），以及《新 IT 改革战略 2010》和到 2015 年的信息化建设规划《i-Japan 战略 2015》。到 2008 年，日本互联网基础设施建设和普及工作基本完成，成为全球网络下载速度最快的国家。

1. 行政机构改革下的监管机构和权力调整

20 世纪 80 年代，在国内经济走低、欧美国家私有化改革以及新自由主义思潮的共同影响下，日本对政府机构进行改革、打造宽松市场环境、释放民间活力的需求不断增强。1996 年，桥本内阁正式推出"行政改革"计划方案。改革将历时 5 年，以建立一个适应新时代的"小而有效的政府"为目标，对政府职能进行了重新定位，该方案对日本信息化时代的融合发展影响深远。

一是撤并机构，理顺政府部门职能范围。此次政府机构改革实际上是一次"大部制"的建设尝试，日本政府由原来的一府二十二省（厅）合并为一府十二省（厅）。其中，邮政省、总务厅、自治省合并为总务

---

① About Ofcom and Media Literacy, http: //stakeholders. ofcom. org. uk/market-data-research/media-literacy/about/, 2011 – 12 – 21.

省，主管行政组织、运营管理、人事管理、电气通信、放送（新闻）、邮政事业①公平贸易、公害调整等事务。这意味着三网融合所涉及的主要行业和产业领域实现了管理归口的统一。2001 年，日本政府将"IT 战略本部"和"IT 战略会议"统一合并为内阁的"高度信息通信网络社会推进战略本部"，负责国家 IT 战略的制定与推进。2003 年，总务省下设信息与通信政策中心（Institute for Information and Communications Policy），负责信息行业研究和政策规划制定；2004 年，总务省英文名称变更为"Ministry of Internal Affairs and Communications"，进一步凸显日本政府对"信息"和"传播"的重视。

二是调整中央地方权力结构，提高地方自主性。1996 年，桥本内阁开始推出权限委让、放宽或废除某些国家干预的系列改革措施，推进地方分权，充实地方财源。地方政府可以依据各个地区经济社会发展状况、各个阶层的多样化需求，做出自主性的管理决策与相应的管理举措；中央政府则将精力集中于国家总体发展直接相关政策的制定和实施。此举一方面理顺了中央与地方的关系，加强了地方的自主性和自立性；另一方面提供了一个更加自由和灵活的产业发展环境，从而有利于提高管理效率，激活日本经济。

2. 法律体系的建设与调整

随着"IT 立国"发展战略的确立，日本政府加大了法律体系建设的力度，着力改变原有的纵向结构的法律体系，出台多个推动三网融合和媒介融合的专项政策，从技术开发与应用、市场运作与管理、产业发展等多个角度建构适应融合时代发展需求的政策和法律框架。

2001 年 1 月，日本政府通过《高度信息通信网络社会形成基本法》明确表示推动信息化发展，建立"高度信息通信网络社会"的目标。2001 年，连续出台《利用电信服务进行广播电视服务法》和《通信广播电视融合相关技术开发促进法》，分别为基础设施共享与融合、与融合相关技术的研发提供了制度支持。2006 年 1 月至 6 月组织了"通信与广播电视事业改革委员会"，制定了《通信与广电事业改革促进方案》。

2008 年 2 月，日本信息通信审议会就《构建通信、广电综合法律体系方案》进行了讨论。2010 年 3 月，《广播电视法修正案》提交国会审议。修正案目的在于实现信息业、电信业、广播电视业法律体系由"垂

①　2003 年之前隶属总务省，之后改为国营的邮政公社。

直结构"向"平行结构"过渡，并将现有的电信和广播电视法律体系整合为统一的《信息与电信法》（Information and Communications Law）。① 日本信息与电信业法律框架见表 3 – 1。

表 3 – 1　融合背景下的日本信息与电信业法律框架

现存法律体系		基本原则	新的法律框架（《信息与电信法》）	
电信	广播电视	·信息自由传播 ·保障普遍服务 ·维护信息和通信网络的安全可靠	内容	媒介服务法
·电信业务法 ·有害内容信息相关法	·利用电信服务进行广播电视服务法 ·有线电视法 ·有线广播法 ·放送法		传输服务	电信业务法
			传输设施	电波法、有线电信法
			平台	制定保障开放的规则
电波法			其他规则	保障跨领域经营自由、公平竞争的规则
有线电信法				

四、韩国媒介融合的制度框架

韩国的信息技术和信息基础设施普及率居于世界前列。但在技术和产业的融合发展过程中，韩国信息通信部、广播委员会、文化部的多头监管体制和不同部门管理理念的差异，造成了具体政策的冲突和部门间"管辖权"的竞争，成为韩国媒介融合深入推进的困扰，对卫星广播服务、移动广播服务、IPTV 服务等涉及电信业和广播电视业的融合服务形成制约。申东熙（Dong-Hee Shin）在对韩国广电业与电信业的融合现状、韩国 DMB 卫星在 KBC 管制框架下的发展情况进行调查后提出，与市场融合、技术革新相伴随的应该是政府规制逻辑的变化。当前，管制者面临的挑战是如何在政策制定上兼顾促进产业融合和保护公众利益。②

20 世纪 90 年代中期，韩国政府就开始了关于建立针对融合服务的新监管框架的讨论，但进展缓慢。直到 2008 年，韩国政府才正式实施对广

---

① Law & Policy for Broadband Deployment in Japan, http：//www. soumu. go. jp, 2011 – 5 – 18.

② Dong-Hee Shin, "Technology convergence and regulatory challenge：a case from Korean digital media broadcasting", *Info*, 2005, 7 （3）：47 – 58.

播电视和电信制度的改革。其中涉及媒介融合的机构撤并是 2008 年韩国政府机构改革总体设计的重要内容。2008 年，《IPTV 业务法》和《广播通信委员会组织法》陆续出台。同年 1 月 16 日，政府改组方案公布，设立总统直属的广播通信委员会作为管理韩国信息化发展的新机构。

1. "小政府"改革与融合监管机构的设立

2007 年 12 月 19 日，韩国新一任总统经选举产生，候任总统李明博在阐述施政目标时明确提出建立"规模小、效率高的政府""服务型政府"的改革目标。2008 年，韩国总统职务交接委员会在组阁的同时，对韩国现行政府机构设置进行了调整，原来的 18 个部委精简为 15 个，并对机构职能进行了相应的调整。其中，信息通信部的取消及其职能的分拆、总统直属广播通信委员会的设立对韩国媒介融合和信息化发展影响重大。

韩国信息通信部成立于 1994 年，前身为邮电部。在韩国"IT 强国"的发展历程中，信息通信部在促进技术创新、推动电信市场发展等方面都曾发挥过重要作用。2008 年，韩国政府机构调整中撤销了信息通信部，并对其原有职能进行拆分：原信息通信部 IT 产业政策部门被整合到新设立的知识经济部；原部分数字信息领域的职能被划归文化体育观光部；原信息通信部通信服务政策部门与广播委员会整合成立总统直属的广播通信委员会（Korea Communications Commission）。广播通信委员会权限涉及地面广播电视频率、宽带网络、移动通信等多个领域，成为韩国通信融合的主要管理部门，从而彻底消除了韩国媒介融合的部门障碍。

广播通信委员会下设计划与合作办公室、广播电视通信融合政策办公室、广播电视政策局、电信政策局、网络政策局、消费者保护局、一般事务部等部门。其中，广播电视通信融合政策办公室负责制定广电与通信融合的相关政策，并促进融合的发展。① 目前，韩国广播通信委员会将"促进产业融合"和"增强内容市场活力"作为其核心任务。其中促进融合的措施包括：放宽跨媒介所有权的限制；放宽对大型企业、境外资本在卫星广播电视、有线广播电视等领域的持股比例限制；加大基于融合的新业务的介绍和推荐。而促进内容市场发展方面的措施则主要是通过一系列政策鼓励中小企业的发展和加快建设内容产业集群。②

---

① KCC Organization, http：//eng. kcc. go. kr/user. do？ page = E01030000&dc = E01030000, 2012 - 2 - 24.

② KCC Core business, http：//eng. kcc. go. kr/user. do？ page = E03020101&dc = E03010101, 2012 - 2 - 20.

2. 法律建设

韩国是世界上媒介监管最为严格的国家之一。在国家信息化战略实施过程中，政府一直非常关注互联网发展和媒介融合相关法律的制定，并针对发展过程中的新现象和新问题及时进行法律的修正。

1995年，韩国出台《电信商务法》，该法将"危险通信信息"列为规制对象，并依据该法成立专门的互联网信息审查机构："信息传播伦理委员会"（Information and Communication Ethics Committee，ICEC）。1999年，韩国政府通过了将有线法、无线法、卫星法"三法合一"的综合性《广播电视法》，它涵盖了地面广播电视、有线广播电视、卫星广播电视、数字广播电视以及新媒体广播。① 2001年，韩国相继发布了《不当互联网站点鉴定标准》，实施互联网内容鉴别与过滤；《互联网内容过滤法令》，在全国范围内"过滤违法和有害信息"以及预防"网络空间性暴力"，限制色情及"令人反感"网站的接入。

2008年，《IPTV业务法》和《广播通信委员会组织法》陆续出台，实现了韩国融合立法的重大突破。其中，《IPTV业务法》允许固网运营商向宽带用户提供IPTV节目，开启了广播电视与网络通信服务接轨的新多媒体时代，促进了韩国电信运营商与有线运营商在视频领域的全面竞争。《广播通信委员会组织法》则直接催生了韩国新的融合管制机构广播通信委员会。

网络"实名制"是韩国最有特色的监管制度之一。2002年，韩国就开始着手引入网络实名制制度，目的在于减少网上的语言暴力、诽谤以及传播虚假信息等。到2003年底，包括信息通信部在内的31个部门网站实行了留言板实名制。2005年，韩国相继出台了《促进信息化基本法》《信息通信基本保护法》等法规，为网络实名制提供了法律保证，明确规定了相应的监督、制约、处罚等具体机制。②

2006年7月，韩国国会修订了《促进信息化基本法》。2006年底，韩国国会通过了《促进使用信息通信网络及信息保护关联法》，规定韩国各主要网站在网民留言之前，必须对留言者的身份证号码等信息进行记录和验证，否则对网站处以最高3000万韩元罚款，并对引起的纠纷承担相应

---

① 孙宏涛：《论我国〈广播电视法〉的制定》，《黄河科技大学学报》2006年第4期。

② 张凤杰：《网络实名制：让虚拟网络实起来?》，《出版发行研究》2010年第1期。

的法律责任。该法进一步为在门户网站和网络媒体实施实名制提供了法律依据。[①] 2008 年 10 月 2 日，韩国女星崔真实因不堪网络谣言折磨而自杀身亡的事件，更坚定了韩国政府和执政党推行网络实名制的决心，《信息通信网法施行令修正案》被迅速提交国会审议，这一法案也被称为《崔真实法》。

　　然而，实名制也带来了巨大的用户和隐私信息泄露风险。2011 年 7 月，韩国门户网站"Nate"和社交网站"赛我网"遭到黑客攻击，约3500 万名用户的信息外泄，引发了社会和政府部门的高度关注。2011 年 12 月 29 日，韩国通信委员会在 2012 年业务计划中提出了有关重新检讨网络实名制的方案。

第二节　媒介融合制度设计的共性与差异性

一、不同国家媒介融合制度设计的共性

1. 以国家信息化发展战略为基础

　　20 世纪 60 年代，"信息化"概念提出；20 世纪 70 年代，随着信息技术和互联网高速发展，信息技术和信息产业对世界发展的推动作用日益明显，也为国家社会经济发展带来了新的机遇和挑战。20 世纪 90 年代，多个国家先后出台信息化发展规划，并将"建设信息化社会"作为国家发展战略的重要内容。"媒介融合"一方面是信息技术对社会产生的诸多影响之一，另一方面又是信息化社会建设的重要内容，因此，与媒介融合的促进、监管和协调相关的政策通常被纳入国家信息化发展的框架内进行规划和设计。而媒介融合制度设计的最终目标是提高国家在信息时代的竞争力、实现人民生活水平的整体提升。

　　1993 年 2 月，克林顿在国会发表了题为《促进美国经济增长的技

---

① 《透视国外互联网管理：法律与自律并举》，http://news.xinhuanet.com/world/2011－05/04/c_121377306_8.htm，2012－2－20。

术——经济发展的新方向》的报告，提出建设国家信息基础设施（National Information Infrastructure，NII）的计划。随后，美国政府正式颁布了《国家信息基础设施行动动议》（The National Information Infrastructure：Agenda for Action）。《动议》开篇即指出：国家信息基础设施建设与每一个美国人的利益都休戚相关。国家信息基础设施的发展将实现通信网络、计算机、数据库以及消费类电子产品的无缝连接，由此带来的信息革命使人们的生活、工作和相互交流的方式发生永久性的改变。政府应在这一过程中发挥重要作用。① 《动议》提出了 NII 建设的九项原则和目标：①通过适当的税收和监管政策促进私人投资；②扩大"普遍服务"的概念，保障每个美国人都能以负担得起的价格使用信息资源；③促进技术的创新与应用；④政府通过法规和政策的修改，推动形成"无缝的、交互的、用户驱动的"信息基础设施运行方式；⑤确保信息安全和网络可靠性；⑥改善无线频谱的管理方式；⑦保护知识产权；⑧协调各级政府及各国政府间的信息合作；⑨提供利用政府信息的机会，改善政府采购。② 上述原则成为后来美国相关法令和政策设计与调整的基本准则，并对《1996 年电信法》的出台产生了直接的推动作用。

此外，受到美国《国家信息基础设施行动动议》的影响，欧洲和亚洲的众多国家也加快了信息化战略制定的步伐，包括信息基础设施建设、信息应用水平提高、信息化解决方案探索等内容。以日本为例，1995 年，日本政府制定了《日本信息通信基础建设基本方针》。2000 年，日本通过《IT 国家基本战略》确立了"IT 立国"的发展战略。2001 年，日本出台《e-Japan 战略》（e-Japan Strategy）。e-Japan 战略分为两个阶段：第一阶段为 2001—2003 年，重点发展网络基础设施建设、电子商务、电子政务和人力资源储备四个领域。第二阶段为 2003—2005 年，集中关注信息技术的应用和使用效率的提高。2006 年 1 月，日本政府发布《u-Japan 推进计划 2006》（u-Japan Promotion Program 2006），旨在使日本由信息技术导入过渡到信息技术解决方案探索的新阶段，并通过应用环境升级、提高用户素养等措施预防"信息技术的消极影响"（negative aspects of ICT）。计划

---

① The National Information Infrastructure：Agenda for Action，http：//web. simmons. edu/ - chen/nit/ NIT'94/3ap - 459. html，2012 - 2 - 22.

② The National Information Infrastructure：Agenda for Action，http：//web. simmons. edu/ - chen/nit/ NIT'94/3ap - 459. html，2012 - 2 - 22.

中明确提出加强电信与广播电视的业务融合和资源整合的目标。同时，日本《新 IT 改革战略》（New IT Reform Strategy）也从 2006 年开始实施。该计划重点在于通过信息技术解决日本经济发展和结构转型中的社会问题，如医疗服务、社会安全、数字鸿沟等，目标在于建设每个人都能随时随地切实感受到 IT 好处的社会。[①] 2009 年 7 月 6 日，日本 IT 战略本部正式推出至 2015 年的中长期信息技术发展战略——"i-Japan 战略 2015"，阐述了实现信息化社会的战略目标和步骤，该计划的推出标志着日本开始进入全面建设信息化社会的"后融合"阶段。

2. 约束与激励并重的法律体系的建设

从世界各国的融合实践和制度建设的经验来看，法律体系在制度结构中占有越来越重要的地位。法律体系不仅提供了确定的行业和市场运作的原则和方法、相关问题和争议的解决途径，同时也是监管机构设立和政策制定的依据。因此，法律体系的建设在许多国家都被作为媒介融合制度设计的首要任务。

法律体系的建设主要包括两个方面：一是针对新问题、新现象的法律制定。例如美国《数字千年版权法案》就是针对信息技术和互联网发展所带来的涉及作品临时复制、网络文件传输、数字出版发行、作品合理使用范围等版权问题的专门法；2001 年，日本连续出台《利用电信服务进行广播电视服务法》和《通信广播电视融合相关技术开发促进法》，分别为基础设施共享与融合、融合相关技术的研发提供制度支持。二是适应新环境、新趋势的法律修订。其中最具代表性的是美国《1996年电信法》和英国《通信法 2003》的出台。它们分别对美国和英国的频率分配制度、媒介所有权制度进行了调整，同时放宽了通信和广播电视市场的进入许可，并提出了监管机构的改革办法，对两个国家的媒介融合制度、产业发展和市场格局产生了深远的影响。韩国则是将原有的有线法、无线法、卫星法进行整合，出台了涵盖地面广播电视、有线广播电视、卫星广播电视、数字广播电视以及新媒体广播的《广播电视法》。[②]

---

① Structure of the "u-Japan Policy Package", http：//www. soumu. go. jp/menu_ seisaku/ict/u - japan_ en/new_ plcy_ pckg. html，2011/5/18.

② 孙宏涛：《论我国〈广播电视法〉的制定》，《黄河科技大学学报》2006 年第 4 期。

目前，美国、英国、日本、韩国的相关法律体系涉及与媒介融合有关的媒介所有权、频率频道使用、在线版权、信息安全、用户隐私、未成年人保护等多个层面。一方面这些制度具有约束性效果，在融合的过程中发挥规范行为、防止犯罪、维护社会和市场秩序等作用。例如，韩国"实名制"的制度设计，目的就是对网络语言暴力、诽谤以及传播虚假信息行为进行约束和管理。另一方面这些制度也具有激励性效果。例如，美国《1996年电信法》规定"长途、地区和市内电话公司互相开放市场，允许相互参股；各电话公司可在自己的营业区域内开办影视传输业务，兼营有线电视；放宽无线广播电视与有线网络业务兼营的限制"。跨行业经营、跨领域经营、跨地区经营获得许可，加速了全国性市场的形成，引入竞争的同时也激发了企业的市场活力。其他行业的资本获得进入电信、传媒领域的渠道，为产业发展注入了新的力量。时代华纳、迪士尼、维亚康姆等一批大型综合性传媒集团逐渐形成，美国传媒业由分散走向集中、由粗放走向集约，产业竞争力获得了极大的提高。

3. 以融合监管为目标的政府机构调整

适应融合时代监管需求的政府机构调整与部门的设立是融合制度设计的重要内容。无论美国、英国还是日本或韩国，信息化发展和媒介融合都发生于工业时代建立起来的、适用于传统大众媒介系统的制度体系之下，机构设置、职责划分和监管手段也都是以传统大众媒介体系的运作规律为基础设计和设定的。因此，在融合的趋势之下，都不同程度地出现了多头监管、监管缺失等问题，形成了对媒介融合和市场发展的制约，调整监管思路、理顺部门结构也就成为各国媒介融合的共同需求。从各国的政府机构调整措施来看，主要包括责权调整、部门拆分和整合、新机构设立等，调整的核心目标是使调整后的监管机构能以融合的思路对电信、广播电视、网络等行业实行统一的监督和管理，从而更好地消除障碍、促进融合并对市场行为进行规范。

美国通过对现有监管机构FCC的权责调整，使之成为适应融合需求的监管机构。今天，FCC的主要职责包括五个方面：一是促进宽带服务和设施方面的竞争、创新和投资；二是通过为通信革命提供一个适当的、竞争性的管制框架支持国家经济发展；三是鼓励国内和国际上最高及最佳频谱的使用；四是修订媒介规制，以保障新技术的健康发展；五是在加强国家通信基础设施防御方面发挥领导作用。① 英国则采用的是建立新的监管机构 Ofcom，对英国原有的电信管理局 OFTEL、独立电视委员会 ITC、广播标准委员会 BSC、无线管制局 RA 和无线通信局 RCA 五家监管机构的职能进行整合，并赋予新的监管机构服务和促进融合的任务。

日本和韩国的媒介监管机构调整都是在国家政府机构改革的总体框架之下进行的。在日本，依据国家信息化发展规划，监管机构经历了多次整合、设置和职能调整。2001 年，日本政府将"IT 战略本部"和"IT 战略会议"统一合并为内阁的"高度信息通信网络社会推进战略本部"负责国家 IT 战略的制定与推进。2003 年，总务省下设信息与通信政策中心（Institute for Information and Communications Policy），负责信息行业研究和政策规划制定；2004 年，总务省英文名称变更为"Ministry of Internal Affairs and Communications"。而韩国目前的监管机构广播通信委员会则是由原信息通信部拆分出来的通信服务政策部门与广播委员会整合成立的新的监管机构。

二、不同国家媒介融合制度设计的差异性

不同国家的媒介融合制度设计都是以适应融合发展需求，促进媒介融合和信息化建设为目标，通过立法、监管机构调整等手段建立融合的制度框架。但由于各国的制度传统、经济文化发展水平、国家发展战略重心等方面都存在差异，媒介融合在制度设计上也存在着许多差异。

1. 不同国家媒介融合制度设计的基础和环境存在差异

从美国、英国、日本和韩国的实践来看，媒介融合制度设计通常是一种政府主导的制度供给。制度的有效性和适应性与国家政治、经济、文化、科技等宏观因素密切相关，而微观层面媒介系统的发展水平、制度传统等也都对新制度的实施效果具有决定性意义。

成熟的商业广播电视体制和高度发达的传媒产业是美国媒介融合发生的基础；"市场机制"是美国传媒业的主要资源配置方式。早在媒介融合现象出现以前，美国传媒业内的兼并收购和传媒集团跨媒体经营的方式就是合法且普遍存在的。例如，时代华纳集团在发展过程中就通过多次兼并

---

① 参见 http：//www.fcc.gov/what-we-do，2012－2－20。

收购进入新的传媒领域。1972 年，时代公司收购家庭影院有线电视网
（HBO），由杂志业开始进入有线电视业；1989 年，又收购华纳传播公司，
从而进入电影及音乐领域。因此，美国《1996 年电信法》针对媒介融合
制度设计中最主要的内容是对媒介所有权限制的放宽，以及对广播电视和
电信领域双向进入限制的放宽，从而促进了跨行业的市场竞争。同时，美
国采用三权分立的制度，一项法案通常由政府提出，需经国会审议并获得
最高法院批准，最后由总统签字生效，因此政府、国会和法院常常会在媒
介融合的立法问题上形成博弈局面，许多法案往往需经过长时间的讨论和
修改。但是，三方在对待涉及国家安全方面的法案上往往观点一致。例
如，"9·11"事件后，美国国会仅仅用了 45 天就批准了《爱国者法案》，
并在 2006 年再次延长了该法案的有效期。

在韩国，媒介融合的制度设计则包括两个方面：一是对国家既有的公
共广播体制和媒介系统结构的调整；二是回应信息化发展的现实需求，实
现激励竞争、提高效率、规范发展的目标。1980 年，韩国政府以"电波
属于公共财产"为原则，对全国广播电视业进行了"统一合并"，将所有
民营广播电视整合至公营的韩国广播公司（KBS，Korean Broadcasting
System），确立公共广播体制。1990 年，韩国广电业又进行了一次"有限
开放"，民营广播电视公司再次被纳入广播电视体系，民营的汉城广播公
司（SBS，Seoul Broadcasting System）正式开播。韩国的广播电视业也就
形成了公营与民营并存的二元结构，广播电视市场长期由 KBS、MBC
（Munhwa Broadcasting Corporation）、SBS 三家企业垄断，造成了效率低下
的局面。[①] 因此，在媒介融合的制度设计时，韩国政府尤其注意通过政策
和法律在提高效率的同时兼顾公益性与商业性。

2. 不同国家媒介融合制度设计的理念存在差异

媒介融合制度的设计也体现出不同国家制度理念的差异。例如，2000
年 12 月，英国政府在发布的《通信白皮书：通信的新未来》（Communications
White Paper：A New Future for Communications）中表明了对互联网的规制
理念：通过向网络用户提供过滤和分级软件工具，由用户自己控制他们及
其子女在网上浏览的内容，这种处理用户和网络之间关系的方式，胜于任

---

① 参见刘燕南《公共广播体制下的市场结构调整：韩国个案》，《现代传播》2003 年第 4、5 期。

何第三方的管辖。①

而美国则在《国家信息基础设施行动动议》（The National Information Infrastructure：Agenda for Action）中将美国政府应在美国信息基础设施的建设和信息化发展过程中的原则和目标进行了归纳，主要集中在促进、服务、保障和协调四个方面，并尽可能地减少对市场的干预。而对市场行为的规范和约束则通过法律系统的完善来实现。

此外，不同国家所属的法律体系不同，也造成了各国在媒介融合方面相关立法原则和理念的差异。例如，大陆法系国家更倾向于通过成文法来对社会行为、社会关系进行约束和调整；英、美等海洋法系国家判例法的作用和意义则更大。

3. 不同国家媒介融合的制度结构和内容存在差异

每个国家都有不同的制度结构，由不同主体以不同程序制定的法律、法规或战略规划在设计逻辑、效力范围和应用方式等各个方面也存在差异。例如，日本在进行政府机构改革之前就开始有关融合的法律建设。但日本政府制定的国家战略却在日本信息化建设、媒介融合进程的安排上发挥着重要作用。例如，2000 年以来，日本先后出台了《IT 国家基本战略》《e-Japan 战略》《u-Japan 推进计划 2006》《新 IT 改革战略》等多个国家层面的发展规划，详细规定了每一个阶段的发展中心，政府依据这些计划通过相应的政策对资源的供给进行调节，从而主导行业的发展。

而在欧洲，欧盟国家成员的媒介融合制度结构不仅取决于国内的制度设计和安排，还需要符合欧盟委员会的相关政策和指令的要求。例如，2007 年 5 月 24 日，欧洲议会正式批准了《视听媒体服务指令》（AVMSD，Audiovisual Media Services Directive）②。AVMSD 覆盖所有的媒体内容领域和新的视听媒体服务领域，其管辖范围不受传播方式的限制，涉及电信、广播、互联网等多种类型的媒体，是数字技术与信息社会背景下欧盟制定的最为重要的媒介管理政策之一，为欧盟成员国制定视听行业相关规则提供了全面的法律框架，并要求成员国在 24 个月内将这一框架应用于本国的法律和政策体系中。

---

① 《英国政府通信白皮书》，顾芳译，中国法制出版社 2002 年版。

② 参见 Audiovisual Media Services Directive（AVMSD），http：//ec. europa. eu/avpolicy/reg/tvwf/index_en. htm，2010 年 11 月 25 日。

第三节　媒介融合制度的审视与检讨

一、政府与市场边界的反复校调

纵观近、现代世界经济发展的历史，"政府与市场边界"一直是一个争论不休的问题。1776 年经济学家亚当·斯密在出版的《国富论》中抨击了重商主义时代政府对经济生活的无端干预，弘扬了市场机制的能动作用，推动了市场经济的发展。从 19 世纪后期开始，潮流向相反方向转变，整个 20 世纪上半叶，政府权力日益扩大。无论在东方还是西方，无论是社会主义苏东国家和中国，还是资本主义的西欧和美国，虽然政府干预的程度不同，但在强调政府代表公共利益组织和管理经济的职能这一点上，颇有异曲同工之处。于是我们不但看到苏联和新中国如何一步步地实现列宁"国家辛迪加"的理想，而且看到随着罗斯福"新政"推行，美国逐步成为"管制资本主义"经济，西欧国家则在加强政府经济管制的同时发生了对"制高点行业"的国有化运动。强化政府职能的趋势持续了半个多世纪，随着苏联东欧各国计划经济体制弊端的暴露，英国私有化和自由化浪潮的掀起，以及里根政府解除管制的自由主义经济政策的实施，一时间，推行自由主义和削弱政府的经济作用成为新的时尚，弘扬市场作用成为 20 世纪最后 20 年的主题。[①] 2007 年，美国次贷危机爆发，并引发全球金融危机；2010 年，欧洲多个国家先后发生主权信用危机；2011 年 3 月，日本地震导致东京电力福岛核电站发生爆炸，令全世界陷入核危机的阴影；2011 年末，欧债危机指向"欧元的去留问题"。日益频发的自然和社会危机、深陷低迷的世界经济给不少国家的政局带来困扰。作为国家主权的管理者和行使者，"政府"的能力与态度、政府在国家和社会发展中的职责与角色再次成为讨论的焦点。世界各国的媒介政策也在这一过程中不断地进行着调整和改革。

伴随着信息技术的发展和互联网的普及，媒介融合现象初现于 20 世

---

① 参见吴敬琏《当代中国经济改革》，上海远东出版社 2004 年版，第 400 页。

纪六七十年代。此时的资本主义世界正进入"高通胀、高失业、低经济增长"的滞胀期，问题的焦点则指向了政府对经济的过度干预导致的政府机构膨胀和费用增加，以及由此导致的企业税收负担增加。以英国首相撒切尔夫人、美国总统里根上台为标志，新自由主义开始取代凯恩斯主义主导英美政策的理论思想，并很快向其他国家扩散。20 世纪 70 年代，以"自由化、私有化、商业化、放松规制"为核心的媒介制度改革首先在欧洲发生，这一改革原则恰好符合了媒介跨媒体、跨行业融合的制度需求。20 世纪 90 年代至 21 世纪初，随着美国《国家信息基础设施行动动议》《1996 年电信法》和英国《通信白皮书》《通信法 2003》相继发布，英、美两国的媒介融合治理思路逐渐形成，"降低对所有权的限制""减少政府对市场的干预"等措施都表现出明显的自由主义特征。新法在激励竞争、激发市场活力、刺激经济增长等方面表现出明显的效果，对本国信息产业、传媒业的发展产生了巨大的推动作用。因此，美、英以"减少政府干预、放松管制"为原则的媒介融合制度模式被许多国家效仿，随后全球传媒业掀起了兼并收购的浪潮。

　　然而，政府的偏好和目标具有多元性，集中体现为"政治"与"经济"的双重取向。2001 年 9 月 11 日，美国纽约世贸大厦遭遇恐怖袭击。"9·11"事件对美国经济、政治产生了巨大的影响，并直接表现在美国多个领域政策的变化。以保护国家安全为由，美国政府加大了对美国社会各个方面的干预。2001 年 10 月 26 日，布什签署《爱国者法案》，成为美国历史上第一部专门针对恐怖主义的法律。该法确立了政府对网络传播内容、私人信息资料等进行监控和收集的合法性。2002 年，美国国会通过《国土安全法案》，进一步加强了对互联网的监控。法案增加了有关监控互联网和惩治黑客等条款，服务商信誉、客户机密让位于国家安全。例如，警方也有权监视互联网上的信息来往，其中包括个人电子邮件。在日本，许多法案的条款制定就为政府介入市场留有空间。例如，日本的《个人信息保护法》中很多条款的内容只需通过"政令事项"就可进行修改。[1] 日本的非媒介监管部门也十分注重对与自身相关的媒介内容的监控。据日本新闻网 2011 年 7 月报道，日本经济产业省资源能源厅自 2008 年便开始对各家媒体对核电站的报道进行长期监控。2011 年福岛核电站事故发生之

---

① 　参见李理《美日两国信息社会建设与发展比较研究》，博士学位论文，东北财经大学 2009 年。

后，该厅决定强化对微博、博客等各类新媒体的监控。[①]

另外，"媒介全球化"成为引发加强政府管制需求的重要因素。"融合"和"放松管制"极大地促进了全球范围内的媒介资源流动和分配，催生了时代华纳、维亚康姆、迪士尼、贝塔斯曼等一批超大型传媒集团，它们超越国家政府，成为全球传媒业发展的主导力量。发达国家传媒业强势的全球扩张，引发了许多国家政府和学者对本国文化安全、信息安全以及数字鸿沟不断扩大的担心。普拉迪普·托马斯（Pradip Thomas）等在《谁拥有媒介？》（*Who Owns the Media?*）一书中指出，美国式的媒介控制和决策模式正迅速地影响世界各地，放松管制模糊了本土与国际的界限，国际资本和跨国公司成为媒介发展的主导，这导致了媒介所有权与公众问责制发展方向的错位。[②] 因此，在媒介融合的背景下，媒介制度的改革和设计不能简单地以"市场"代替"政府"，更重要的是同时面对国内市场发展和全球化趋势时，合理界定政府与市场边界。2003 年和 2005 年，联合国先后两次举办信息社会世界峰会（WSIS），参会国家达 176 个。WSIS试图建立包括政府、国际组织和机构、非政府组织、私营部门和媒体机构等多利益相关方共同参与的国际治理方式，推动平等、共享的信息社会的建设。但是，从日内瓦和突尼斯两次会议的结果来看，各主权国家在如何缩小数字鸿沟、三网融合的普遍接入和普遍服务、信息安全保护等问题上分歧明显。

二、市场利益与公共利益的艰难平衡

媒介具有公共属性，信息化社会建设的最终指向也是使人们享受到信息技术带来的便利、实现生活水平的整体提高。因此，保障"公共利益"是媒介融合制度设计的基本内容。在传统大众媒体时代，公共广播电视制度的设计就是以保障公共利益为目标，是寻求市场利益与公共利益平衡的重要手段。然而，随着信息技术的发展和媒介政策的调整，今天的公共广播电视制度正在世界范围内遭遇危机与挑战。

[①] 《日本政府强化对媒体监控》，http：//www. ribenxinwen. com/html/c/201107/26 - 10143. html，2012 - 2 - 28。

[②] Pradip Thomas, Zaharom Nain, Peter Golding. *Who Owns the Media：Global Trends and Local Resistance*, Zed Books Ltd. , 2004.

20 世纪四五十年代，公共广播电视体制在欧洲各国普遍建立，1967 年美国总统林顿·约翰逊签署《公共广播电视法案》，确立了美国的公共广播电视制度。这一体制的初衷是使大众媒介成为国家和市场二元结构之外的公共领域，作为国家政治、经济生活中相对独立的组成部分。其核心是公共媒介既要避免商业化，又要避免国家化。这一模式由五个支点维系：1）经由公共服务机构传达公众意见；2）固定的公共财政预算支持；3）电视内容和制作品质的高质量；4）为市民提供全面服务；5）在商业竞争中的政策保护。[①] 然而，自 20 世纪 80 年代以来的传媒"商业化"进程从根本上动摇了大众媒介作为公共领域的五个支点。

数字技术和信息化不断推高社会对传媒业的估值，企业和政府对传媒产业的增长预期也随之提高。20 世纪 80 年代以来，各国政府（执政党）出于各自政治、经济利益的多重取向对传媒业内及跨行业融合采取了宽容和积极的态度，一场诱致性的传媒制度变迁在英、法、德、美等国相继发生。以公共广播电视体制转型为标志，欧洲传媒业进入了全面私有化阶段。《1996 年电信法》的颁布加速了美国传媒产业的成长，助推了传媒企业的全球扩张。在技术力量、经济力量和国际竞争压力的多重作用下，"放松规制"几乎成为所有国家政府的共同选择。事实上，这一制度安排是政府与市场的一次合谋，全球范围内公共广播电视危机亦由此引发。

"政策"是公共传媒体制和公共性传媒形成的基础和运行的保障。这也就决定了公共性传媒与政治力量之间千丝万缕的联系。随着欧美国家传媒管制思路由公众原则向市场原则的倾斜，公共性传媒随之失去了免于市场竞争的政策保护。另外，各国相继出台的新法又赋予了商业媒体更多自主权和更大的市场空间。公共媒体被推向市场，在新的资源补偿机制尚未形成之前就必须面对来自商业媒体的激烈竞争。资金来源和市场经验成为公共性传媒市场化过程中的最大瓶颈。在美国，国会拨款的资助机制更成为政府牵制公共广播电视的撒手锏。

无论是资源争夺、市场开发，还是技术更新，商业性传媒都处于优势地位。1980～2000 年，BBC 的市场份额下跌超过 13%。在竞争中，公共性媒体被迫生产更多娱乐化的内容，以迎合大众的口味，知识性、教育性、批判性内容所占比例随之减少。节目内容的庸俗化使公共性媒介偏离

---

① 李娜：《欧美公共广播电视危机与变迁研究》，中国传媒大学出版社 2009 年版，第 47 页。

了生产高质量节目、对大众进行观念引导和文化传播的初始方向。同时，在信息化趋势下，传媒的数字化改造已经成为媒介生存的必然要求。传媒的数字化涉及软硬件升级、线路网络改造、人员培训、机构调整等一系列工作，每一个环节都需要大量的资金支持，公共媒介的资金缺口也就更加明显。美国公共广播电视公司（Corporation for Public Broadcasting，CPB）2011 年年报显示，近 5 年联邦政府对全美公共广播电视系统的拨款一直维持在 4 亿美元左右，其中与数字化相关的拨款为 3 千万美元左右。① 而早在 1999 年，时代华纳公司设立的用于数字媒体开发的专项基金就达 5 亿美元。于是，媒体不得不寻求来自市场的资本支持，也因此难以摆脱对广告主、出资人（银行、财团）的经济依赖，BBC 开始开展有条件的商业活动，德国、法国、意大利等国先后允许在公共广播电视中插播广告。然而，自 2007 年次贷危机爆发至今，世界经济持续低迷，许多企业都调整了资金分配，这也使得公共广播电视的资金来源更不稳定。另外，随着数字新媒体的不断涌现，媒介资源的日益丰富，"收视费" 收取变得越来越困难。

一方面是公共媒介机构面临生存考验，另一方面是人们对公共媒介机构公共服务功能的期待有增无减。2009 年，BBC 发布 "数字化英国" 报告指出，信息时代的公共媒介服务体系在适应和满足人们对新媒介形式、新传播方式使用需求的同时，还应充分顾及大量因为年龄、收入、文化习惯等各种原因，仍然对传统公共广播电视存在依赖的群体，以防止数字鸿沟的出现。2010 年 5 月，美国 CPB、PBS、NPR、APTS（Association of Public Television Stations）发布的《媒介的未来与数字时代的社区信息需求》（The Future of Media and Information Needs of Communities in a Digital Age）报告指出，在信息爆炸的环境中人们也同时面临着信息 "真假难辨" 的困扰，个人和社区对公共性媒介的信息依赖不减反增。但随着生活习惯和媒介接触习惯的变化，人们希望公共媒介所提供的信息和服务能够更容易地通过各种终端和渠道获得，以 SNS 网站、微博为代表的新媒体已经成为人们获取有关公共事务信息的重要来源。

然而，事实却是在市场活动受到限制又缺乏政策支持的情况下，公共性媒介的数字化转型和媒介融合实践明显滞后。以美国为例，在这个传媒

---

① 数据来源：CPB Annual Report 2006 – 2009，http：//www.cpb.org/aboutcpb/reports/，2011/6/17。

业最发达、影响力最大的国家，公共媒介的数字化发展程度却很低。2009年，美国公共广播电视公司委托古普塔咨询公司（Gupta Consulting）对全美的公共广播电视系统的500多家机构（包括广播台、电视台、节目制作公司等相关单位）进行全面的调查，希望借此了解全国公共广播电视的数字化现状。结果显示，美国公共广播电视机构的数字化发展现状不容乐观，在基础投入、数字化产品和服务的提供、数字化发展规划等方面均远远落后于商业广播电视。公共广播电视机构并没有表现出对于数字化太多的热情和足够的重视。在调查中，仅有120家机构的负责人回答了有关数字化发展战略的问题，其中31%的人认为数字化应当成为公共广播电视发展的主要方向，49%的人对数字化实践持机会主义态度。另外，公共广播电视机构的数字化实践尚处于初级阶段，提供的产品和服务较为简单和单一。目前，还有32家机构完全没有与数字化相关的服务。[①]

因此，政府在进行媒介制度设计时，在高度关注媒介制度在激励市场竞争和提高生产效率等方面的促进作用时，还应充分考虑建立符合数字化媒介系统运作方式、适应信息社会公共媒介需求的公共媒介制度，从而更好地为公众提供可信赖的信息服务，使所有人得以共享信息化建设和普及带来的好处和便利。

---

① 相关调查数据参见 Embracing Digital: A Review of Public Media Efforts Across the United States, http://www.cpb.org/publicmedia2.0/, 2011-6-16。

第四章 中国媒介融合的制度需求与供给

第一节 利益群体的主体构成及其制度偏好

一、利益群体主体构成及其关联方式的变化

制度是关系、角色和规范的综合体，是在社会环境中建构、调整社会参与者的经常性的互动过程。① 中国的媒介融合的制度设计与安排发生在一个极为特殊而复杂的时期：信息化社会建设、中国社会转型、经济发展方式转轨以及国际政治、经济局势的风云变幻构成了媒介融合的外在环境；数字化转型、新媒体发展、传播模式变革、多媒体跨行业融合等一系列变化又在媒介系统内部持续发生。因此，媒介融合的制度设计与政策安排也就具有了社会、经济甚至是国家战略等多个层面的意义。

在内因、外因的相互作用下，媒介的角色和功能不断丰富，政府、社会、市场、企业、个人等不同行为主体对媒介价值的认知和期待也或多或少地发生了变化。这些不同类型的主体在与媒介系统互动的过程中调节、理解并不断建构着新的运行规则，以实现各自的利益目标。因此，媒介融合和制度设计的过程，实际上也就表现为媒介相关利益群体主体构成及关

---

① ［瑞典］汤姆·R.伯恩斯等：《经济与社会变迁的结构化——行动者、制度与环境》，周长城等译，社会科学文献出版社 2010 年版，第 46 页。

联方式的不断调整，各自制度偏好、制度需求的不断调整，以及在此影响下对媒介宏观、微观等各个层面制度的反复选择和设计。

从中国社会发展的现时状态来看，整个国家正处于一场由政府发起并主导的社会经济全面改革过程之中。这一过程始于经济体制改革，继而扩展到政治、教育、医疗、文化等各个领域，制度选择、制度改革、制度创新以及新旧制度的博弈贯穿其中。国家和政府的改革思路亦随着世情、国情的变化不断调整，从宏观上对不同利益群体的结构和关联方式进行调整和定义。例如，1993 年中央提出"效率优先，兼顾公平"社会主义市场经济的分配原则，2005 年十六届五中全会和国家"十一五发展规划"提出"更加注重社会公平"，2011 年国家"十二五发展规划"中 12 处强调"促进公平"，并提出在教育、自然资源、税收等多个领域建立实现社会公平的制度。

不同利益群体对媒介价值的认知也随着国家改革思路的发展而变化，也因此形成了不同时期的制度偏好和制度需求。新中国成立初期，中国媒介单一的政治属性决定了媒介制度设计是以国家和政府的偏好为原则，制度设计的目标是更好地发挥其在舆论宣传方面的作用，实现"党和人民喉舌"的功能定位。1978 年，媒介机构运作的现实困难促使媒介制度发生了第一次松动，广告业务获得许可。广告业务的恢复和发展使得中国媒介的经济属性和"市场价值"被迅速认知，"自办发行""多元化经营"等经营性业务快速展开。此时，对国家和政府而言，媒介的"喉舌"功能仍居于核心地位。媒介机构和许多企业则对媒介的赢利能力和媒介经济运作规律有了越来越多的关注，并尝试将市场化的运作方式导入中国媒介发展。其中，"招标"制度在中央电视台的广告资源分配中的应用就很具有代表性。

我们回顾一下央视招标诞生的过程。1993 年前，《新闻联播》和《天气预报》中间没有广告，只有《天气预报》里有一条 5 秒广告，全年价格为 60 万元。1993 年，由于两家企业同时竞争这个 5 秒的广告位，中央电视台在《天气预报》后增加了一条 5 秒广告。到 1994 年，这一位置的 5 秒广告价格上涨至 370 万元，但仍有多家企业进行激烈竞争。为了解决这个矛盾，1994 年 1 月至 4 月，中央电视台尝试在《新闻联播》和《天气预报》之间增加 30 秒广告；4 月 1 日之后，这一时段广告延长至 60 秒，并延续至今。1994 年 8 月和 9 月，便有许多企业通过各种渠道与中央电视台广告部联系，希望预订第二年的黄金广告时间。① 1994 年，中央电视台最后确定以"招标"作为 1995 年的黄金广告资源分配方式。从招标本身来看，这是一种竞卖的贸易方式。招标投标的基本原则是"公开、公平、公正"，将采购行为置于透明的环境中，防止腐败行为的发生，也因此具有规范性、公开性的特征。同时，招投标的价格议定是"一次成效"，没有买卖双方的多次谈判过程，从而在很大程度上降低了交易费用，提高了交易效率。电视广告资源招标这一微观运作方式的导入是完全在市场力量的推动下进行的，并随着市场和技术的发展而不断进行程序和形式的调整。如今，招标已经成为我国媒体广告资源经营的常用方式，而每年央视黄金广告资源招标结果更被称为我国经济的晴雨表。

在媒介融合的环境下，媒介系统一方面因技术、市场等方面的融合而与更多的行业领域产生关联；另一方面又作为中国改革的后发领域，承担着分摊改革成本与风险，保护国家文化安全、信息安全，进行国家形象传播的特殊任务。媒介融合酝酿着市场机遇的同时，也使国家文化竞争力和信息竞争力面临挑战。从国家产业发展规划来看，电子信息和文化两大产业的振兴规划均不同程度涉及传媒产业的发展。传媒产业是我国文化产业的核心构成，是文化体制改革的重中之重。作为文化产业的特殊部类，传媒产业的发展是经济发展方式转变和产业结构调整的现实需要，更是维持国家稳定、维护文化独立、传承中华文明、培育民族精神和提升公民素质的基础和保障。信息时代的传媒产业具有知识密集、技术含量高、环境污染少、关联范围广、利润率高的新兴产业特征；传媒业的运作方式和发展逻辑也越来越多地呈现信息化、网络化的特征。因此，发展移动多媒体广播电视、网络广播影视、数字多媒体广播等新媒体业务，开发多样化的信息产品和服务，加速推进三网融合，是产业融合趋势下传媒体系完善的必然要求，同时也是我国文化产业和信息产业升级的重要步骤。

中国传媒市场潜力巨大，在业外和境外资本眼中是"最后一座金矿"。普华永道的研究显示，中国是世界范围内媒体娱乐业增长最快的国家，每年以 25.2% 的速度增长。② 信息技术降低了传媒产业的进入壁垒，

---

① 梁晓涛：《十年磨一剑：中央电视台黄金段位招标十年回顾》，http：//tech. sina. com. cn/other/2003 − 10 − 10/1601242403. shtml，2012 年 2 月 15 日。

② 数据来源：《谁是中国传媒产业未来的强者？》，http：//www. u258. net/Article/HYXW/200508/11079. html，2010 年 2 月 15 日。

削弱了传媒业的自然垄断属性。数码产品的不断丰富使普通大众拥有了内容生产的能力，互联网、通信网络提供了低成本的信息传播渠道。在我国，非公有制的现代企业是网络媒体的主角，即使是个人也具备了一定的信息生产和传播的能力；手机报、IPTV 等新媒体的发展又离不开电信等行业的协同运作。从市场的角度来看，媒介融合使得许多新的主体参与原来由新闻机构垄断的信息生产和传输。它们参与媒介系统运作，也必然要求分享媒介发展的收益，要求制度的设计能够对它们目标收益的实现提供保障。

　　媒介融合对"个人"的影响也是显而易见的。首先是"传者—受者"的关系发生了转型。信息技术的飞速发展使媒介资源由稀缺变为富余，信息数量由有限变为过剩；受众拥有了充分的选择权和自由度，并具备"传""受"双重身份，信息市场的主动权正在发生从媒介向受众的转移。其次，随着媒介系统与互联网、移动互联网、物联网的无缝连接，媒介不仅是个人获取信息的来源，更是社会交往的重要手段。"能够使用、分析和评价来自各类媒介的各类信息"已经成为个人生活的基本技能，关系生活、学习、就业和对时代发展的适应。近年来，以播客、微博为代表的社会化媒体迅速崛起，成为个人参与公共事件和舆论监督的重要途径。个人不仅期待媒介制度能够为获得基本的公共媒介服务、维护个人隐私等提供保障，还希望能够通过多样化信息渠道参与公共事务的讨论和管理，推动社会民主的发展。

二、政府：多重角色、多重取向

　　"国家"与"政府"两个概念相伴而生。国家产生于社会发展过程中多重力量的冲突与博弈，具有主权性和公共性的特征。政府是国家的组织要素，是体现、达到国家目的和行使、表现、执行、揭示国家意志的机关。[①] 作为国家主权的管理者和行使者，政府是媒介制度设计和媒介改革的主导者，是宏观媒介制度的直接制定者和实施推动者。同时，政府通过行政规定、立法等方式直接规定了媒介系统和相关利益主体的行为规则，影响着微观制度的选择。作为媒介系统的管理者、媒介市场的参与者和媒

---

① 杨光斌：《政治学导论》（第三版），中国人民大学出版社 2007 年版，150 页。

介发展的利益分享者，政府在媒介融合制度的设计和制定过程中表现出偏好和目标的多元性。

政治方面，作为国家权力的"代理人"政府的首要追求是维护统治地位。为实现这一目标，政府设计了一整套系统的组织和制度架构，并使其渗透到社会的方方面面。这一系统性构架也是政府实行社会管理和社会控制的手段和基础。大众媒介与政治力量的联系与生俱来。政治力量总是以各种方式影响、利用大众媒介，早期政党报的兴盛就是一个极好的证明。大众媒介也从未放弃过对政治生活的关注、对政治领域的介入。在现代政治中，传媒更是一种不可忽视的社会力量，主要表现为信息传播、舆论影响、议程设置、政治社会化和权力监督这五个方面。在欧洲，大众媒介被委以"民主建设"的重任；在美国，媒体在历届选举中都扮演着重要角色；在中国，新中国成立以来，媒介一直肩负着"党和人民宣传喉舌"的重要职责。无论在何种政体、何种社会形态中，随着权力实践和政府治理技术的变革，媒介都已被纳入权力结构，并成为其中重要的构成。同时，媒介又表现出对政治组织的监督和与政治力量的对抗，扮演着"第四权力"的角色，这极大地扩张了大众媒介在现代政治生活中的意义和空间。

随着新媒体用户规模的扩大和媒介应用的丰富，新媒体对社会结构的嵌入程度不断加深，其影响和意义也超出"媒介"的概念，成为政府了解民情民意、进行社会治理的重要渠道和社会民主政治建设的重要内容。1999年，我国启动"政府上网工程"，开始尝试电子政务。2006年，人民网开通"地方领导留言板"，为全国六十多位书记省长、近千位副省级领导及地市级党政正职官员、一千多位县委书记分别开设向公众公开的留言页面。"留言板"开辟了向各地各级领导干部反映情况和问题的新渠道，成为我国"网络问政"的新突破。随后，胡锦涛、温家宝等国家领导人都先后在人民网、新华网与网友进行过在线互动交流。2010年9月8日，人民网·中国共产党新闻网开通新栏目"直通中南海"——中央领导人和中央机构留言板。网友可以通过该栏目给中央政治局9位常委留言。通过互联网，基层的声音有了直接到达国家最高领导层的机会。2011年，"微博政务"成为热点。复旦大学发布《中国政务微博研究报告》称，"截至2011年3月20日，全国范围共有实名认证的政务机构微博1708个，政府官员微博720个"，"中国大陆已开通政务微博的地区涉及北京、上海、天津、重庆等 4 个直辖市、28 个省（自治区），共 32 个地区"。①

中国政府在论及媒介体制改革时始终强调"坚持把社会效益放在首位，努力实现社会效益和经济效益的统一"。媒介融合为政府的信息发布、政务公开、搜集民意、为民服务等活动的开展提供了多样化的途径，增加了政府与公众的沟通渠道和互动空间，成为政府应对公共危机、疏导民意、化解矛盾的手段之一。当前无论是政府还是公众，对媒介系统的社会协调功能都有着更高的依赖度。但是，"融合"也使得中国媒介系统自身面临着巨大的风险，主要包括：意识形态安全、舆论风险、社会离心力、全球化风险、媒体市场失序与失控。② 在改革的过程中稍有偏差，不仅媒介社会协调的功能难以实现，还可能走向反效果的一面——激化社会矛盾，进而导致更大范围的社会和政治危机。这一结果是政府和公众都不愿看到的。因此，"如何理性应对一些非理性的网络舆论和社会情绪"，"如何应对网络的负面信息"，"如何防止可能出现的助长民粹主义、表达权滥用、'网络水军'绑架舆论"等问题，都成为融合时代政府进行媒介制度设计时需要考虑的新课题。

经济方面，国家和政府都是经济发展到一定阶段的产物。从某种程度上来说，政府是一种经济现象，经济的发展是政府产生的重要条件。"在劳动生产率还非常低的条件下从事劳动的时候，当原始人很费力地获得必要的生活资料来维持最简陋的原始生活的时候，没有产生而且也不可能产生专门分化出来实行管理并统治社会上其余一切人的特殊集团。"③ 因此，我们可将管理经济视为政府的天然职能之一。在古典经济学派中，"政府"更多地被看作"市场"的补充，"市场失灵"的存在是政府干预经济合理性和必要性的出发点。今天，尽管对政府与市场的边界仍存在争议，但"看得见的手"在国民经济发展中的巨大作用已为人们所共识。这些作用主要包括：提供公共物品；保持宏观经济稳定；减少经济的外部性；限制垄断；调节收入和财富的分配；弥补市场的不完全性和信息不对称性。

---

① 复旦大学舆情与传播研究实验室：《中国政务微博研究报告》，http://academic.mediachina.net/article.php? id = 6526，2012 年 3 月 1 日。

② 张涛甫：《中国传媒改革的风险考量》，载于童兵主编《技术、制度与媒介变迁——中国传媒改革开放 30 年论集》，复旦大学出版社 2009 年版，第 125 页。

③ 列宁：《列宁选集》第 4 卷，人民出版社 1995 年版，第 31 页。

制度经济学的研究表明，国家的基本目标有两个：一是界定形成产权结构的竞争与合作的基本规则，使统治者的租金最大化；二是在第一个目标框架中降低交易费用以使社会产出最大化，从而使国家税收增加。然而，这两个目标是相互冲突的。冲突的根源在于有效率的产权制度的确立与统治者的利益最大化之间的矛盾。中国传媒产业的现时态恰恰集中体现了这两个目标的冲突。在中国传媒产业化改革过程中，政府扮演着多重角色，既是传媒的管理者、政策的制定者，又是传媒的所有者和市场的参与者。这使得传媒在政府与市场之间时常处于一种尴尬的境地，既不能作为独立的市场主体进行资源配置、参与市场竞争，又要自负盈亏、承担市场风险。制度安排的本意是引入市场机制，解放传媒生产力，推进产业化发展，而制度实施的现状却是强制性的制度安排和政府的高介入度形成了对市场效率的极大损害。"没有国家办不成事，有了国家又会有很多麻烦。"① 中国传媒产业的发展正陷入"诺思悖论"。

2011年10月，中国共产党十七届六中全会发布《中共中央关于深化文化体制改革　推动社会主义文化大发展大繁荣若干重大问题的决定》，进一步阐述了媒介相关制度改革和制度建设的目标和思路，提出了一系列融合时代的媒介发展原则和方向，包括"以党报党刊、通讯社、电台电视台为主，整合都市类媒体、网络媒体等宣传资源，构建统筹协调、责任明确、功能互补、覆盖广泛、富有效率的舆论引导格局"；"发展健康向上的网络文化"；"支持重点新闻网站加快发展，打造一批在国内外有较强影响力的综合性网站和特色网站，发挥主要商业网站建设性作用，培育一批网络内容生产和服务骨干企业。发展网络新技术新业态，占领网络信息传播制高点"；"加强对社交网络和即时通信工具等的引导和管理，规范网上信息传播秩序"；"加大网上个人信息保护力度，建立网络安全评估机制，维护公共利益和国家信息安全"；"要加强党报党刊、通讯社、电台电视台和重要出版社建设，进一步完善采编、发行、播发系统，加快数字化转型，扩大有效覆盖面。加强国际传播能力建设，打造国际一流媒体，提高新闻信息原创率、首发率、落地率。建立统一联动、安全可靠的国家应急广播体系。完善国家数字图书馆建设。整合有线电视网络，组建

① 参见［美］R. 科斯、A. 阿尔钦、D. 诺斯等《财产权利与制度变迁》，上海三联书店、上海人民出版社2002年版，第79页。

国家级广播电视网络公司";"推进电信网、广电网、互联网三网融合，建设国家新媒体集成播控平台，创新业务形态，发挥各类信息网络设施的文化传播作用，实现互联互通、有序运行";等等。① 这些发展思路涉及媒介监管、舆论引导、行业发展、市场培育、体制改革、技术创新、公共服务等方方面面，是政府多重角色和多重取向的直接反应。

三、企业：市场收益的最大化

作为一项基础性技术，信息技术的发展在催生信息产业的同时，也为整个产业系统创造了巨大的增值空间。媒介融合使媒介系统内部结构和外部关联发生变化的同时，也改变了信息生产、传输、消费等各个环节和要素之间的关系。从产业发展的角度来看，这些变化则意味着媒介系统的价值链重构，传媒业及与之关联的产业和行业都因这些变化而获得新的发展机遇。

信息技术的发展降低了传媒生产的技术门槛和资金门槛，削弱了传媒资产和信息产品的专用性。多样化的选择空间降低了媒介与用户之间的黏度，价格歧视等策略的实施也变得更加困难，从而使传媒市场上产生了更多的潜在竞争者和潜在进入的可能。同时，信息时代网络基础设施的专用性大大降低、传输能力和物理性能大幅提高，广电网、通信网、互联网、移动互联网都能够实现信息的双向高速传播，具备提供网络媒体、数字娱乐、电子商务等多元服务的能力。目前，以互联网的开放程度和商业化应用程度最高，媒介融合也首先以传统媒体的网络化生存和层出不穷的网络新媒体的形式出现。

互联网的开放性使之成为信息时代多产业发展的信息平台、商务平台、生产平台，其对不同产业的介入程度也随之加深，网络经济模式逐渐显现。网络经济以互联网为基础重新结构买方与卖方、生产者与消费者、生产者之间、消费者之间的沟通和联系方式，具有显著的网络外部性特征。"网络外部性"是"新经济"中的重要概念，即连接到一个网络的价值，取决于已经连接到该网络的其他人的数量；每个用户从使用互联网中

---

① 《中共中央关于深化文化体制改革　推动社会主义文化大发展大繁荣若干重大问题的决定》，http://news.xinhuanet.com/politics/2011 - 10/25/c_ 122197737.htm，2012 年 2 月 20 日。

得到的效用，与用户的总数量有关。也就是说，用户人数越多，每个用户得到的效用就越高，网络中每个人的价值与网络中其他人的数量成正比。换句话说，接入互联网的行业和产业越多，各自所获得的效用也就越大，互联网的价值也就越高。从即时通信到网络视频，从社会化媒体到电子商务，新的市场机遇不断显现，新的商业模式不断酝酿成熟。目前，我国通信运营商正在着力扩大3G用户规模，有线电视网络运营商也在加速广电网络升级改造的同时免费发放大量的数字机顶盒，其目标都是与这个规模庞大的网络平台进行对接。

资本具有趋利性，谋求利润的最大化是企业发展的核心目标。随着媒介融合的不断深入，商业价值不断显现、商业模式逐渐成熟，企业需要在良好的市场环境、规范的运作机制下寻求利润实现的途径。因此，企业必然要求相应的市场制度，提供更大的市场空间，保障竞争的公平合理。

在英美等国媒介融合的过程中，市场是资源重新配置的主要手段，企业是媒介融合实践的主体。政府通过制度的调整和设计，放松了对相关业务和媒介所有权的限制，以此激励竞争、促进创新，同时通过立法对新的行业和领域进行管理和规范。这一方式极大地激发了企业的积极性，大量传媒企业通过所有权的兼并收购，迅速进入新业务、新行业，实现跨业经营，并完成"全媒体"业务体系的建构和规模的扩张，以此形成融合环境下的企业竞争力。企业还可以以资本、技术等多样化的方式形成紧密关联的利益共同体，加强合作、避免恶性竞争，保持行业和企业的利润率水平。

四、公众：公共服务均等化

媒介具有公共性，公众是媒介系统运作和媒介发展不可或缺的利益主体。2007年，"基本公共服务均等化"这一概念第一次被写入十七大报告，这意味着政府要为不同区域的社会公众提供基本的公共物品和服务，满足公众基本知情权、参与权、监督权的公共性媒介当属其中。不同形态媒介的出现和普及在改变公众信息获取方式的同时推动着社会关系的转型，公众对媒介系统的功能期待和制度需求随之改变。新的媒介环境下，政治与经济力量相互交织，依然是影响媒介发展的主导力量，原有的公共广播电视体制遭遇挑战，公众的利益如何保障成为新课题。

媒介技术的发展不断突破着时间和空间对信息生产、传播的约束，媒介融合的推进不断重塑着媒介与公众的关联和互动模式。从媒介机构主导的、一对多的大众传播到双向互动的网络传播，公众由简单的"受动者"转变为"施动者和受动者"的双重身份。公众对媒介活动的参与程度大幅提高，媒介对社会生活的介入度也进一步加深。一方面，Web 2.0时代出现了大量用户生成内容（User Generated Content，UGC）的消费者自主媒体（Consumer Generated Media，CGM），以及与之对应的"用户满足用户"的信息生产消费模式。这类媒介因具有参与、公开、交流、对话、社区化、连通性等特征，而成为公众意见表达、进行舆论监督的重要领域，大量公众的使用和参与又成为此类媒介继续发展的直接动力。另一方面，人们越来越多地使用即时通信工具进行一对一的直接沟通，通过社会化媒介进行交流互动，通过电子商务平台进行购物消费，借助网络地图规划出行线路。在这一过程中，公众对媒介的依赖也在信息依赖、娱乐依赖的基础上增加了行为依赖、交往依赖。吉登斯将社会关系区分为两类：一类是通过面对面实践所生产的关系，另一类是行动者跨越更大范围的时空距离而生产的关系。① 媒介在第二种社会关系的形成中扮演着越来越重要的角色，并对第一种关系的形成方式产生影响，从而使社会关系发生转型。

　　当媒介形态在信息技术的作用下发生融合，媒介与通信、消费、社交等领域的界限逐渐消失，网络化的媒介与社会网络相互交叠、嵌入，形成更加错综复杂的社会关系，媒介的发展关系着每一个人的生活、学习、就业时，对媒介的应用、理解和判断也就成为适应时代发展的基本能力。因此，"基本权力的保障和基本权益的保护"也就成为公众对媒介融合相关制度设计的现实要求，这也是推动我国政治文明建设、实现社会和谐发展的重要内容。

　　首先，通过基础设施的建设和普及，降低数字电视、网络宽带等媒介使用的成本，使每个公民都有能力承担媒介使用的费用。享有平等的媒介使用的机会和权力，是公众获得公共媒介服务的基础和前提。其次，建立融合环境下的公共媒介服务体系，这个体系应具备开放性、互动性和多样

---

① ［英］布赖恩·特纳：《BLACKWELL社会理论指南》，李康译，上海人民出版社2003年版，第124页。

化的特征。高效而具有普适性的公共媒介系统包括合理的、相互支撑的公共媒介结构和公共媒介制度：公共媒介体系既要符合信息时代的媒介运作规律和发展趋势，适应公众信息需求和媒介接触习惯，还应有相应的保障、协调和激励机制，以保证公共媒介服务的高品质和客观性。最后，通过相应的立法减少媒介融合对公众特别是对青少年带来的负面影响。对媒介融合和发展过程中出现的社会问题，如侵犯隐私、危及社会安全、扩大数字鸿沟、滋生网络暴力等，应及时关注、及时反应。

五、媒介：寻求"政府—市场—公众"间的平衡点

改革开放以来，中国媒介的生存环境、生存方式，以及媒介系统自身的结构都发生了很大的变化。这些变化打破了事业体制下单一政治属性的中国媒介与相关利益主体之间形成的平衡关系。在从技术到制度的一系列转型和变革过程中，媒介需要重新寻求自我发展的平衡点。

依据媒介体制，目前世界各国的媒介大致可以分为三类：商业性媒介、公共性媒介和国有媒介。不同类型媒介的责任、使命、服务对象有所不同，分别对应不同的运作机制和价值实现路径。中国媒介的情况则较为复杂。

党和政府确立了我国各类媒介共同的发展方针、目标和原则。作为文化领域的核心构成，我国媒介应遵循的基本方针是坚持为人民服务、为社会主义服务，坚持把社会效益放在首位，坚持社会效益和经济效益有机统一；媒介发展的主要目标是解决我国社会主义初级阶段的主要矛盾：人民日益增长的物质文化需要同落后的社会生产之间的矛盾。"四不变原则"（在任何情况下党和人民喉舌的性质不变、党管媒体不变、党管干部不变、正确的舆论导向不变）是任何时期媒介改革和实践的基本前提。

我国传统媒体领域的媒介机构是由计划经济时代的报社、杂志社、广播电视台、出版社等事业单位发展而来的。新中国成立初期，它们构成了中国的媒介系统，是国家新闻机构，掌握着的刊号、频道、频率等稀缺资源。1978 年以来，这些机构经历了"事业单位、企业化运作""采编与经营剥离""集团化"等中国媒介改革发展的每一个阶段，形成了中国媒介所特有的"混合型体制"。在媒介融合的背景下，以出版、报纸、广播电视为核心业务的媒介机构仍然是我国传媒业的主体。

文化体制改革设计了公益性事业与经营性产业两分开的改革思路，旨在推动原有的媒介系统结构转型，解决媒介发展中的体制矛盾。按照改革方向的设计，出版业除人民出版社、民族出版社、中国盲文出版社、中国藏学出版社 4 家出版社保留事业体制外，其他经营性出版社及其所属报纸、期刊、音像、电子等经营性出版单位全部转制为企业。报业则划分为时政类报刊和非时政类报刊，其中 6000 多家非时政类报刊进行转企改制，包括中央和地方党报党刊所办的都市报、晚报和所有企业法人办的报刊。在以党报党刊为龙头建立的报业集团内部，则进行"宣传经营两分开"的改革，以发行、印刷、广告为主组建报业集团公司。广播电视领域推行"制播分离"，电台电视台必须坚持事业体制，不允许搞跨地区整合，不允许搞整体上市，不允许按频道频率分类搞宣传经营两分开，不允许搞频道频率公司化、企业化经营。党报党刊、广播电视频道仍然有相应的行政级别，主要管理人员由国家进行人事任命，其中一部分还兼任政府主管部门的相关职务。到 2010 年，出版体制改革已基本完成，528 家经营性出版社中有 435 家已经完成转企改制，93 家正在进行转企改制;① 244 家副省级和地市级电台、电视台，9 家省级电台、电视台实现两台合并。② 社会资本、外资被允许有限进入非新闻类内容生产、影视制作、动漫、发行等领域。

　　在以互联网为主的新媒体领域，"企业"是行业的主体，但又可依据控制权归属分为几类。一是以现代企业制度为基础建立的商业性互联网媒体企业，例如新浪网、腾讯网、搜狐网等，可在具备条件的情况下申请开展新闻登载、网络视频等服务，但不允许登载自行采写的新闻。其生存和发展完全依赖市场运作，融资渠道较为灵活，风险投资、股票发行等都可作为企业的资金来源。二是传统媒体单独或联合建立的新闻网站、网络电视台等"官方网媒"，例如人民网、中国网络电视台、千龙网。很多此类新闻网站在建立初期是作为传统媒体的一个部门，采用事业编制，运作经费来源于政府拨款和传统媒体机构的资金投入，没有经营压力。2009 年10 月，十家重点新闻网站启动转企改制，文化体制改革进入新媒体领域。

---

① 数据来源：新闻出版总署《全国新闻出版业基本情况》（2010），www. gapp. gov. cn，2011 年 9 月12 日。
② 数据来源：《〈中国广播电影电视发展报告（2011）〉（广电蓝皮书）出版》，www. sarft. gov. cn，2011 年 9 月 12 日。

三是国家部委的下属公司。例如，中广传播集团有限公司（中广卫星移动广播有限公司）为新闻出版广电总局的全资公司，主要承担我国卫星移动多媒体广播 CMMB 项目的投资和运营、系统设计、广播卫星相关技术开发和信号传输服务。此类企业承担着国家政府部门指定的新媒体业务的研发、投资和运营，同时也在这些领域享受"特许经营权"。四是传统媒体与其他行业企业合资组建的新媒体企业。例如，百视通公司（BesTV）是我国 IPTV 新媒体视听业务运营商、服务商，它由上海文广新闻传媒集团（SMG）和清华同方股份公司合资组建。上海文广集团的视听内容资源和区域市场占有率为其业务开展提供便利，清华同方则为百视通的强大技术后盾。

因此，从我国传媒业主体的类型构成来看，无论是传统媒体领域还是新媒体领域，都存在着许多无法被明确地划归为商业媒体或国家媒体的媒介机构。尽管在转制后以企业的形态出现，但仍然在承担舆论引导、国家宣传任务的同时开展经营性业务，具有明显的国家取向和市场取向，混合型体制并没有完全改变。这类媒介机构在通过市场运作获利的同时，也享受着因特殊体制获得的权力及由此带来的超额利润。政治力量与经济力量的博弈使媒介机构的两个取向在不同时期、不同环境下呈现或协调一致或相互冲突的状态，形成对媒介融合的促进或阻碍。

另外，媒介系统具有公共性。随着我国社会转型步入矛盾凸显期，国家和社会对媒介公共服务功能的需求更加迫切。2011 年，"十二五"规划纲要中明确提出公共服务体系建设与完善的发展目标。公共性媒介的建设已经成为体现社会公平正义，关乎整个传媒业乃至国家和社会未来发展的重大议题。依据官方发布的数据，截至 2013 年 1 月 21 日，全国共开办广播电视节目 4165 套（广播 2831 套、电视 1334 套）。2012 年公共广播节目播出时间总量为 1338.37 万小时，公共电视播出时间总量为 1698.53 万小时。公共广播电视节目包括新闻资讯、专题服务、综艺益智、广播/电视剧、广告等内容。[①] 2012 年，全国广播电影电视总收入 3476.93 亿元，其中广告收入 1270.25 亿元，有线网络产业收入 660.98 亿元。广告收入仍

---

① 国家新闻出版广电总局发展研究中心编：《中国广播电影电视发展报告（2013）》，社会科学文献出版社 2013 年版，第 45、83 页。

然是中国广播电视业收入的主要来源，在总收入中占比 45.31%。[①]

2011 年 1 月 3 日、3 月 1 日，重庆卫视以"省级第一红色频道"为目标，两次宣布改版，实施"一不二减三增"：不播商业广告；减少电视剧和外包节目播出量，且将电视剧清出黄金档；增加公益广告片、城市宣传片和一系列自办新闻、红色文化节目，成为唯一一家不开展商业广告活动的免费电视频道。改版后，重庆卫视运作的资金主要依靠两个来源：一是重庆市政府的补贴，二是重庆广电集团其他市场化运作的频道的收入。同时重庆卫视对广告中心进行了大规模的减员，采编人员的薪酬下调。然而，重庆卫视的发展模式并没有维持很久，改版后重庆卫视在全国卫视的收视率排名迅速跌入倒数五位。2012 年 2 月，重庆卫视广告部低调地进行了内部招聘，3 月商业广告复播，4 月黄金时段恢复播出电视剧。重庆卫视改版停播商业广告一年后，重回广告经营模式，这意味着重庆卫视所探索的"公益频道"模式与我国媒介制度和媒介环境并不适应。

按照国际惯例，公共性媒介通常指以服务公众为目标的、非营利性的广播电视机构，常常通过制度设计保持其独立的编辑权和财务权，不播出商业广告，以避免受到商业或政治力量的左右。若按照这一标准，我国尚不存在真正意义上的公共性广播电视机构。近年来，电子社区、微博等新媒体为公众提供了越来越多的意见表达的空间，也成为公众参与社会管理、舆论监督的新渠道，在一定意义上发挥了公共性媒介的功能。但遗憾的是，这些新媒体或新应用均由商业公司投资运作，无法保障其免受商业力量的影响。

第二节　冲突—协调：相关利益主体的反复博弈

社会制度具有分配效应，通过建立社会预期来影响决策。但制度框架

[①] 国家新闻出版广电总局发展研究中心编：《中国广播电影电视发展报告（2013）》，社会科学文献出版社 2013 年版，第 5 页。

在着重强调整体利益时，给不同主体带来的利益常常是与预期不相称的，由此导致主体间的利益竞争、利益冲突。不同主体通过合作或非合作博弈，在既有制度框架下进行策略选择，同时也推动制度变迁，追求"利益协调"。从演化的角度看，无论何种效率的均衡，都是短时的动态的均衡。在媒介融合的环境下，既有制度框架下的均衡状态被打破，各类主体的收益预期和制度需求都发生了相应的变化，并呈现复合多元的状态。我们力图通过解读新环境下的博弈关系、博弈方式，寻求可能的策略解及其对媒介融合制度的影响。

政府的合法性地位和强制性的力量使其成为中国媒介发展过程中不可回避的博弈对象，而且始终居于强势地位。而在传媒业与电信业、传统媒体与网络媒体、媒介与公众等多重博弈关系中，机构属性、产业规模、既有制度等因素也使不同主体之间的博弈关系处于"不对等"的状态。在现实博弈中，不同主体因其自身性质和功能的不同，权力和利益构成也会存在差异。差异越大则博弈主体冲突与协调的复杂程度越高，并影响着博弈规则、博弈过程和最终博弈策略的选择。

一、政府与媒介之间的博弈

1. 政府主导下的不对等博弈

政府与媒介之间的博弈关系，贯穿着我国媒介发展的始终，是对媒介融合制度设计影响最大的一组博弈关系。在这组博弈关系中，政府与传媒之间的利益都具有双重性特征。政府代表着国家和社会的整体利益，但同时也具有特定的政府利益。从媒介利益来看，一方面它是整体利益的构成部分，另一方面又具有作为具体行业和产业发展的独立性特征。利益分歧决定了政府与媒介之间必然存在"讨价还价"，这是博弈关系形成的前提；利益同构决定了政府与传媒之间的"相互依赖"，这是合作关系形成的基础。在博弈中，政府与传媒的权力、信息是不对等的，政府设置博弈规则，掌握策略的率先选择权，并有能力控制博弈的进度，或随时终止博弈过程。

我国传媒产权是国家所有，政府作为国家权力的行使者事实上享有传媒资源的财产权，具有媒介资源配置的主导权。随着媒介体制改革和媒介融合的出现，媒介机构逐步意识到所面对的市场的巨大潜力，也对自身的赢利能力有了更多的认识，随之产生了对更大的市场自主权力和产业发展空间的要求。

　　政府方面，许多新的问题随着改革的全面推进和不断深入相继出现，既包括政府自身所面临的角色转变、与市场关系的重新定位，也包括及时发现、处理和化解由改革所引发的社会矛盾和社会危机。另外，政府也意识到能够从媒介的产业化发展中获利。因此，政府对媒介的策略选择需要在社会利益、政府利益和传媒利益之间进行反复权衡。这一过程由多个相互连接的博弈回合构成，政府与传媒交替进行策略选择。政府依然占有绝对优势，掌握着首先"出牌权"。政府的策略选择表现为对传媒的政策许可或制度安排。

　　我们将这一过程简化抽象出来，如图4-1所示：

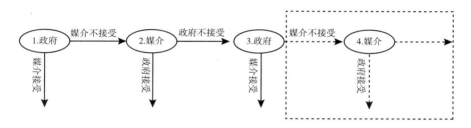

图4-1　媒介与政府动态博弈

　　第一回合，政府首先做出策略选择。若媒介接受，博弈结束；若媒介不接受，博弈进入下一回合。第二回合，媒介针对上一轮中政府的策略提出新的要求。若政府接受，新的制度安排形成，博弈结束；若政府不接受，博弈进入下一回合。两个博弈主体交替出牌，如此循环。其中，由于政府与媒介间的实力悬殊，媒介对政府策略选择的"不接受"往往以一种较为温和的方式表现出来，如在政策许可范围内选择边缘突破，而不会与政府进行正面的冲突和较量。同时，政府有权随时终止博弈过程，强迫媒介接受制度安排。这也就意味着由媒介首先出牌的博弈环节并不一定必然存在。

　　那么，在什么情况下政府与媒介会处于博弈关系之中呢？

　　在博弈论中，"大人与小孩抢球游戏"是不对等博弈的经典模型。该模型有两个假设：

假设Ⅰ：一个比较大的房间里一个大人和一个小孩进行抢球游戏，在房间的一头有一个出球口，另一头设有一个按钮，每按一次，出球口就会吐出10只球，每只小球价值10元。

假设Ⅱ：若大人按下按钮，当他跑到另一头时，只能拿到5只球，而另外5只球被小孩所得；若小孩按下按钮，大人可得到8只球，小孩只能得到2只球。

我们以两次按下按钮为一个回合，大人与小孩的收益情况如下（见表4-1）：

表4-1　"大人与小孩抢球"博弈收益

		大人	
		按	不按
小孩	按	7,13	4,16
	不按	10,10	0,0

在本轮博弈中有两个均衡解：一是大人"按"，小孩"不按"，收益状况为（10，10）；二是两个人都选择"不按"，收益状况为（0，0）。第一种情况存在搭便车的现象，即小孩没有付出成本，却获得10个球的收益。第二种情况两人收益之和为零。依据最大最小战略（maximin strategy），大人将选择"按"，从而保证获得最小最大收益（minimax payoff）。而小孩则会选择"不按"。于是形成这组非合作博弈的均衡解（10，10）。然而，这个结果对大人来说，并不是一个最大收益解。

回到政府与媒介的博弈中来，在政府与媒介的不对等博弈中，处于弱势的媒介最有可能采取"不作为"的态度，以享受搭便车带来的收益。在现实中，媒介可以通过现有的体制和政策保护分享其他部门改革和发展的收益。如，媒介垄断着媒体的广告资源，可以通过高于其实际价值的垄断价格将其他行业的增长收益转移到传媒产业中来。因此，"搭便车"现象的存在是当前媒介改革动力不足的根本原因。

从政府的角度来看，非合作博弈下的纳什均衡并不是最满意的结果。政府收益最大化的目标还远未实现。由于政府与媒介之间的力量是不对等的，处于优势的政府可以通过改变博弈规则而使自己的收益尽量向最大化的方向靠拢。例如，如果大人和小孩约定，两人轮流按下按钮，那么一个回合后（指两人各按了一次按钮），两人的收益为（7，13）。但是，这个解并不是均衡解，它是不稳定的，这也就意味着政府与媒介将进入新一轮的博弈之中。媒介运作"双轨制"的出现、变化和发展是政府与媒介间动态博弈关系典型的现实呈现，这一过程实际也是政府与媒介围绕"产权"问题的反复博弈和选择。

2. 媒介融合背景下的"放松管制"博弈

在媒介融合的背景下，多个国家采用了"放松管制"的政策导向，以此激发市场竞争、提高生产效率，同时也实现了增加政府收入和推动信息化社会建设的目标。但是，我国政府在进行媒介融合制度设计的同时还面对着来自于国内外政治、经济和社会方面的诸多不确定因素。从媒介融合本身来看，媒介融合是国家信息化战略的重要内容，存在巨大的市场潜力，同时也存在着引起社会矛盾、导致舆论失控的风险。在"大人小孩抢球"博弈中，博弈收益是确定的，博弈策略选择的收益结果是可以预期的。而媒介融合制度设计的实施收益是不确定的，对制度效果的期望值实现存在风险。改革环境的不确定因素越多，改革失败的风险也就越大。我国政府在以往的媒介制度改革的过程中呈现明显的风险厌恶（risk averse）特征。这就出现了一个政府与环境的博弈，风险和概率也就成为影响政府制度选择的重要因素。

假设Ⅰ："放松管制"政策获得成功的收益是500；当环境中不安定因素增加，政策失败的损失是 – 200；政策成功和失败的概率各为0.5。

假设Ⅱ："维持现状"政策对媒介融合中市场竞争和商业价值的实现形成限制，获得的收益是100，低于"放松管制"政策获得成功的收益；但在环境中不确定因素较多时，也能较好地控制政策失败的风险，保障收益100（见表4 – 2）。

表4 – 2　　"放松管制"博弈收益（1）

		环境		期望值
		成功	失败	
政府	放松管制	500	– 200	150
	维持现状	100	100	100
概　率		0.5	0.5	

在表 4 – 2 的博弈中，如果选择"放松管制"，政府对收益的期望值是〔（500×0.5）＋（－200×0.5）〕＝150，大于选择"维持现状"的期望值 100，政府会选择"放松管制"的媒介制度。但是，在这一博弈关系中"概率"的变化将改变政府策略的选择（见表 4 – 3）。例如，当社会矛盾处于激化状态或面临重大自然危机时，环境的不确定因素增加，"放松管制"政策成功的概率也将下降，并影响政策实施的期望值。当成功概率降至 0.42 时，即当（500x）＋〔－200（1－x）〕＝（100x）＋100（1－x），"放松管制"和"维持现状"政策期望值相等，达到临界点；当"放松管制"政策成功概率低于 0.42 时，政府将采取"维持现状"的政策选择。

表 4 – 3　"放松管制"博弈收益（2）

		环境		期望值
		成功	失败	
政府	放松管制	500	－200	$(500 x) + [-200(1 - x)]$
	维持现状	100	100	$(100 x) + 100(1 - x)$
概率		x	1 － x	$(0 \leqslant x \geqslant 1)$

国家"十二五"发展规划纲要分析我国当前的发展环境时指出，国际金融危机影响深远，世界经济增长速度减缓，全球需求结构出现明显变化，围绕市场、资源、人才、技术、标准等的竞争更加激烈；我国发展中不平衡、不协调、不可持续问题依然突出。[①] 我国目前正处于社会转型和经济转轨的关键时期。在没有前例可循的改革中，我国政府对成功概率的判断将取决于不同时期对环境信息的把握和分析，并依据世情国情的变化动态调整。因此，在我国媒介体制改革过程中，政策调整和政策回缩的现象时有发生。

3. 媒介融合进程中的"边缘尝试"博弈

在我国媒介与政府的反复博弈过程中，媒介与政府并不是同时做出策略选择，而是呈现交替选择的"序贯博弈"。"试点"和"边缘尝试"是媒介制度变迁过程中经常采用的方式。在媒介融合的背景下，对新媒体、

———————

① 《国民经济和社会发展第十二个五年规划纲要》，http：//www. gov. cn/2011lh/content＿1825838. htm，2012 – 1 – 20。

新业务而言，既有的制度框架中不可避免地存在制度真空的现象。由于存在巨大的潜在市场收益，媒介机构也可能在政策较模糊的领域进行尝试。

假设Ⅰ：媒介融合使媒介制度出现"制度真空地带"，媒介机构可能选择"尝试"或"不尝试"。政府可能选择"禁止"或"默许"。

假设Ⅱ：如果媒介选择"不尝试"，则媒介和政府的收益维持现状（2，2）；如果媒介选择"尝试"，政府选择"默许"，媒介获得额外收入，政府承担潜在风险，收益情况变为（3，1）；如果政府选择"禁止"，媒介前期投入成为沉默成本，政府收益没有改变（1，2）（见图4-2）。

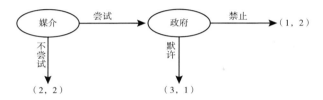

图4-2　媒介"边缘尝试"博弈

在这组博弈关系中，政府居于主导地位，自身的收益是其进行策略选择的主要因素。从收益状况来看，如果政府禁止媒介在"制度真空地带"进行尝试，可避免因此带来的风险，使政府收益不受损失。依据"风险规避"的原则，政府将对媒介机构的尝试采取"禁止"策略。但这一选择既不是最有利于媒介的策略选择，也不是最有利于媒介与政府共同收益最大化的政策安排。因此，政府的"禁止"策略是一个不能使博弈主体满意的非合作博弈解。

但是，媒介和政府可以通过改变博弈规则来优化博弈主体的收益构成，从而实现双赢的博弈均衡。例如，媒介机构采取建立行业自律组织或制定行业自律公约，降低市场实践带来的风险，提高政府的收益预期。政府也可以通过对相关领域的立法，提供行业运作的标准和规范，降低风险，提高收益。因此，加强行业自律和新兴领域的立法是媒介融合背景下政府与媒介的共同需求。

值得关注的是，在不改变既有媒介制度的情况下，媒介融合也提供了优化政府与媒介收益结果的新途径，赋予了媒介机构更多的实践空间和可能。以我国的广播电视业为例。2011年初，原国家广电总局明确表示，电台电视台在改革中不允许搞跨地区整合，这就意味着全国范围内广播电视市场的建设和资源配置短期内无法实现。然而，2011 年末，由 14 家城市电视台及 5 家平面媒体共同发起的"城市联合网络电视台"（www.cutv.com）获得广电总局批准正式成立。

从广电总局下发的文件《广电总局关于同意深圳市电视台与其他城市电视台联合筹备开办城市联合网络电视台的批复》来看，城市联合网络电视台（CUTV）批准和设立的主要依据为《互联网视听服务管理规定》（广电总局、信息产业部令第 56 号）和《关于开办网络广播电视台有关问题的通知》（广发〔2010〕43 号）；CUTV 定位为以新兴信息网络为节目传播载体的新形态广播电视机构；开办主体为深圳市电视台与其他城市电视台；采用"公共节目平台"＋"各联合开办单位节目分平台"的技术架构，使用统一的互联网登录地址"cutv.com"和"cutv.cn"，实行统一运营、统一管理；公共节目平台的节目内容由深圳市电视台为管理责任主体，节目分平台的节目内容由相应的各联合开办单位为管理责任主体；经营性业务可以采用企业化的运作方式。

目前，华夏城视网络电视股份有限公司是城市联合网络电视台的运营实体。截至 2012 年 4 月，CUTV 的合作媒体达到 65 家，覆盖全国 26 个省、自治区、直辖市。从 CUTV 的组建和经营模式来看，各城市台将内容素材上传至总台的媒体资源库，实现联盟内的共享和推广，并在广告代理、内容辛迪加运营、影视剧版权运营、移动增值业务运营、网络电视台运营等方面进一步谋求联盟与合作。

与我国媒介实践常用的"边缘突破"的形式不同，CUTV 实际上是在既有的制度框架下，以互联网为平台，以网络电视台为表现形式，通过共享牌照资源、内容资源和技术资源的方式，在获得政府许可的同时实现了地方电视台之间的资源跨地域整合。

二、政府部门之间的博弈

1. 信息技术对政府管制框架的影响

信息技术引发媒介融合，并对传媒业政府管制框架产生自下而上的影响。首先是基础技术层面。作为一种具有普适意义的基础性技术，信息技术被不同产业部门广泛采用。从媒介发展来看，信息技术在催生新的媒介形式的同时，也对传统媒体进行了从数据格式到生产传输的全面技术改造。这使得信息技术成为涉及传媒产业生产、传输、储存等全部环节的关键性技术，并成为传媒业与电信业、IT业运作的通用技术，也成为"融合"产生、拓展、深化的基本前提。随后，不同媒介和不同产业从各自运行的专用性平台转向互联网这一非专用性平台。互联网同时扮演着多个产业的信息、技术、传输、交易、服务等多种业务的共用平台，成为不同媒介和不同产业之间业务、产品的交叉融合的基础性平台。这种交叉和融合不是媒介市场和业务的简单重合，还包括由此产生和出现的新的媒介产品和新的业务领域。新的产品和业务领域出现在不同媒介形式或不同产业门类的交界处，因此也自然处于不同部门管理范围的交界处。但是业务层面的变化所引起的利益调整和政府竞争并不足以形成对新的管制框架的需求，通过行政手段对职能部门管辖范围进行适当的微调便可在一定程度上化解其中的管制重复问题。随着产业融合趋势的不断明显，信息技术所带来的是产业体系整体结构的变迁，所涉及的产业领域更广、管理部门数量更多，原有体系内的调整已不能适应产业发展的调整要求。于是，政府管制框架调整的现实需求也随之出现。

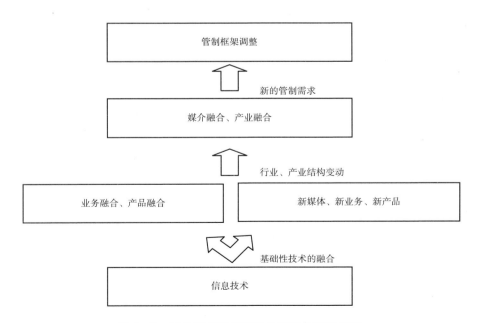

图4-3 信息技术对传媒产业管制框架的影响

信息技术的发展催生了新的媒介形式，引发不同媒介形式之间以及传媒与其他产业间的融合，涉及技术、产品、业务、产业结构等多个方面，使得原本处于均衡状态的政府部门间关系发生了变化。这在新媒体、新业务领域表现得尤为明显。

市场管理权的归属决定着管理收益的分配。政府机构调整的实质是政府部门间权力与利益的再分配。与传媒发展和外部环境变化相伴而至的是新的媒介接触方式和消费方式，以及由此形成的新的产业领域和巨大的潜在市场利润，这就必然引发政府部门之间新的权力配置和利益分配（见图4-4）。

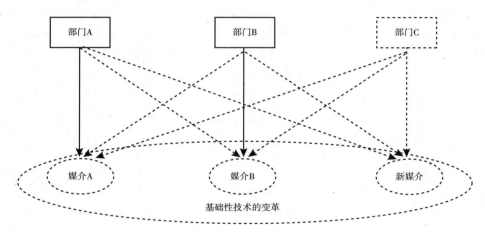

图4-4 媒介融合背景下政府部门间职能关系的变化

2. 政府部门之间的"管与不管"博弈

新媒介、新兴市场、边缘性领域的管理权应该如何归属？传统媒体、传统业务的管理体系是否需要调整？政府部门之间的权力与利益如何协调？这些是当前政府部门间博弈的核心问题。其中，媒介融合最先发生在传媒与电信行业之间，也首先引发这两个行业的政府管理部门之间的新一轮博弈。我们将这一过程简化为双人博弈。

假设Ⅰ：广电和电信行业主管部门对媒介融合过程中新出现的领域和行业都有"监管"或"不监管"两种策略选择。

假设Ⅱ：若其中一个部门选择"监管"，另一个部门选择"不监管"，则监管部门能够获得该领域的管理权限以及行业发展带来的收益（6，0）或（0，6）；若两个部门都选择"监管"，则需要分享权力和利益，并因监管思路的差异造成部分效率损失，收益为（2.5，2.5）；若两个部门都选择"不监管"，则可能造成行业的失范和失序，从而产生损失，收益为（-1，-1）（见表4-4）。

表4-4　"监管与不监管"的双人博弈

		电信部门	
		监管	不监管
广电部门	监管	2.5,2.5	6,0
	不监管	0,6	-1,-1

在这组博弈关系中，由单一部门进行管理能够达到政府收益的最大化；但是，此时的收益分配是不均等的，其中选择"不管"的一方必须接受较低的收益，如果它改变策略选择"监管"，即能提高收益。当广电和电信部门同时选择（监管，监管）时，任何一方都无法通过改变策略提高收益，达到此轮博弈的均衡。因此，相关部门都会选择对这些新领域进行监管。在现实中，由于传媒业的特殊属性，媒介融合所涉及的主管部门通常还包括文化部、国新办等其他部门。政府部门间的博弈也就呈现三人博弈或多人博弈的状态（见表4-5）。

表4-5　"监管与不监管"的三人博弈

		A 部门			
		监管		不监管	
		B 部门		B 部门	
		监管	不监管	监管	不监管
C 部门	监管	1.5,1.5,1.5	2.5,0,2.5	2.5,2.5,0	6,0,0
	不监管	0,2.5,2.5	0,0,6	0,6,0	-1,-1,-1

从表4-5的博弈策略和收益构成来看，选择"监管"是每个部门相对于其他部门策略选择的最优收益策略。因此，在我国媒介融合产生的新媒介和新业务领域中，多头管理的现象普遍存在。主要体现在两个方面：一是媒介融合相关的管制框架内政府职能的交叉与重叠，二是传媒与其他行业管制框架出现交叉与重叠。例如，互联网既不属于纸质媒介，也不能归入电子媒介。业务的管理归属越不明确，参与博弈的政府部门数量就越多，多重监管对行业发展的效率损失也就越多，总体收益也因此下降。从

我国互联网管制现状来看，文化部、新闻出版广电总局、工业和信息化部、国务院新闻办公室均有不同程度的介入，形成了分散而复杂的管理体系。IPTV、网络视频、手机电视等新媒体业务的推广过程中，都曾先后遭遇多头管理、重复审批的问题。当前，产业间融合的趋势也日益明显，特别是在电信和广电业之间，有的领域面临部门职能重叠、交叉管理、重复审批的问题。由于缺乏统一的管理思路和科学的流程设计，媒介融合发展的管制成本颇高，这也成为媒介融合和产业发展的重要障碍之一。近年来，业界对电信与广电监管融合重组的呼声也日益高涨。

3. 政府部门之间的"融合监管"博弈

监管融合的制度需求为媒介融合背景下的政府提供了新的策略选择。我们仍以广电和电信的主管部门为例，通过修正政府部门间的博弈模型讨论"融合监管"实现的可能性。

假设Ⅰ：广电和电信行业主管部门对媒介融合过程中新出现的领域和行业都有"融合监管""独立监管""不监管"三种策略选择。

假设Ⅱ：若其中一个部门选择"独立监管"，另一个部门选择"不监管"，则监管部门能够获得该领域的管理权限以及行业发展带来的收益（6，0）或（0，6）；当一个部门选择"融合监管"，另一个部门选择"不管理"时，收益状况仍然与独立监管时一致。

若两个部门都选择"独立监管"，则仍然呈现多头管理的局面，收益为（2.5，2.5）；若两个部门都选择"融合监管"，则能够降低管制成本，但仍需分享权力和利益，收益为（3，3）；若两个部门都选择"不管理"，则可能造成行业的失范和失序，从而产生损失，收益为（-1，-1）。

若一个部门选择"融合监管"，另一个部门选择"独立监管"，则在部分领域形成融合监管，另一部分领域形成独立监管，收益为（2，3.5）。选择独立监管的部门能从融合监管领域获得权限和收益，但同时也会造成部分领域的多重监管，降低整体收益（见表4-6）。

表4-6　"融合监管"的双人博弈

		电信部门		
		融合监管	独立监管	不监管
广电部门	融合监管	3,3	2,3.5	6,0
	独立监管	3.5,2	2.5,2.5	6,0
	不监管	0,6	0,6	-1,-1

在这组博弈关系中，（独立监管，不监管）是单个部门收益最大化的策略选择。但"不监管"无论是对具体部门还是对整体收益而言都是一个劣战略（dominated strategy）。因此，"不监管"将首先被剔除，政府部门将在"独立监管"和"融合监管"两种策略之间做出选择。

从收益情况来看，（融合，融合）是达到总体收益最大的合作解。但是，这一策略并不稳定，任意一个部门都可以通过退出"融合监管"获得更大的收益。而在此情况下，另一个部门的较优策略选择是进行"独立监管"。在此情况下，部门监管回到（独立监管，独立监管）的状态。另一方面，潜在的（融合，融合）策略组合又因为能提供更高的收益仍然是可能实现的博弈解集。按照这一逻辑，在媒介融合的环境下，政府部门对是否采用"融合监管"的制度将呈现"独立监管—融合监管—独立监管—融合监管"的循环和徘徊的状态。

以三网融合为例。1998 年，"三网融合"①的概念首次在国内提出。地方广电曾尝试涉足电信业务，却引发电信与广电的激烈冲突，部分地区发生互相破坏网络传输设备的现象，甚至出现流血事件。1999 年，国务院办公厅转发信息产业部、国家广电总局《关于加强广播电视有线网络建设管理意见的通知》（国办发〔1999〕82 号），其中第五条规定，电信部门不得从事广播电视业务，广播电视部门不得从事通信业务，对此必须坚决贯彻执行。②《意见》的出台使这场争端得到平息，通过"专网专用"的规定划定了广电部和原信息产业部的管理范围，也否定了广电与电信跨业经营的可能，三网融合随即搁置。至今，82 号文件仍是广电和电信主管部门限制对方企业经营范围的重要依据。广电与电信独立运作，享受着所在行业自然垄断带来的高额收益。尽管三网融合连续被列入国家"九五""十五""十一五"规划，但在广电与电信系统各自为政的行业现实面前，实质融合始终未能出现。

虽然不同政府部门所管辖的资源、领域和可支配权力存在差异，但其政治地位和权力性质具有一致性。任何一方博弈主体都不可能成为博弈规

---

① 三网融合，指归属工信部的电信网、互联网和隶属广电总局的广播电视网实现互联互通，业务运用上互相渗透和交叉。三网融合有利于网络资源实现最大程度的共享。

② 国务院办公厅转发信息产业部、国家广播电影电视总局《关于加强广播电视有线网络建设管理意见的通知》（国办发〔1999〕82 号），www.sarft.gov.cn，2010 年 1 月 7 日。

则的制定者，博弈的结果往往是集权或分权外部制度，并对所辖领域制度进行修正与选择。因此，从博弈策略的角度来看，在我国现有媒介监管框架下，"融合监管"难以通过部门之间的博弈实现，而需要通过外部制度的设计和调整。例如，英国、日本对原来的机构进行撤后设立新的监管机构，美国通过立法对监管机构的权力和管辖范围进行调整等，都是通过对外部制度结构进行调整实现"融合监管"。

三、关于公共性媒介服务的博弈

1. 公共性媒介服务提供的博弈

传媒业承担着分摊改革成本与风险的责任，传媒产权改革的社会成本和外部性都应纳入策略选择的影响因素予以综合考虑。如果进行传媒产权改革，传媒企业将建立起独立的市场主体并依据市场规律追求自身利润的最大化，那么媒介所承担的缓冲社会矛盾、化解社会危机的功能如何实现呢？公众利益又如何保障呢？这就涉及另一个问题：公共性媒介由谁提供？

公共性媒介具有非排他性公共物品的特征：（1）公共性媒介生产和服务的边际成本为零，即公共性媒介的运作成本由产品或服务的水平决定，与受众规模无关；（2）无论是否支付成本，每个人都可从中获益。这就意味着，每个人（包括媒介机构）都可以从公共性媒介中获益，而公共性媒介的运作成本将全部由提供者（生产者）承担。因此，媒介机构需要就是否提供公共性媒介进行选择。如果进行传媒的产权改革，各媒介机构作为独立的市场主体，集团收益最大化将成为策略选择的基本原则。

我们将多个媒介机构之间的博弈简化为三人博弈。每个媒介机构都有两种选择：提供或不提供。

假设Ⅰ：市场中，媒介机构的地位和权力是相同的，不存在具有优先选择权的集团。

假设Ⅱ：一个机构"提供"则使公共性媒介增加1个单位的收益，同时要花费1.5个单位的成本。若机构选择"提供"，其收益为公共性媒介带来的总收益减去花费的成本；若机构选择"不提供"，其收益为公共性媒介的总收益（见表4-7）。

表 4 − 7　"公共性媒介提供"博弈

		机构 A			
		提供		不提供	
		机构 B		机构 B	
		提供	不提供	提供	不提供
机构 C	提供	1.5,1.5,1.5	0.5,2,0.5	0.5,0.5,2	− 0.5,1,1
	不提供	2,0.5,0.5	1,1, − 0.5	1, − 0.5,1	0,0,0

　　该博弈中，在其他两个集团都"提供"的情况下，任何一方选择由"提供"转向"不提供"都可以使其收益增加0.5。因此，"不提供"是该博弈的占优均衡解，也是唯一的纳什均衡。但是，（不提供，不提供，不提供）这一纳什均衡解是缺乏效率的，其结果是没有媒介机构会主动提供公共性媒介，总体收益为"0"。这就意味着，进行产权改革后，依照市场规律运作的媒介机构在提供公共性媒介的问题上是缺乏效率的劣战略。因此，经济学研究中也往往倾向于由政府提供公共物品。

　　但与公共交通、环境卫生等公共服务不同的是，传媒服务具有意识形态属性。20 世纪四五十年代，欧洲国家建立公共广播电视体制时，设计了相对独立的公共法人管理制度，其核心目的就在于"使公共广播电视机构既不受制于政府又不受制于市场，保证全体公民的利益"。但事实证明，没有生存压力的环境导致机构臃肿、模式僵化、效率低下等问题普遍存在，而定位于"公众引导"的高质量内容并不能满足人们的需求。随着新技术的出现和媒介资源的丰富，在商业媒体的迅速发展和传媒产业巨大市场潜力的共同作用下，公共广播电视机构不得不制作更多的娱乐化的、市民化的节目内容迎合市场的需要。于是，到 20 世纪 80 年代，"劣币驱逐良币"的现象在欧洲传媒领域普遍出现，并最终导致了政府主导下的公共广播电视体制的全面市场化和私有化改革。

　　在文化体制改革中，我国政府提出了"经营性传媒"与"公益性传媒"两分开的改革思路。那么，两分开该如何实现？公益性传媒的发展又如何保障呢？

　　在我国传媒系统结构中，并不存在独立的不以赢利为目的的公共性媒介。公共信息传递、舆论监督、环境监视等责任主要由时政类媒体承担。这些媒体分别归属于不同的媒介机构。

在表4-7中，存在一个媒介机构收益为（1.5，1.5，1.5）的策略组合，这一组合的条件是每个媒介机构都提供公共性媒介服务，则整体收益达到最大。由于这一策略组合并不是占优战略，通过媒介机构间的非合作博弈不能实现这一最优解，因此，我们认为，政府应当参与到提供公共性媒介的博弈中来，以一种外在强制力量的方式，制定博弈规则，使媒介机构之间形成大联盟，从而达到（提供，提供，提供）的总体收益最大化的合作解。而此时，对于单个媒介机构而言，其收益也将大于采用最大最小战略时的收益"0"。

值得注意的是，大联盟中的策略解并不是以博弈主体利益最大化为指向的。若机构A从联盟中脱离出来，则其收益将增加到"2"。此时，机构B和机构C的收益降低为（0.5，0.5），但仍然比选择"不提供"时（0，0）的收益组合要好。所以，在A退出联盟的情况下，机构B和C继续选择"提供"是它们较好的选择。那么，这就意味着，在政府以外在力量形式介入推动联盟形成的情况下，仍然存在搭便车的现象。其中一家传媒集团能通过首先退出联盟而获得博弈策略的优先选择权，从而获得收益的增加，并迫使其他集团继续"提供"，而这种选择将导致总体收益的下降。

2. 引入"政府"主体的公共性媒介服务博弈

在现实的媒介制度设计时，政府是主要的制度设计者和供给者。在"公共性媒介提供博弈"中，媒介机构之间是平等的，没有制定博弈规则的权力。当政府部门加入博弈关系时，其身份是一个拥有"规则制定权"的特殊博弈者，通过制定规则，改变媒介机构的收益情况，对媒介机构的行为进行规制，从而达到维持公共性媒介服务稳定性的目的。为了保障整体收益的最大化和集团间的竞争博弈的公平性，政府在设计有关公共性传媒建设的博弈规则时，既要包括能有效地促进联盟的激励机制，还应充分考虑维持联盟稳定性的约束机制。

一般性的做法是，针对违反公共性媒介服务联盟规则的行为设置"惩罚"性制度，使之减少收益，无法享受搭便车带来的收益。那么，一个新的问题是，政府的"惩罚"性制度能在多大程度上起到约束作用呢？

在政府参加的新的博弈关系中，政府具有两个特点：一是政府部门的收益是公共性媒介服务带来收益的总和；二是政府是否实施"惩罚"的策略选择是在媒介机构的选择之后做出的。

假设Ⅰ：政府具有"惩罚"和"不惩罚"两种策略选择。

假设Ⅱ：若政府"不惩罚"不提供公共媒介服务的机构，则收益情况仍维持表4-7的结构，对博弈结果不会产生影响；若政府选择制定"惩罚"策略，则被惩罚的未提供公共媒介服务的媒介机构收益减少"x"，（x > 0）（见表4-8）。

表4-8 "惩罚"制度下的公共性媒介提供博弈

		机构 A			
		提供		不提供	
		机构 B		机构 B	
		提供	不提供	提供	不提供
机构 C	提供	1.5,1.5,1.5	0.5,2−x,0.5	0.5,0.5,2−x	−0.5,1−x,1−x
	不提供	2−x,0.5,0.5	1−x,1−x,−0.5	1−x,−0.5,1−x	−x,−x,−x

在表4-7中，一家媒介机构从提供公共性媒介服务的联盟中退出时，能享受搭便车带来的收益，同时还能迫使其他机构继续提供服务。制止这种"搭便车"行为造成对整体收益的损失是政府制定"惩罚"制度的主要目标。

在表4-8中，惩罚性制度的加入使得博弈收益关系发生了改变。惩罚性制度是一种成本增加的制度，使退出联盟的机构存在违规成本，预期收益下降，从而放弃退出联盟的决策。以A机构为例，当 x > 0.5 时，选择"不提供"的收益低于"提供"的收益，有可能促使其继续选择"提供"；但此时，由于A没有承担提供公共性服务的成本，但仍然能分享其他机构公共性服务带来的整体收益，且在 0.5 < x < 1.5 的区间内，A的收益仍然高于机构 B 和 C，B 和 C 为了避免出现（−x，−x，−x）的收益情况，也将继续选择提供公共性服务，那么 A 也就可能继续选择"不提供"策略。因此，从收益预期的角度来看，只有当 x > 1.5、违规成本足够高的时候，惩罚性制度的目标才能实现。

另外，表4-8呈现的是一个三人博弈的局面。在我国媒介发展的现时状态中，被要求参与提供公共性媒介服务的媒介机构数量更多，呈现多人博弈的状态。当一个机构从联盟中脱离时，政府容易对其进行"惩罚"。如果当很多机构从联盟中脱离时总是采用提高违规成本的方式进行约束，不仅会提高政府的监管成本，还会造成整体收益的降低。由于政府的收益是公共性媒介服务带来收益的总和，因此这是不符合政府公共性媒介制度设计的收益目标的。

这也就意味着，政府不会频繁地采用惩罚制度，只有当情节特别严重，或涉及范围特别广的时候，政府才会实施"惩罚"策略。例如，2011年，石家庄广播电视台影视频道情感故事类栏目《情感密码》刻意放大扭曲的伦理道德观，误导了广大受众，损害了广播电视媒体的社会形象。广电总局对该频道做出了暂停播出30日的严肃处理。[1] 同年，针对形态雷同、过多过滥的婚恋交友、才艺竞秀、情感故事、游戏竞技、综艺娱乐、访谈脱口秀、真人秀等类型节目，广电总局发出了《关于进一步加强电视上星综合频道节目管理的意见》，实行播出总量控制。[2]

从政府参与和不参与的两种博弈状态来看，由带有经营性特征的媒介机构提供公共性媒介服务不能保障公共性服务的稳定性和持续性：在政府不参与的情况下，媒介机构之间的博弈最终会形成都选择"不提供"的劣战略选择；在政府参与的情况下，激励性制度无法避免搭便车现象的出现，约束性制度又因为参与的媒介机构数量过多以及媒介机构收益与政府收益之间的密切关联而存在不稳定性。因此，在媒介机构的混合属性下，公共性媒介服务难以得到有效保障。2011年1月3日、3月1日，重庆卫视以"省级第一红色频道"为目标，两次宣布改版，并停播商业广告，成为我国唯一一家不开展商业广告活动的免费电视频道。此后一年，运营经费、节目质量、收视份额等问题一直没有得到合理解决。而相邻省份的四川卫视和贵州卫视2011年的广告收入大幅增长，并多次进入卫视频道收视率排名前10位。2012年2月该频道《星电影》栏目由"皓鼎实业有限公司"冠名播出，3月15日再次播出"诗仙太白酒"商业广告。

因此，为了保障媒介融合环境下公共服务的均等化和公共性媒介服务的质量，我国仍然需要建设专门的公共性媒介机构，并通过制度设计保障

---

① 参见《河北省石家庄广播电视台影视频道被暂停播出30天》，http://www.sarft.gov.cn/articles/2011/09/16/20110916165342610441.html，2012年3月15日。

② 参见《广电总局就进一步加强电视上星综合频道节目管理答问》，http://www.sarft.gov.cn/articles/2011/10/26/20111027084748180633.html，2012年3月15日。

其运作的独立性和经济来源的稳定性。公共媒介制度的设计需要政府部门预设行动的规则，这就使政府在决定"是否介入公共媒介服务提供博弈"时不再拥有事后选择权。"惩罚性"制度也就由一种不确定的"相机选择"（rules rather than discretion）转变为"可信"的原则，能够对公共媒介服务起到更好的约束作用。那么，如果采取这种方式，如何避免陷入西方公共广播电视体制的危机呢？

首先是避免垄断。欧洲公共广播电视体制保护了公共广播电视机构的垄断地位，产权的公共属性使得广播电视机构缺乏创新动力。[①] 机构臃肿、模式僵化、效率低下等问题普遍存在于欧洲各国的公共广播电视台。合理的公共媒介系统应包括一定数量的公共媒介机构，并在一定程度上保持它们之间的竞争关系，以系统的活力促进效率的提高。

其次是设置稳定的资金来源结构。从西方国家的现实来看，数字化趋势迫使公共广播电视机构进行技术和设备的升级，提供基于互联网、移动互联网的数字多媒体服务，从而带来巨大的资金需求；随着媒介资源的丰富，"收视费"收取变得越来越困难，而政府公共服务方面的费用也在不断压缩。资金是公共媒介日常运作和内容生产的前提和基础。

最后是建立非营利性第三方机构，导入公众力量。在全球性的媒介商业化、市场化的环境下，公众力量的导入是公众维护自身利益的需要，也是避免公共媒介领域商业资本与政治资本结合的重要手段。

四、传媒业与其他产业间的博弈

1. 传媒与其他产业间博弈关系存在的前提

传媒与其他产业之间的博弈关系不是普遍存在的。信息技术使多个产业之间产生普遍联系，形成相互交叉的网络关系，但并不必然引发产业间的博弈。每个产业都有相对稳定的自系统，且系统内的制度是具有惯性的。在产业关系发生变化的初始阶段，各产业仍然能够维持稳定的运行。只有当产业系统的局部或整体出现不稳定，在某个产业交界处或产业区域内自系统运作低效或无效，而这一现象可能因其他产业的介入而获得改进或被替代时，产业之间才会出现博弈。

---

① 参见李娜《欧美公共广播电视危机与变迁研究》，中国传媒大学出版社 2009 年版，第 62—64 页。

我们可以从资源位理论的角度进一步解释传媒与其他产业间博弈关系的形成原理。资源位理论将能够被一个产业实际或潜在占据、利用或适应的部分称为该产业的资源位（resource niche，RN）。资源位依据其存在和利用的情况可分为存在资源位（existing niche，EN）和非存在资源位（non-existing niche，NEN），其中存在资源位包括 α - 实际资源位（alpha actual niche，α - AN）、β - 实际资源位（beta actual niche，β - AN）、α - 潜在资源位（alpha potential niche，α - PN）、β - 潜在资源位（beta potential niche，β - PN）。① 当与产业发展相关的技术、市场、资源、环境、政策约束和机遇等因素发生变化时，便会引发产业资源位结构的变化。例如，市场的融合可能使产业的 α - 实际资源位转变为 β - 实际资源位；技术创新可以将产业的非存在资源位转化为存在资源位。那么，随着信息技术和网络经济的发展，一方面，不同产业所提供的产品或服务的替代性增加，产业间存在资源位的相似性提高，竞争随之加剧。其中既包括对 α - 实际资源位的保护，也包括对 β - 实际资源位和 β - 潜在资源位的争夺。另一方面，产业之间的互补性增强。为了在竞争中获胜并谋求产业的可持续发展，企业和产业都要寻求、开拓新的资源位，使非存在资源位发生转化，并在这一过程中与其他产业形成互补性的战略联盟。不同产业在资源位的变化和竞争中形成竞争或合作的博弈关系。

2. 传媒与电信产业间的"讨价还价"博弈

我们以传媒与电信产业间的"讨价还价"博弈为例，这是媒介融合过程中与传媒业博弈关系最为直接、对媒介融合影响最大的一组产业间的博弈关系。传媒与电信产业间的博弈是由各自的产业链在信息技术的作用下发生变化所引起的。

---

① 对于某个产业而言，存在于一定空间（S）和时间（T）内的资源位称为存在资源位（existing niche，EN）。存在资源位如果只被产业 X 所利用，叫作产业 X 的 α - 实际资源位（alpha actual niche，α - AN）。若存在资源位被产业 X 同时也被其他产业所利用，则此存在资源位叫作产业 X 的 β - 实际资源位（beta actual niche，β - AN）。在存在资源位中，那些没有被产业 X 所利用的部分叫作产业 X 的潜在资源位（potential niche，PN），其中，既没有被产业 X 也没有被其他产业所利用的，称为产业 X 的 α - 潜在资源位（alpha potential niche，α - PN），没有被产业 X 但被其他产业所利用的部分，叫作产业 X 的 β - 潜在资源位（beta potential niche，β - PN）。在空间（S）和时间（T）内部不存在的资源位，称为产业 X 的非存在资源位（non-existing niche，NEN）。参见昝廷全、金雪涛《传媒产业融合——基于系统经济学的分析》，《中国传媒大学学报》（自然科学版）2007 年第 3 期。

在传统产业分类中，电信业是专门从事信息传递的行业。在信息技术的作用下，融合首先发生在信息产业内部，如语音和数据的融合、电信网络与互联网的融合，电信产业能实现的功能和提供的服务更加丰富。信息技术使得电信业的网络效应不仅可以通过用户规模的增加实现，还可以通过业务规模的扩张实现，即通过提供更多异质性的服务产品实现电信网络效用的最大化。因此，电信产业在内部融合的同时也使产业链的结构发生了相应的变化。目前，电信产业链的构成主体包括：电信运营商、网络设备制造商、服务/内容提供商（Services Providers/Content Providers，SP/CP）、系统集成商、软件/硬件提供商、终端厂商等，不同主体之间是相互联系、相互作用的非线性关系。上述变化使得原本就具有网络外部性特征的电信业显现出更加显著的网络经济特征，也表现出强烈的产业扩张需求。

传媒业的基本运作流程可分为信息生产、信息传递和信息消费三个环节。大众媒介时代，不同媒介形式均通过各自独立的系统完成这一过程。信息技术对传媒产业链的改变经过了辅助生产、媒介创新（包括媒介资源和媒介形式的丰富）和流程再造的过程，是以对传媒产业运作的硬件和软件的改造为基础的。信息化改造使传媒产业对互联网（包括移动互联网）的依赖性大大增强。一方面，互联网作为共用性多功能平台是传媒产业生产的基本要素；另一方面，互联网作为一种媒介形式又是媒介系统的重要组成部分。同时，改造也拓展了传媒网络的应用范围，例如，有线电视网络可提供可视电话服务。目前，传媒产业链的构成主体包括：内容生产商、软件/硬件提供商、网络运营商、信息集成商、终端厂商等。

比较电信与传媒的产业链主体构成可知，信息技术引发两条产业链的相互连接或嵌入，从而出现竞争，引发博弈。内容提供和网络运营是两个产业首先发生关联、产生博弈关系的结点。

检视传媒和电信业的市场行为，我们认为，电信业表现出更加强烈的扩展欲望，它正尝试通过各种渠道介入传媒产业链，引起传媒生产环节中价格的变化，并借助杠杆效应进一步扩大对传媒产业的影响。

传媒与电信业的博弈发生在两个领域：一是二者存在合作的领域，如手机报；二是二者存在竞争领域，如视/音频通信。我们将这两个领域的博弈关系抽象为传媒与电信围绕利益分配展开的"讨价还价"博弈。

无论是从产业规模还是从市场竞争力的角度来看，我国传媒与电信产业之间存在明显的实力悬殊。二者之间的博弈是不对等博弈。博弈发生时，电信居于主动地位，首先"叫价"，传媒产业被动"应价"。

假设Ⅰ：市场中，传媒与电信的总收益为 W，每增加一轮博弈总收益的折扣率为 t（$0 < t < 1$），n 次博弈后的总收益为 Wt^n。

假设Ⅱ：电信收益比例为 X_n（$0 \leq X_n \leq 1$）。第一轮由电信业首先叫价，分配比例为 X_1，传媒可选择接受或不接受，若不接受，传媒提出新的分配比例 X_2；若电信不接受，则提出新的比例 X_3，且 $X_1 > X_3 > X_2 > 0$。

电信和传媒在不同领域的技术、资本实力决定了它们对于该领域的收益预期，即（X_1，X_2）的初始值。当 $X_1 = 0$ 时，一个产业中的企业对进入另一个产业的收入预期为"0"时，博弈不会发生；当 $X_1 = 1$ 时，一个产业中的企业可能对另一个产业生产环节中的企业形成替换，并使两个产业的产业链发生联合；当 $X_{n-1} = X_n$ 时，形成博弈的解。

那么，第一轮电信的收益为 WtX_1，传媒的收益为 Wt（$1 - X_1$）；第二轮电信的收益为 Wt^2X_2，传媒的收益为 Wt^2（$1 - X_2$）；第三轮电信收益为 Wt^3X_3，传媒的收益为 Wt^3（$1 - X_3$）。

无论是电信还是传媒，只有当下一轮博弈的收益可能大于上一轮博弈收益时才会选择继续出价，否则将选择"应价"。因此，博弈的结果必然是分配比例的取值产生于（X_1，X_2）区间，即 $X_1 > X_n > X_2 > 0$。

由于博弈过程中存在协调成本和机会成本，传媒与电信产业间博弈的回合和博弈的时间均是有限的。当下一轮总收益大于上一轮博弈的任意一个部分的收益时，博弈才会继续，即 $Wt^{n+1} > Wt^n X_n$ 且 $Wt^{n+1} > Wt^n$（$1 - X_n$），简化为 $t > X_n$ 且 $t > 1 - X_n$。

t 值的大小是决定博弈回合数量的重要因素。t 值越小则博弈成本越高。当存在重大的市场博弈成本（如政策约束）时，则可能使占据优势的产业首先提出的分配方案被市场接受。因此，技术、政治、经济、文化等产业发展宏观环境因素的变化将通过影响博弈成本而影响传媒与电信产业博弈的结果。

3. 传媒业与多产业间的竞合发展

竞争是产业发展永恒的主题，这是由资源和市场的稀缺性决定的。竞争却不总是产业之间最有效的关联方式。竞争博弈的目标是寻求实现纳什均衡，但纳什均衡只是每个博弈主体针对其他主体战略的最优反映，并不意味着帕累托最优。[1] 传媒与多产业间的博弈关系可能发生在产业链的各个环节，博弈过程更加复杂。而参与博弈的主体越多，形成均衡的可能性越小，博弈的成本就越高。如果进行适当的规则设计，则可通过收益总量的提升使参与博弈的主体获得更多的实际收益。因此，从长远来看，传媒与其他产业之间（包括电信产业）将以竞合关系为主。

信息技术的发展及其引发的产业融合趋势为产业间竞合关系的形成提供了重要的基础。一是信息技术本身发展迅速，存在极大的不确定性，随时可能产生新的潜在市场或改变产业的议价能力；二是改变了产业链上企业间的纵向联系，形成相互联结的网络关系；三是提供了通约性的技术标准，促成了产业之间的相互兼容，并通过兼容合作获得产业增值；四是形成了开放性的产业系统结构，提高了产业之间信息和物质流通的效率，并推动组织结构的创新与优化。

例如，IPTV 以信息技术为基础，通过 IP 网络提供基于电视终端的新媒体业务，是媒介融合的阶段性结果之一。IPTV 本身的技术特征和运作方式使得广电机构或电信企业都无法独立完成该业务的运营和推广，从而使得跨行业的合作成为必要条件。

以上海广播电视台（原上海文广传媒集团）的 IPTV 业务在我国的发展和推广为例。2005 年，上海文广（SMG）获得国家广电总局颁发的国内首张 IPTV 集成运营牌照，随即在不同地区分别与中国联通（原中国网通）、中国电信合作开展 IPTV 业务，先后探索出了具有代表性的 IPTV 业务运营"哈尔滨模式"和"上海模式"。

"哈尔滨模式"是广电和电信在 IPTV 项目上的第一次合作，其中上海文广作为内容提供商和集成商负责运营牌照、内容集成、运营平台、内容频道、机顶盒设备等，同时负责协调和驻地广电、工商、公安等职能部门的关系；哈尔滨网通负责网络的建设和维护、收费渠道的管理、用户的管理等；双方共同开发新业务，并以收益分成、利益共享、风险共担的形式共同进行市场营销和拓展。对于有争议的领域（如数据信息服务和网络游戏等），双方都不涉及。

"上海模式"是一种以广电为主导，广电、电信分工合作的经营方式。其中，广电部门负责内容运营，包括集成播控平台的建设、内容提

---

① 参见［美］朱·弗登博格等《博弈论》，黄涛等译，人民大学出版社 2002 年版，第 39—56 页。

供、EPG（Electronic Program Guide，电子节目菜单）的设计等；电信部门负责系统测试、带宽改造、终端实施、系统运营、用户收费等；双方共同出资购买相关系统设备和机顶盒。上海电信旗下的上海信息集团专门成立了产品运营部门；上海文广则专门成立了百视通公司，双方在项目配合、产品合作方面成立了联合工作团队，按照合作框架原则联合运作和推动 IPTV 业务在上海的发展。"上海模式"在推广过程中充分发挥了上海文广的区域媒体优势，通过报纸、电视、户外等各类媒体的全方位联动，以及与永乐等家电卖场的合作，使业务更贴近用户。

在媒介融合与产业发展的实践过程中，基于不同产业的特征，传媒产业与这些产业结盟的出发点和战略选择也有所差异，主要可分为两类。一类是以降低成本为目标的产业协作。主要意义在于通过联盟降低产业之间的交易成本，发挥产业之间资源与优势的互补作用。例如，传媒产业可以通过与软件产业的合作，充分利用其技术优势，开发能更好地实现内容生产需要的相关软件，进一步提升内容生产的质量与效率。另一类是以拓宽市场领域、发掘市场机遇为目标的协作。主要意义在于通过联盟将更多的产业纳入关联产业体系，从而接入其他产业的生产环节，从中寻找新的市场机遇或创造出新的市场领域。例如，广播业曾经通过与汽车制造业的合作，将收音机置入汽车的硬件，既丰富了汽车的扩展功能，又使广播媒体锁定了更多的在途受众。从长期来看，产业间的联盟意图将由简单的降低成本向组织学习转化。组织学习不仅能提高企业在新的产业领域的环境适应能力，建立更融洽的协作关系，还能够促进产业环境的调整与升级，从而优化产业结构，提高整体收益。这将成为维持联盟稳定的重要基础。

产业经济学研究认为，形成模块化的产业组织和产业集群将是实现产业融合背景下产业间竞合的有效方式。前者有利于弱化产业结构的刚性，实现网络效应，扩展产业发展空间；后者则能够形成产业之间的内在信任机制，通过生产能力和资源的集中，提高创新和扩散的效率。①

---

① ［日］青木昌彦、安腾晴彦：《模块化时代——新产业结构的本质》，周国荣译，上海远东出版社，2003，第 6 页。张秀生、陈立兵：《产业集群、合作竞争与区域竞争力》，《武汉大学学报》（哲学社会科学版）2005 年第 5 期。

第三节　目标—现实：决定媒介制度
供给的核心问题

一、媒介制度本身的复杂性与稳定性

采用博弈论解读中国媒介融合的制度需求，便于我们厘清不同主体之间相互影响、相互作用的方式，讨论制度需求如何产生、可能如何演进以及行为主体有可能做出哪些策略选择。但博弈论的解释也有其局限性，例如，假设参与主体是理性的、策略选择的原则是"目标收益最大化"。博弈模型也存在过于抽象的问题。

在现实中，制度的变迁由制度框架的规则、规范及复杂实施结构的边际调整所组成。① 媒介制度是一个非常具体的问题，涉及范围既包括宏观媒介结构设计也包括广告、内容监管，又可分为经济性制度、技术性制度、政治性制度、公共性制度等多个不同维度。媒介制度自身的变迁逻辑还常常与技术逻辑、政治逻辑以及社会改革变迁逻辑相叠加，使得媒介制度演化的过程更加复杂。因此，对媒介融合的制度设计与政策安排，就需要充分考虑制度本身的复杂性、新制度的实施途径及其实施效果。

制度的设计以当前的信息占有为基础，以实现预期收益为目标。但是，制度在实施的过程中存在不确定性，可能因为微小的差异而产生明显不同的效果，"达到""达不到"或"超过"预期收益的情况都可能出现。制度是信息空间、响应函数、结果函数、目标函数的有机统一。其中，响应函数是参与人的战略，目标函数是机制设计者的战略，但是信息空间、结果函数不属于战略。② 政府、媒介、公众参与主体的数量、特征、收益预期都是响应函数的影响因素，同时作为媒介制度设计者的政府，其多重

① ［美］道格拉斯·C. 诺思：《制度、制度变迁与经济绩效》，杭行译，格致出版社、上海三联书店、上海人民出版社 2008 年版，第 114 页。
② 耿得科、张旭昆：《博弈论视角下制度的设计与演化》，《经济论坛》2011 年第 2 期。

角色、多重目标都是构成目标函数的变量。因此，媒介融合的制度设计仅考虑单个博弈关系的均衡或目标收益的最大化是远远不够的。制度供给者的最优策略不一定给制度需求者带来最大收益，信息的有限性也决定了制度预期与效果之间必然存在误差。当我们将媒介发展中的各种博弈关系嵌套于国家改革的整体博弈时，子博弈的最优策略并不意味着是针对大博弈的最优解。从不同角色、不同视角评价媒介发展的最优策略也将得出不同的答案。

媒介制度的复杂性还使得既有制度具有稳定性特征。产生稳定性的是一系列约束的复杂组合，其中包括嵌套在科层结构中的各种正式规则。[①]在重复博弈的状况下，既有的媒介制度给定了行为主体的博弈规则和初始状态，并对参与主体的行动形成规制。政府、媒介、公众或行为主体都是在既有媒介制度的框架之下建构各自的目标函数、评估风险和收益，并最终进行策略选择。正如日本学者青木昌彦所指出的："制度就以一种自我实施的方式制约着参与人的策略互动，并反过来又被他们在连续变化的环境下的实际决策不断再生产出来。"[②]

二、媒介制度变迁的路径依赖与锁定轨迹

技术驱动下的媒介融合发生于文化体制改革的宏大背景与整体安排之下；媒介融合的制度设计与政策安排成为这一政府主导下的中国媒介制度变迁的重要内容，并主要表现为正式制度变迁。因此，路径依赖是我们讨论媒介制度变化及媒介融合制度设计时的关键因素。

"路径依赖"理论是由美国学者诺思引入制度研究中的，他对制度变迁中的路径依赖分析形成了制度研究中的"诺思理论"。

诺思路径依赖Ⅰ：一种独特的发展轨迹建立以后，一系列的外在性、组织学习过程、主观模型都会加强这一轨迹。一种具有适应性的有效制度演进轨迹将允许组织在环境的不确定性下选择最大化的目标，允许组织进行各种试验，允许组织建立有效的反馈机制，去识别和消除相对无效的选

---

① ［美］道格拉斯·C. 诺思：《制度、制度变迁与经济绩效》，杭行译，格致出版社、上海三联书店、上海人民出版社 2008 年版，第 114 页。

② 参见卢现祥《寻找一种好制度》，华中科技大学出版社 2010 年版，第 28 页。

择，并保护组织的产权，从而引致长期经济增长。[①]

诺思路径依赖Ⅱ：一旦在起始阶段带来报酬递增的制度，在市场不完全、组织无效的情况下，阻碍了生产活动的发展，并会产生一些与现有制度共存共荣的组织和利益集团，那么这些组织和利益集团就不会进一步进行投资，而只会加强现有制度，由此产生维持现有制度的政治组织，从而使这种无效的制度变迁的轨迹持续下去。这种制度只鼓励简单的财富再分配，而不鼓励增加和扩散有关生产活动的特殊知识，结果不仅会出现不佳的增长实绩，而且会使其保持下去。[②]

我们借助"诺思"理论检视中国媒介制度发展和变化的过程。新中国成立时我国媒介制度的设计和安排是基于以暴力革命建立的政权和政治统治的需求所确定的。事业单位的体制定性成为新中国传媒制度的初始选择。由于经过长时间的战争和内乱，新中国成立初期国民经济和原有的制度体系已接近崩溃，原有的利益集团也基本解体，整个社会中充满了对安定与规则的向往。因此，政府对于社会和行业的制度安排的导入和实施成本就比较低，遇到利益集团的阻碍也相对较小。随着社会主义制度的确立以及计划经济的实施，在新制度下各行各业的运作方式逐渐形成，各种利益集团也逐渐形成，人们对于现有制度规范下的行为方式也逐渐习惯。一方面，这是社会对于新制度适应性和制度供给有效性的体现，另一方面，这也是"惯性"即将出现的预示。

1978年以来，我国媒介制度随着经济、政治、文化体制改革而发生了一系列的改革与变化。从"事业单位、企业化管理"到"采编与经营剥离"，再到"事业与产业两分开"的制度安排，从多元化经营到集团化发展，再到融资上市的媒介实践，从传统媒体的恢复与发展到新媒体的诞生，中国传媒产业从无到有并成为国家战略产业的重要构成。在这一过程中，媒介制度的变迁发生于多个层面，包括对既有媒介制度的调整、对西方媒介制度的借鉴、基于中国现状的制度创新，以及非正式制度与正式制度的同步变迁。但是，在这一过程中国媒介"党和人民喉舌"的基本定位没有变，"党管媒体、党管导向、党管干部"的原则也始终没有改变。在媒介融合和文化体制改革背景下，政府对经营性出版社、非时政类报纸

---

① 卢现祥：《西方新制度经济学》，中国发展出版社2003年版，第90页。

② 卢现祥：《西方新制度经济学》，中国发展出版社2003年版，第90页。

做出整体转企改制制度安排的同时，也进一步强化了人民出版社等四家出版单位、时政类报纸、广播电台、电视台的事业单位属性。

在这一制度框架下，中国媒介在产业化发展、舆论宣传、价值引导等方面都呈现明显的"报酬递增"效应。从政府的角度来看，当电视开始社会化之后，人际政治传播被不断边缘化。政府对媒介的使用就成为一种使权力通过媒介作用于受众个体并使其接受观念的有效治理手段。而政治传播作为治理技术手段的一个主要目的就是按照有利于实现政治治理的方式进行议程设置。这种议程设置将媒介和权力实践者紧密地联合在一起。政府在进行媒介制度选择和设计时，也必然寻求治理手段的优化和治理效果的进一步加强。从媒介机构的角度来看，"事业"体制在对媒介市场化实践造成一定限制的同时也带来了超额"回报"。例如，媒介机构的单位和个人都能够享受相应的级别待遇和政治地位；媒介机构借政府的威信和力量保持媒体在社会上的影响力，还能在享受有关优惠政策的同时保留企业的经营自主权。

制度经济学认为，制度变迁的路径依赖产生有两个原因：其一是制度的收益递增和网络外部性；其二是经济和社会中存在显著的交易成本。制度之所以具有报酬递增的性质，是因为它具有以下四个自我加强的机制。第一，建立一个制度需要付出巨大的初始成本，而制度一旦建立，它的运行费用就相对降低，因此，制度实施的单位成本很低。第二，制度具有学习效应。一种制度一旦建立，组织和个人就会去适应它，通过学习增强自己对现存制度获益的能力，而这又反过来加强了现存制度。第三，制度还制造强烈的网络效应，因为它为所有的组织和个人提供共同的行动规则，组织和个人对这些规则的遵守对各方都有利。第四，制度为各方提供稳定的预期，而相同的预期又加强了各方对这个制度持续下去的信心，从而使这个制度果真持续下去。[①] 中国媒介制度具备上述特征。在产权改革滞后的同时，传媒业却保持了强劲的增长势头，其主要原因是市场的潜在外部利润的内部化带来了巨大的获利机会；在传媒属性部分改变的同时，政府始终保持了对传媒核心资源的垄断权和控制力，这是以资源的行政配置和双轨制的运行机制为基础的。当前，我国传媒制度惯性体现在三个方面：行政管理为主，行业立法缺位；政府扮演多重角色，既是传媒产业的管理

---

① 姚洋：《制度与效率——与诺斯对话》，四川人民出版社 2002 年版，第 193、194 页。

者、监督者，又参与市场运作；媒介机构享受政策保护，"事业"体制故土难离。这是由传媒产业化发展的事业属性起点和混合性体制的初始制度选择所决定的。混合性体制正是我国媒介制度变迁路径依赖（Path dependence）的和锁定轨迹（Lock-in）的集中体现。

因此，中国传媒制度是政治力量与经济力量博弈的结果，是政府与传媒在各自利益取向下的制度选择。在现行的媒介制度框架下，政治力量借助资本力量继续进行控制，加强其控制的合法性；资本力量渐渐成为媒介重组的主要力量，借助政治力量保护获得丰厚的资本回报。这就使得政府和市场同时以参与者的身份介入传媒产业的改革和发展，都有各自的利益偏好，形成对既有制度的强化力量。制度变迁的路径依赖是媒介融合制度设计不可回避的现实命题。

第五章　中国媒介融合制度安排和政策选择：价值取向与目标设定

第一节　值得关注的几个问题

一、技术逻辑的显影

技术决定论与社会决定论之间的论争从未停歇。技术决定论者强调"技术发展是内生动力的唯一结果而不被其他因素所影响，塑造社会来适应技术模式"；社会决定论者则坚称"社会塑造技术"，"技术是中立工具，非技术动力——如社会阶层、政治权力甚至是个人性格——对它们的设计与控制具有独立影响"。① 今天，对这两类观点进行讨论的意义已不在于得出孰是孰非的结论，而在于促使我们在面对新的技术形式时充分考虑其对改变或延续社会、经济、政治制度的作用，以及各类社会现实和社会制度如何塑造和影响着制度的应用与变迁。

信息技术的诞生与发展奠定了媒介融合的技术基础，并带来媒介系统的一系列变化，包括互联网、网络电视等新的媒体形态的出现；传统媒体的数字化和信息化转型；不同媒介形式及其生产流程边界的消失。在这一过程中，信息技术的特征和内在逻辑也被深度嵌入到媒介系统的运作之

① ［英］安德鲁·查德威克：《互联网政治学：国家、公民与新传播技术》，任孟山译，华夏出版社2010年版，第22—23页。

中，持续改变着媒介的生产、传播、消费规律。同时改变的还有我们对"媒介"这一概念的认知。

"去中心化"的变化随着互联网的扩张而被人们所熟知。与传统大众媒体相比，互联网和新媒体为更多人提供了可以利用的传播方式和传播渠道，而进入门槛、硬件要求、个人能力要求都要低得多。信息传播由线性的、单向的向网络化和互动化的方向转变，呈现个人化、多元化的状态，传播的主动权也由组织层面向个体层面下移。无论是个人还是组织都可以发起以各自为中心的信息传播，每一个网络中的节点都可以实现信息的生产、传播、加工和反馈。因此，当无数个传播行为同时发生时，便有无数个中心，实际上也就没有确定的中心。在这个环境中，传统权威的影响力被分散，专业的传媒机构并不一定比个人更具有传播优势。例如，在新浪微博上用户的粉丝数量就意味着他们发表一条微博信息能同时被多少人接收。截至 2012 年 3 月 26 日，演员姚晨的粉丝数量为 18498838 人，台湾艺人小 S 的粉丝数量为 17879022 人，《南方周末》的粉丝数量为 2122811 人，《北京晚报》的粉丝数量为 120858 人。

信息技术和网络传播所显示的特性，让我们感受到这一新的传播技术中所蕴含的公众性、民主性和平等性。但是，网络环境下的"去中心化"对社会的作用也并没有如有的学者乐观估计的那样，"消除社会、经济和政治进程中的所有中介形式"。近年来，在海量信息真假难辨、用户难以完成高品质内容生产等现实情况下，网络信息传播也开始呈现专业化、权威化的趋势，只是专业和权威群体的结构与大众传媒时代相比有所差异。博客、播客、SNS 等应用形式不断造就着各类"网络红人"，他们在"被消费"的过程中逐渐扮演把关人和舆论领袖的角色；掌握了信息技术和网络传播规律的政府和媒介机构正通过电子政务、在线选举、APP 应用等方式加强和扩张其影响力。当精英们熟练地运用这些新媒体应用时，仍然会形成"社会化权威"（social authority），从而打破最初所营造的"平等"的局面。① 如安德鲁·查德威克所指出的那样"技术本身可能为权力转移提供机会，但是，这需要互联网之外的权力制度资源的配置"②。

①　Matthew R. Auer, "The Policy Sciences of Social Media", *The Policy Studies Journal*, Vol. 39, No. 4, 2011.

②　［英］安德鲁·查德威克：《互联网政治学：国家、公民与新传播技术》，任孟山译，华夏出版社 2010 年版，第 30 页。

　　"开放性"是信息技术发展的另一个特征，并由此衍生出其发展过程中的多主体"参与性"的特点。Linux 操作系统是自由软件和开放源代码发展中最著名的例子。1991 年 4 月，芬兰赫尔辛基大学学生 Linus Benedict Torvalds 设计了第一个系统核心 Linux 0.01，并将源代码放在芬兰的 FTP 站点上提供免费下载，用户可以根据需求自由修改，核心程序的著作权归 Linus 本人所有，其他应用程序归各自的作者所有。今天的 Linux 实际上是世界各地无数程序员共同开发的结果。随着信息技术的发展，开放式的技术标准取代了由开发商分别制定的"一人一机"技术标准，不同规模、型号、品牌的计算机之间能够进行信息的互联、互通，并实现数据处理的相互支持。由 Google 提出的"云计算"，是当前 IT 业最热门的话题之一，其核心就是要以公开的标准和服务为基础，以互联网为中心，提供安全、快速、便捷的数据存储和网络计算服务，让互联网这片"云"成为每一个网民的数据中心和计算中心。①

　　在媒介融合的背景下，媒介生产和传播过程也呈现明显的开放性和参与性特征。大众媒介时代，报纸、杂志或广播电视的生产和传播过程都是媒介机构控制下闭合的线性流程，内容、渠道、终端一一对应。随着信息格式数字化转换和互联网提供的非专用性平台的发展，报纸自助打印、视频点播等方式都得以实现。从电视、手机、电脑"三屏合一"到"台网互动"，从"三网融合"到"消费者自主媒体（Consumer Generated Media，CGM）"的发展，媒介系统的开放性正在从终端向系统运作的各个环节扩展。

　　从用户的角度来看，信息技术的开放性为个人提供了以往任何一种媒介所不具有的话语空间和自由度，扩大了信息获取、交流的时空范围，极大地激发了个人参与信息生产、制度建构和公共决策的兴趣和热情。例如，2008 年大选中获胜的奥巴马被称为"互联网总统"。原因是其竞选团队为其精心策划了"个人主页 + 社交媒体 + 搜索引擎"的网络传播互动策略。互联网的应用不仅提高了选民的参与度和积极性，还为其筹集了超过 85% 的竞选资金。

　　另外，信息技术的开放性还使得用户的信息接触和消费方式更加倾向

---

① 李开复：《云中漫步——迎接云计算时代的到来》，http：//www.googlechinablog.com，2010 年 1 月 18 日。

于主动获取而非被动接受。CNNIC 公布的《第 29 次中国互联网络发展状况统计报告》显示，即时通信和搜索引擎在网民中的渗透率分别为80.9% 和 79.4%，是 2011 年中国用户规模最大、使用率最高的两项应用。① 近几年，以 Facebook、Twitter、微博为代表的社会化媒体正是因为给予用户极大的参与空间，凸显了在线媒体参与、公开、交流、对话、社区化、连通性等特征而受到网民的热捧。

然而，值得关注的是，信息技术的开放性和参与性虽然为公众自由表达观点和更充分地享有知情权提供了更多可能性，但是，"网络暴力""网络谣言""人肉搜索"等现象也不断地提示我们，媒介和传播的开放互动也隐藏着失序和失控的风险。当个体有限理性下传播的信息与具有政治目的的理念或策略相结合时，信息上传就会冲击表达的公正性和平衡性，民主传播工具就有可能堕落为一种控制的手段。②

二、虚拟与现实的对接

与大众媒介时代相比，信息化和网络化的发展趋势使得对媒介融合制度的讨论变得异常复杂：个人传播、组织传播和大众传播相互交叠；现实问题被虚拟化，虚拟空间的问题又引发新的社会现实问题。

"虚拟"是随着信息技术的发展而出现的概念。操作系统中的"虚拟"，是指通过某种技术把一个物理实体变为若干逻辑上的对应物。物理实体（前者）是实的，即实际存在的；而后者是虚的，是用户感觉上的东西。③ 实际上，大众传播时代的媒介就已经表现出制造"象征性环境"的能力。

20 世纪 20 年代，美国著名政论家李普曼在《公众舆论》一书中论及拟态环境问题，并首次使用"Pseudo-environment"一词，即媒介通过对信息的选择、加工和传播为人们呈现的环境并非真实的客观环境。1968年，日本的传播学者藤竹晓进一步提出了"拟态环境的环境化"（信息环

---

① 《第 29 次中国互联网络发展状况统计报告》，http://www.cnnic.cn/research/bgxz/tjbg/201201/P020120118512855484817.pdf，2012 年 3 月 23 日。

② 任孟山、朱振明：《试论伊朗"Twitter 革命"中社会媒体的政治传播功能》，《国际新闻界》2009 年第 9 期。

③ 参见百度百科《虚拟》，http://baike.baidu.com/view/638742.htm，2012 年 2 月 23 日。

境的环境化）问题。他指出，大众传播虽然提示的是"拟态环境"，但由于人们是根据媒介提供的信息来认识环境和采取行动的，这些行动作用于现实环境，便使得现实环境越来越带有了"拟态环境"的特点，以至于人们已经很难在两者之间做出明确的区分。[①]

计算机和网络技术的高速发展在将我们从工业化社会带入信息化社会的同时，也造就了一个完全基于信息技术的"虚拟社会"。现实中的所有组织形式、社会关系都在其中有所映射，"人"仍然是虚拟社会运作的主体，但又体现出与现实社会完全不同的运行方式和行为逻辑。媒介融合的发生使媒介提示的"拟态环境"与信息技术形成的"虚拟环境"相互介入，媒介本身也可以被虚拟化，例如虚拟电视台、虚拟演播室、虚拟主持人等。"虚拟社会"中，人们获得了更大的主动权，以虚拟的身份自由进出、自由传播，不仅是环境信息的接收者，同时还是虚拟社会的建设者和改变者。虚拟环境压缩了时间和地理的差异，消解了组织和个人的权力边界，使人们传播、消费、娱乐、生活等各类行为空间合而为一。

"自由主义"的意识形态主导着一系列网络相关的政策议题，虚拟社会所呈现的开放、平等、自由的特征也成为其倡导自我组织、自我管理，拒绝制度监管、排斥政府干预的理由。约翰·佩里·巴洛在《网络空间的独立宣言》中宣称，"我们正在建设的全球社会空间，将独立于你们想对我们进行的专制统治"，"我们的世界既无处不在又无处可寻，但是它不在我们生产的现实世界中"。[②]

事实上，虚拟社会并不像约翰·佩里·巴洛所描述的那样独立，虚拟空间中的行为方式、价值取向广泛而深入地影响真实世界的日常运转，虚拟财产与现实社会产生具有法律意义的关联，公共事件中迅速聚集的"网络民意"成为各国政府不容忽视的舆论力量。虚拟与现实的对接使融合时代的媒介显现比以往任何一个时代都更加突出的社会属性和政治属性：网友随手拍解救乞讨儿童，郭美美网络炫富引发中国慈善行业信用体系地震，Facebook、Twitter 在巴以冲突、"茉莉花革命"等一系列政治事件中发挥重要作用。同时，随着基础设施的普及和网民规模的增长，网络

---

① 郭庆光：《传播学教程》，中国人民大学出版社 1999 年版，第 127 页。

② ［英］安德鲁·查德威克：《互联网政治学：国家、公民与新传播技术》，任孟山译，华夏出版社 2010 年版，第 30 页。

上瘾、隐私侵犯、版权侵犯、网络暴力、网络犯罪以及恐怖主义等现象日益严重，虚拟与现实的交织正在不断催生着各类工业时代所不曾出现的新问题，它们难以界定又亟待解决。因此，正如约翰内斯·巴德尔（Johannes Bardoel）所指出的，简单地以市场替代政府的管制是幼稚的，现在我们要所需要讨论的是如何更好地"再管制"，而不是"去管制"。信息化背景下，媒介融合的制度设计需要充分了解和把握虚拟社会的特征和规律，避免将传统的管理方式和制度逻辑强加于新媒介和新的传播形态。

三、疆界与边界的模糊及再划分

"国家"包括地域概念、政治概念和国际政治概念三个层面的含义：地域概念的"国家"（country），是指某一地域之内人文的和自然的统称单位；政治概念的"国家"（state），是指在固定疆域之内建立主权并通过一系列制度实施权威的政治社会；国际政治概念的"国家"（nation-state），是指以民族为基础形成的政治共同体。[①] 20 世纪 80 年代末，"全球化"已成为公认的世界发展趋势之一。这是一个多维的概念，涉及政治全球化、经济全球化、文化全球化等多个层面，包含生产、交易、社会关系的空间转移，以及资金、信息、权力在全球范围内的流动和扩张。全球化虽然不仅仅是信息技术发展的结果，但信息技术的创新和普及使得无疆界、零时差的信息和资本流动成为可能，极大地提高了全球化的速度。对媒介发展而言，信息化时代的新媒体发展和媒介融合正在不断降低国家或地区之间地理空间或政治空间边界的意义。

2012 年 2 月 20 日，谷歌公司社交网站 Google + 就发生了有趣的中国网民"占领奥巴马"运动。部分中国网民发现了美国总统奥巴马在谷歌公司社交网站 Google + 的实名认证个人主页，"热情"的网友开始在美国总统的页面留言和"灌水"，内容主要是玩笑或调侃。由于 Google + 设置了 500 条的回帖上限，奥巴马的 Google + 评论很快成了中文版，美国人无法再发表评论。其中许多留言都是中国式的跟帖内容，例如"沙发""占座""板凳"等。这些内容翻译成英语以后很难理解，也因此引起美国网

---

① 参见燕继荣《政治学十五讲》，北京大学出版社 2004 年版，第 45 页。

民和媒体的强烈兴趣。媒体戏称中国网友的"围观"为"占领奥巴马"运动。对新的传播技术而言，以地理区位为基础所设定的"疆界"尽管依然存在，但其所能起到的限制作用已经比现实生活中弱了许多。

媒介发展的全球化在信息技术的助力下加速推进，西方发达国家也借助媒介融合所带来的边界消融这一历史机遇，不断通过内容输出、技术输出、资本输出以及制度输出的方式努力扩张，重新划定各自在传媒领域的势力范围。

一方面，国际性组织在媒介发展和制度制定中扮演着越来越重要的角色。例如，欧洲一体化的过程中，欧盟先后出台《无国界电视指导原则》《视听媒体服务指令》《关于调整卫星广播及有线系统转播中著作权及邻接权诸问题的欧洲协议》等一系列旨在促进欧洲整体性媒介市场形成的文件和协议。2009 年，欧洲电信改革方案实施，建立了泛欧洲电信业监管机构"欧洲电信管理局"（Body of European Regulators for Electronic Communications，BEREC），以促进成员国监管体制的完善和监管原则的一致性，推动欧洲一体化电信市场的形成和跨境业务的发展。2010 年，欧盟委员会提出了欧洲 2020 战略（Europe 2020 Strategy）数字化进程计划（The Digital Agenda for Europe）①，总体目标便是在高速发展的互联网和交互应用的基础上建立欧洲一体化市场，促进欧洲经济社会的可持续发展。

另一方面，国际资本形成对行业和产业链的垄断与控制，媒介控制权向发达国家集中。美国一直是全球传媒市场自由贸易的推动者。20 世纪 80 年代以来，美国的放松管制政策在很大程度上降低了媒介融合和产权交易的制度障碍，形成了时代华纳、迪士尼、维亚康姆等一大批综合性传媒集团，它们通过全球范围内的商品内容销售、产权兼并、版权输出、资本运作等方式在全球媒介资源配置、产业分工等方面发挥着主导作用，并不断强化对媒介产业链上下游的控制。而最终的结果是世界媒介的控制权向几个发达国家集中，并成为这些国家干预别国内政的手段之一。2011 年 5 月，美国财政部宣布对利比亚广播公司实施制裁，冻结其在美国境内的资产，美国公民不得与其交易；2012 年 3 月，美国财政部又以替叙利亚政府掩盖暴力行为为由，宣布对叙利亚广播电视总局实施制裁。

---

① 参见 http：//eur－lex. europa. eu/LexUriServ/LexUriServ. do？uri＝COM：2010：0245：FIN：EN：HTML，2010 年 12 月 5 日。

普拉迪普·托马斯（Pradip Thomas）在《谁拥有媒介？》一书中指出，美国式的媒介控制和决策模式正迅速地影响世界各地，放松管制模糊了本土与国际的界限，国际资本和跨国公司成为媒介发展的主导，这导致了媒介所有权与公众问责制发展方向的错位。① 在此情况下，国家和政府在媒介监管、制度供给等方面的功能和权力常常主动或被动地让位于国际组织或跨国资本，从而丧失对本国媒介发展的控制力。西方发达国家主导下的媒介融合影响的广泛性和渗透性将导致亚洲和非洲国家的文化根除（cultural uprootedness）和西方化（westernization），从而造就后殖民社会（postcolonial society）。②

第二节　中国媒介融合制度安排和政策选择的价值取向

一、平等

媒介融合的制度安排和政策选择是对相关利益主体权力、机会和预期收益的分配。在制度和政策形成的过程中，"平等"是各利益主体进行竞争的目的。但不同主体从各自所处的环境和所拥有的能力出发，所要求的"平等"的内涵和对"平等"的评价标准又是各异的。

首先，"平等"是一个资格问题。对媒介融合制度的安排首先决定了"谁"有资格参与分配。现有的媒介制度对参与者资格的设定是分级和分类的。例如，政府部门的职责划分，决定了哪些部门能够参与、在哪些领域参与媒介监管和媒介制度安排，也决定了中央和地方之间的权力分配；《广播电视管理条例》《出版管理条例》《音像制品管理条例》《互联网视

① Pradip Thomas, Zaharom Nain, *Who Owns the Media？：Global Trends and Local Resistances*, Distributed exclusively in the U. S. by Palgrave, 2004.

② Frederik Holst, "Challenging the Notion of Neutrality – Postcolonial Perspectives on Information and Communication Technologies", in *Social Dynamics* 2.0：*Researching Change in Times of Media Convergence*, Frank & Timme, 2011, p. 127.

听节目服务管理规定》等行政法规对相关媒介服务机构设立的基本条件、可开展服务的范围进行了明确规定，并采用许可证制度。

随着媒介融合的发生与发展，既有的资格体系面临挑战：获取资格的条件与现实不适应、不匹配，而媒介形态之间的融合、传媒与其他行业之间的融合也不断消解着资格许可制度设定的业务边界，从而影响资格限制的合理性和有效性。例如，我国电视剧生产采用"广播电视节目制作经营许可证"和"拍摄制作备案申报制度"，分别从制作主体资格和节目内容两个方面进行资格控制。但是，随着网络视频服务的发展，出现了大量用户生成内容（User Generated Content，UGC），2012 年，微电影、微电视剧也成为搜狐、新浪等互联网企业介入内容生产的主要策略，但现行的电视剧资格体系无法延展到这一领域。那么，原有的资格体系是否需要调整？应该如何调整？这些都成为新的问题。资格体系的调整决定了有多少主体能享有"平等"，以及在多大范围内实现"平等"。

其次，"平等"是一个价值问题。不同主体对媒介融合的价值判断和价值期待是不一样的。以三网融合为例，从国家发展的角度来看，三网融合是新一代信息技术产业的重点内容，是提高国家信息化水平、建设信息化社会的必要环节；从企业发展的角度来看，三网融合为 IPTV、互联网电视等新产品、新业务的发展提供了更大的市场空间，企业也将因电信、广电网络的互联互通而产生新的商业模式；从个人需求的角度来看，三网融合能够带来多样化的服务选择，个人还能更好地享受社会保障、医疗卫生等信息系统建设带来的好处。不同主体因为价值判断的差异而对"平等"具有不同的定义。因此，从价值期待的角度来看，利益主体期待的"平等"更倾向于一种群体内部的分配方式。媒介融合带来的变化是原有的群体构成和价值期待的变化，因此媒介融合的制度安排和政策选择有必要重新考虑不同群体内部的分配方式。

最后，"平等"是一个过程问题。媒介制度规定了不同主体的行为规则和互动方式，事实上也就规定了目标实现的过程。在很多情况下，利益主体常常会因为收益是一个远期不确定的目标，而更加注重"过程"的"平等"。不同的制度对目标实现过程的"平等"有不同的偏向。例如，英、美等国家普遍采用放松管制政策，提供的是分配过程初始状态的平等性，通过媒介机构之间的市场竞争进行资源的配置；采用配额制度的国家则关注的是对弱势地位或欠发达地区、行业的保护，从宏观上保障媒介融合的平等和平衡。

但是，过程的"平等"是最难界定也是最难实现的。从英、美等国的实践来看，放松管制政策在最初实现对竞争的激励后，催生了新的横跨传媒、电信业的超大型传媒集团，导致了对资源和市场的垄断；而配额制无法实现资源的高效和优化配置。因此，无论在哪个国家，关于媒介制度的安排，都难以避免对竞争、管制、垄断等问题的争论。

从"平等"的角度来看，媒介融合的制度安排和政策选择应该首先界定"谁来参与分配""分配的是什么""通过什么方式分配"。

二、安全

随着媒介融合从基础技术、信息格式到传输网络，再到终端设备的全面展开，媒介发展所涉及的范围和领域都更加广泛，国家和政府对媒介的功能期待也更加多元。

从国家战略产业的设计和规划来看，电子信息和文化两大产业的振兴规划均不同程度涉及传媒产业的发展。其中，《电子信息产业振兴规划》明确提出了"以新一代移动通信、下一代互联网、数字广播电视等领域的应用创新带动形成一批新的增长点，产业发展模式转型取得明显进展"的规划目标，并将视听产品、信息服务列入电子信息产业发展的重点领域。《文化产业振兴规划》则提出了"以文化创意、影视制作、出版发行、印刷复制、广告、演艺娱乐、文化会展、数字内容和动漫等产业为重点，加大扶持力度，完善产业政策体系，实现跨越式发展"的规划和设计，并强调"采用数字、网络等高新技术，大力推动文化产业升级"。① 战略产业应是实现经济持续增长的领航产业，是对国民经济发展和产业结构转型起促进、导向作用，并具有广阔的市场前景和科技进步能力的产业，是关系国家经济命脉和国家安全的产业。② 这就意味着国家对传媒产业在当前应对国际金融危机中发挥其调整结构、扩大内需、增加就业、推动发展的作用提出了更高的要求。传媒业的发展关系我国综合国力和国际

---

① 参见《电子信息产业振兴规划》，www.miit.gov.cn；《文化产业振兴规划》，www.ccnt.gov.cn，2010年1月7日。

② 中国战略技术与产业发展研究课题组：《从战略视角把握我国的战略产业》，《经济日报》2002年12月2日。

影响力的提升。

除了产业意义以外，中国媒介还承载着维护国家文化安全、意识形态安全和把握正确舆论导向的重要职责。2003 年文化体制改革启动以来，加强社会主义文化建设就一直是我国各级政府的主要任务之一。2011 年10 月 18 日中国共产党第十七届中央委员会第六次全体会议通过《中共中央关于深化文化体制改革的决定》，其中强调"舆论导向正确是党和人民之福，舆论导向错误是党和人民之祸"，并对新闻舆论工作提出了引导社会热点、疏导公众情绪、科学解释疑惑、有效凝聚共识等要求。这些要求也进一步明确了党和政府对媒介在建设和谐社会过程中的功能期待。2012年 3 月发布的《政府工作报告》中，再次将促进"文化大发展大繁荣"作为年度政府工作的主要任务之一，并将"要提供优质丰富的文化产品，不断满足人民群众的精神文化需求"和"深入推进社会主义核心价值体系建设"列为首要任务。

因此，"安全"是我国媒介融合制度设计过程中的重要命题之一。从我国社会发展的现状和既有的媒介制度来看，媒介发展所涉及的"安全"是一个相对的、与未来发展预期相关联的问题，即基于对"如果缺少，则可能造成问题"的潜在风险和危机的预估进行制度的设计与安排。由于媒介功能的多元化和媒介系统关联的广泛性，对媒介制度"安全性"的保障也需要从多个维度以不同的标准进行讨论。

首先，从舆论安全的角度来看，媒介与舆论的关系密不可分。公众的意见通过媒体传达，可以形成广泛的影响和共鸣，而政府和组织也能够通过媒介引导舆论、影响公众意见。在国内经济社会转型和世界发展全球化的趋势下，我国的舆论安全包括对内和对外两个部分。从国内环境来看，我国正处于社会转型过程中的矛盾多发期，公众获得了适度的意见表达空间，在一定程度上缓解了社会压力、缓和了社会矛盾。媒介融合带来了"博客""微博"等新的媒介形式，在推进价值观自由开放、提高知情权和改善民主治理等方面产生了积极影响，媒介在其中发挥着"减压阀""缓冲阀"的功能，而有效的舆论监督也是加强社会主义民主建设的现实要求。但是，负面信息过多、真假难辨的情况也有可能造成社会焦虑，滋长仇恨情绪，出现"舆论暴力""绑架舆论"等现象，这不仅会使"减压阀"的功能失效，反而会使其成为社会的不安定因素。从国际环境来看，国家之间的传播竞争和舆论竞争已经与政治竞争、经济竞争一样具有战略意义。国际传播能力是思想文化竞争的重要载体，不仅关系着国家文化的传播和形象的塑造，更关系着国家和政府在国际社会中的话语权和影响力。

其次，从文化安全的角度来看，传媒业是我国文化领域的核心构成。文化安全包括语言文字安全、风俗习惯安全、价值观安全、生活方式安全等多个层面，保持民族和国家文化的特征和延续是维护文化安全的重要内容。改革开放以来，在经济、贸易交往日益频繁的同时，世界各国的文化、习俗与我国的传统文化发生着碰撞与交锋。特别是 20 世纪 90 年代以来，美国、日本、英国等发达国家的文化产业高速发展，大型传媒集团成为图书、影视、音乐等文化产品输出的主要力量，不仅形成了对输入国文化的冲击，还引发了"文化渗透""文化霸权"等一系列值得深思的问题。媒介融合使信息的生产和流通更加自由、更加方便，互联网和新媒体的发展使国外文化产品的进入门槛进一步降低。在多元价值观和生活方式的冲击之下，公众也不可避免地出现困惑和彷徨。媒介系统具有传承社会文化，实现社会遗产、法律、习俗传递的功能。我国社会价值观的引导、传统文化的传承与发展需要媒介系统发挥其应有的功能与作用。2012 年 2 月出台的《国家"十二五"时期文化改革发展规划纲要》在继续强调报纸、广播电视等传统媒体的任务和目标的同时，着重提出了"引导网络文化发展"的新要求。

再次，从信息安全的角度来看，媒介融合、媒介系统与信息系统的融合使得媒介与个人隐私、商业机密乃至国家信息安全紧密关联在一起。三网融合正在使我国原先封闭的电信网、广电网不断走向开放，也由此为病毒、恶意软件等从互联网向电信网和广电网转移提供了机会。云计算、数据挖掘、物联网、卫星定位等技术的不断革新，在为新的媒介形态和智能化媒介服务的创新和优化提供技术支撑的同时也埋下了信息安全的隐患。中国国家互联网应急中心的有关报告显示，仅 2012 年就有 7.3 万个境外 IP 地址参与了控制中国境内 1400 余万台主机的网络攻击事件；有 3.2 万个境外 IP 地址通过植入后门，对中国境内 3.8 万个网站进行了远程控制。2013 年爆发的"棱镜门"事件，更是重重地敲响了全球信息安全问题的警钟。因此，媒介融合的制度建构应该尤其关注信息安全保障体系的规划和设计，既要从宏观上对国家信息安全进行关照，还应对公民的隐私和自由给予充分保护，同时兼顾商业信息安全的需求。

最后，从产业安全的角度来看，在媒介融合的环境下，传媒业作为电子信息产业、文化产业的组成部分，被纳入国家发展的战略产业规划，也承载了调整产业结构、形成新的支柱产业的任务。但是，我国传媒业产业化发展起步晚、产业规模小、缺乏竞争力。我国传媒业的体制改革仍处于探索尝试阶段，市场主体、运作模式尚未形成，产业结构、市场机制有待完善，产业化发展仍然很不充分。传媒产业的发展模式没有完成从"粗放"到"集约"的转型：传媒集团的组建并未从根本上改变我国传媒产业分散、弱小的状况；区域市场分割、重复建设、同质化竞争现象普遍存在；受众、人才等资源缺乏深度开发；媒介融合和产业融合停留在运作机制层面，从基础技术到产业形态的数字化转型才刚刚开始；传媒企业创新能力不足，对外贸易逆差明显。与国际传媒业相比较，我国传媒产业的规模和实力都非常弱小，不具备与之竞争对抗的能力。当前，传媒业发展面临考验：信息技术的发展降低了传媒业的自然垄断属性，市场开放、加入WTO、转企改制使传媒业逐渐丧失政策的保护，传播技术发展带来全球媒介集团的垄断加深。

三、效率

效率是一个比较的理念，它表达的是在投入和产出之间的关系，在努力和成果之间的关系，在开支和收入之间的关系，或者在成本和获利之间的关系。[1] 在制度研究中，"效率"被普遍作为一种衡量制度有效性的方式。从经济学的角度来看，效率是成本与收益之间的关系。高效的制度则意味着在既定成本的情况下能够达到收益的最大化，或是以最小的成本达到目标收益。新制度经济学认为，有效率的制度促进经济增长和发展；无效率的制度会抑制甚至阻碍经济增长和发展。[2]

媒介融合的制度安排和政策选择是在新的技术、经济环境下的一次媒介制度的调适与创新，其目标是推动中国传媒业的增长和发展。"如何以一种相对高效率的制度替代低效率的制度？""如何让相关利益主体对新

---

① 参见［美］德博拉·斯通《政策悖论：政治决策中的艺术》，顾建光译，中国人民大学出版社2006年版，第61页。

② 参见徐桂华、魏倩《制度经济学三大流派的比较与评析》，《经济经纬》2004年第6期。

制度的高效产生认同？"对这些问题的回答决定着制度变迁、制度创新能否发生并得以成功实施。这也符合诺思所说的"如果预期的净收益超过预期成本，一项制度安排就会被创新"的逻辑。[①] 但是，媒介制度的意义并不止于经济层面，还涉及社会制度、政治制度、公共政策等内容，其制度"效率"的内涵与测度方式取决于我国媒介系统价值取向和发展目标。

若从博弈的角度来看，某一利益主体收益达到最大化，并不意味着整体收益的最大化；子博弈的均衡策略选择并不一定是更大范围内博弈的最佳策略选择。因此，从政府、媒介机构、受众等的不同利益主体的角度出发进行评价，媒介制度的"效率"水平也存在差异。2003 年，文化体制改革在总体设计中，对我国文化领域进行了公益性事业和经营性产业的划分，同时提出了坚持把社会效益放在首位，坚持社会效益和经济效益有机统一的改革发展方针。这就意味着，媒介制度变迁和媒介融合制度设计应同时符合"社会效率"和"经济效率"提高的目标，其中"社会效率"居于主导地位。

当前，处于转型期的中国社会具有突出的异质性和多元化的特征，社会分配不公、资源配置不均、社会保障缺失正在导致贫富差距、城乡差距的持续扩大，权力寻租、制度性腐败、通货膨胀等社会问题促使官民、干群、执政者与社会公民间的对抗情绪不断积累，各类矛盾持续激化，已经成为国家改革发展中的不安定因素。因此，促使媒介系统发挥社会调节的功能，以维护整个社会的和谐、稳定与发展是我们讨论媒介融合制度"社会效率"最重要的测度标准。具体来说，媒介制度的设计需要关注以下几个方面：一是提供均等化的公共媒介服务和公共信息服务；二是充分尊重公众的知情权和话语权；三是提高社会风险预警和公众情绪疏导的能力；四是加快推进新媒体在社会管理中的应用。

媒介制度的"经济效率"则直接体现为传媒产业化发展水平和整体竞争力。目前，我国传媒业的市场化改革还存在明显的缺陷——混合属性下的市场主体缺失。我国传媒业的市场化发展是从计划经济体制下的"垄断"走向市场经济体制下的"竞争"的过程。过去的三十多年里，"市场"概念的导入使中国传媒业的收入和规模一直保持着高速增长的态

---

① L. E. 戴维斯、D. C. 诺斯：《制度变迁的理论：概念与原因》，《财产权利与制度变迁——产权学派与新制度经济学译文集》，上海三联书店、上海人民出版社 1994 年版，第 274—291 页。

势。但是，我国传媒产业整体规模有限、竞争力不足，行业发展分散、弱小的"低效率"状态并没有得到完全改变。现阶段，我国传媒业的现状一方面是媒介机构数量众多。截至 2009 年底，我国共有 29 家出版集团、49 家报业集团、4 家期刊集团；2010 年，全国共有新闻出版单位 35.4 万家、广播电台 227 座、电视台 247 座、广播电视台 2120 座、教育电视台 44 座。① 另一方面是媒介制度呈现明显的制度低效。传统媒体与新媒体的融合互动受到多重制约，跨地域、跨行业的媒介经营仍被限制，没有形成全国性的综合型传媒集团，不同类型媒体间的合作停留在业务和运作机制层面；以资本为纽带的产权交易和兼并重组还无法实现。因此，进一步解放媒介生产力，鼓励创新，促进新技术的应用和新业务的开发，优化资源配置，提高资源利用率，扩大传媒产业规模，提升传媒产业竞争力，是我国媒介融合制度设计的重要目标。

第三节　中国媒介融合制度安排和政策选择的目标设定

一、合理媒介体系的建构

媒介系统具有多元社会功能，也具有政治、经济、公共等多重属性。媒介融合一方面使传统的媒介系统具有了许多信息化的特征，另一方面也不断催生新的媒介形态和传播方式，从而使媒介系统与社会政治、经济系统的相互作用方式发生变化，不同利益主体对媒介功能的期待也有所改变。对政府而言，媒介融合提供了许多社会管理和政治传播的新途径，扩大了媒介制度的约束范围，相应的制度需求也不断增加；对公众而言，媒介融合使媒介系统更深地嵌入人们衣食住行和社会生活的各个方面，人们对公共性媒介服务的需求也变得更加强烈；对企业而言，媒介融合带来了强烈的市场信号，孕育着巨大且仍不断增长的商业价值。因此，在新的技

---

① 胡正荣：《全球传媒产业发展报告（2011）》，社会科学文献出版社 2011 年版，第 29 页。

术环境和信息化社会建设的总体目标下，公众、企业和政府都迫切需要建立与之相适应的媒介体系、传播体系以实现各自的利益期待。因此，合理媒介体系的建构也就成为媒介融合制度安排和政策选择的重要目标。

英国学者詹姆斯·卡伦认为理想的媒介系统应该在实现自身效率的同时兼顾社会公平，并提出了"民主化的媒介系统"的构想。该系统由五个部分组成：公共服务型电视领域、公民媒体领域、社会性市场领域、专业型媒体领域、私营媒体领域。这个系统结构尤其关注对弱势群体、异见群体和少数派意见表达空间的保障。[①] 在我国，学者们普遍以公益性媒介和经营性媒介对媒介进行分类，这也是我国文化体制改革设计的基本思路。总体而言，以媒介的主要功能为基础，建立不同类型的媒体以及相应的管理体制是国内外学者较为一致的思路。

从国家改革的战略安排来看，社会效益与经济效益兼顾是国家对媒介制度设计和政策安排提出的基本要求。传媒业在改革和发展中首先应坚持"党和人民喉舌"的基本定位不变，同时承担分摊改革风险、维持社会稳定、满足人民精神文化需求的责任，并被委以"战略产业"重任。这就意味着，媒介系统的政治属性、公共服务属性和经济属性都要得到充分发挥。然而，从媒介发展的现状来看，两种效益难以兼顾，三重属性相互冲突正是我国媒介发展所面临的最大困境。造成这一困境的根源则是我国媒介制度变迁过程中所形成的"混合型体制"。

在媒介融合的过程中，出现了一些新的媒介形态和媒介消费方式，它们呈现传统大众媒体所不具备的特征。例如，BBS、博客、播客等社会化媒介在一定程度上为公众提供了意见表达的空间。但是在单一的"混合型"体制下，仅仅依靠技术的创新和进步无法从根本上解决同一媒介主体内不同属性的矛盾与冲突。其结果之一是政治力量借助资本力量继续对新媒介领域进行控制，资本力量通过与政治力量的结盟充分享受技术创新带来的超额利润。

从中国社会改革与发展的现实来看，合理的媒介系统应该至少包括"政治性媒介""公共性媒介""经济性媒介"三种类型的媒介，不同类型的媒介承担不同的任务，实现不同的功能，从而满足不同利益主体的需求。

---

① 参见［英］詹姆斯·卡伦《媒体与权力》，史安斌、董关鹏译，清华大学出版社2006年版。

不同类型媒介的建立并不是将现有的媒介系统简单地"一分为三"就能实现，也不是通过行政指令能够一蹴而就的。其建构需要依据中国现有的媒介制度和社会需求，结合信息技术和媒介融合的逻辑和规律，通过合理而有效的制度设计和安排，使媒介属性、运行机制、产权结构等多个层面实现从"混合"走向"分开"。唯有如此，才能真正使不同类型的媒介逐步形成并独立运行。实现这一目标需要重点关注以下三个方面。

其一，从媒介功能的设定和任务的设计上，应该让不同类型的媒介由同一体系内的"分工"走向完全"分开"的独立运作。以报业改革为例，2011 年，我国启动了非时政类报刊的转企改制改革。转制单位不仅要注销事业单位，还要重新在工商总局注册登记，完全转变为企业法人。企业法人的定位意味着非时政类报刊将成为能独立承担法律责任的市场主体，通过市场竞争实现优胜劣汰，这有助于商业价值的进一步实现。然而，改革后的非时政类报刊应属于何种类型的媒体却没有明确的定位。若作为企业，非时政类报刊应以实现商业利润为核心目标，应属于经济性媒介。但是，我国报业市场的主体是报业集团，事业属性的党报党刊是集团的"龙头"，非时政类子报子刊在转企改制后享有一定的经营自主权，承担更多的经济性功能，但仍需服从集团党委的领导。同时，转企改制后的报刊企业仍需强调"总编辑"的责任和地位，但在我国的《公司法》中却只有董事长和总经理的职位设置。这也就意味着，这些非时政类媒体仍然兼具"政治性媒介"和"经济性媒介"的特点和功能。因此，只有让不同类型的媒介真正实现独立运作时，才能充分保障其目标功能和效益的最大化。

其二，不同类型的媒介都应该具备多样化的媒介呈现方式，提供多样化的接入方式，这是媒介融合时代提高传播效果、实现媒介功能的必然要求。以公共性媒介为例。信息爆炸的环境中人们同时面临着信息"真假难辨"的困扰，个人和社区对公共性媒介的信息依赖不减反增，传统的公共广播电视已经不能满足人们的需求。一方面，媒介形态、传播方式的多样化，使受众和用户群体不断细分，不同类型媒介的受众在年龄、身份等方面差别日益明显。例如，电视媒体的受众出现老龄化现象、互联网用户则以中青年为主。另一方面，人们的生活习惯和媒介接触习惯也发生了改变。例如，在途时间的增长提高了人们对广播和移动互联网的使用频率，人们越来越关注信息的交流和分享。因此，人们不仅希望公共性媒介能够提供真实、客观、丰富的信息和服务，还希望这些信息和服务能够更容易地通过各种终端和渠道获得。

其三，应依据不同类型媒介的特征和发展需求，建立相应的媒介制度和运作机制。例如，经济性媒介的产品和服务在消费上往往存在明显的竞争性，买卖双方可以依据自己的价值判断通过市场讨价还价并达成交易。完全竞争的市场有利于促进产品的创新、服务质量的提高和生产效率的改进。政治性媒介服务于政府的社会管理和政治传播需求，则应通过相应的制度避免其陷入商业化和市场化的发展方向。公共性媒介承担着守望环境、缓冲社会矛盾、化解社会危机、传承文化等功能，相应的媒介制度需要保护公共性媒介免受政治力量和经济力量的影响，使其始终以公众利益为核心，但同时也需要有相应的激励和约束机制，使公共性媒介保持创新的动力和压力。

值得强调的是，在我国，公共性媒介一直处于缺位状态。今天，随着我国社会进入矛盾凸显期，社会保障机制不健全、社会资源配置不公、制度性腐败等多重问题开始集中显现，公共服务均等化和公共性媒介的建设已成为当务之急。从欧美等国公共性媒介建设的经验及媒介融合环境下面临的问题来看，首先，公共性媒介的建设是一个自上而下的过程，政府在这一过程中扮演着极为重要的角色，但同时政府又应避免直接干预公共性媒介的日常运作；其次，公共性媒介的建设是一个系统工程，需要有国家层面的制度供给、保障系统独立性的管理模式、合理分权的协调机制、相对稳定的资金保障、作为辅助的市场机制以及促进创新的激励机制；再次，公共性媒介机构应该有严格的内容生产原则和过硬的内容生产能力，以保障公共性媒介服务的客观性和高品质。因此，公共性媒介需要和公共性媒介制度相互支撑。目前，我国公共性媒介制度和媒介体系的建设均处于起步和探索阶段，其建立和健全还需要一个长期的过程。

二、公民媒介素养的整体提升

20 世纪二三十年代，在报业高速发展、通俗报纸普遍出现"媚俗化"倾向的背景下，"媒介素养"的概念在欧洲诞生，随后被引入美国、澳大利亚、日本等国。其后的几十年间，随着传播技术的发展、传播模式的变化以及受众特征的改变，媒介素养理论经历了四次"范式转移"：20 世纪

30 年代以保护主义为核心立场，20 世纪 60 年代强调提升对媒介内容的选择和辨别力，20 世纪 80 年代重点关注对媒介文本的批判性解读，20 世纪 90 年代以来则强调参与式社区行动。① 进入 21 世纪以来，IT 立国先后被确立为多个国家的发展战略，信息化社会的建设也由基础设施普及阶段进入信息技术利用率的提升阶段。媒介素养水平不仅关系个人对新的媒介环境和社会环境的适应能力，更关系国家和地区的社会稳定与竞争力塑造。

近年来，在信息技术的推动下，我国信息传播的手段和渠道更加多元，媒介形态更加丰富，具有交互性、分享性特征的社会化媒体尤其受到人们的青睐，公民媒介素养的重要意义也不断凸显。

当前，人们所面对的信息环境和传播环境也比大众传播时代要复杂得多。一是信息的更新和传输速度大大提高，人们需要接触和处理的信息量成倍增长；二是海量信息中不可避免地包括虚假、诈骗等不良信息，现有的技术条件和监管机制难以对这些信息进行彻底的清理和控制；三是媒介融合使人们的媒介使用、信息通信、社会交往、生活娱乐、金融消费等行为的发生空间日益集中，大量个人信息和隐私极易被信息系统和媒介服务提供者获取。这就意味着，在信息化和融合化的环境下，"媒介素养"的内涵更加广泛。对各类媒介的使用能力，信息生产、传播和获取的能力，对信息进行选择、理解、分析、判断和评价的能力，以及个人信息的保护意识和能力都成为关系个人生活和发展的基本能力。各类媒介是人们获取信息、了解环境的重要渠道，也是日常交流、社会交往的重要途径，更是人们进行价值判断、行为选择和决策的重要依据。而媒介素养的水平也关系个人能否体会媒介融合带来的权利和价值，能否充分享受通过信息化的手段提供的医疗保健、社会保障等公共服务。

从国家和社会发展的角度来看，公民的媒介素养水平与维持社会稳定、建设社会民主政治以及实现信息化密切相关。首先，媒介是公民权利和责任的组成部分，媒介素养的提高有利于我国公民更好地通过多样化的媒介渠道进行意见表达、舆论监督，参与国家政策的讨论和社会事务的管理。例如，政府网站已经成为我国各级政府部门用于信息公示、意见征集的主要途径。其次，我国社会转型正处于矛盾多发的阶段，整个国际社会

---

① 陆晔：《媒介素养的全球视野与中国语境》，http：//academic. mediachina. net/article. php？id = 5539，2012 年 3 月 30 日。

也进入了自然危机、社会危机频发的"危机时代"。由于社会环境中不安定因素大量存在，负面信息和谣言极易通过不理智的传播而被放大成公共事件。例如，2011 年 3 月 11 日，日本福岛发生地震并引发核泄漏危机，我国网络上开始出现"碘盐防辐射"的流言，导致短时间内食盐价格暴涨，并引发全国范围的抢盐风波。媒介素养的提升有助于增强我国公民对虚假信息的分辨力和免疫力，是防止谣言传播、遏制网络暴力的有效手段。最后，公民的媒介素养水平关系我国信息化社会建设能否顺利进行。提升公民媒介素养是防止出现数字鸿沟、体现社会公平的必然要求，更是发展更具竞争力和包容性的知识型经济的前提和基础。

　　然而，一个严峻的现实是，由于对公民媒介素养问题缺乏足够的重视，我国媒介素养体系一直处于缺失状态。

　　在我国，新中国成立以后的很长一段时间内，包括报纸、杂志、广播、电视在内的所有类型的媒介都处于事业体制之下，媒介的性质和功能较为单一，宣传和舆论引导是其核心任务。因此，公民媒介素养问题一直没有受到重视。1978 年，媒介机构的经营性活动得到了许可，商业性、娱乐性的信息逐步成为我国媒介内容的组成部分。随着广告市场的繁荣，报纸周末版、都市报热潮的兴起，国外电影、电视剧的引入，人们开始注意到媒介在多元功能彰显的同时也存在过度娱乐化、商业化带来的弊端。面对丰富而庞杂的信息、来自其他国家的多元价值观，我国受众对媒介内容的使用、选择和判断能力也越来越重要。20 世纪 90 年代末期，媒介素养研究开始引起大批国内学者的关注，电视、报纸等媒体中也开始出现一些引导人们使用和理解媒介信息的内容。但是，这些行为仍然具有明显的自发性和分散性。至今我国仍然没有与媒介素养相关的制度或法律，也没有承担提升公民媒介素养水平的明确的责任主体。

　　在媒介融合和信息化发展的背景下，公民媒介素养水平的提升是对国家和个人发展均有重要意义的战略问题，更是亟待解决的现实问题。特别是对于正处于成长期的青少年而言，他们的世界观和价值观尚未形成，因此，提升他们使用、理解和判断媒介信息的能力尤为重要。在日本、英国、德国等信息化水平较高的国家，媒介素养促进的制度化和媒介素养教育的系统化是它们较为一致的选择。对我国而言，公民媒介素养水平的提升是一个系统工程，该工程包括媒介素养概念的界定、相关法律制度的制定、国家层面监管框架的建构、媒介素养评价体系的设计、媒介素养促进工作责任归属的明确、媒介教育体系的规划、媒介素养促进规划的制定以及具体项目的推进与实施。此外，公民媒介素养的相关问题还应被纳入我国的媒介制度和信息化发展战略规划进行整体设计与安排。

三、有效治理模式的探索

在大众媒介时代，大多数国家采用以政府为主导的、垂直的科层治理模式对媒介系统进行监督和管理，并依据传播特征和运作方式的不同对电子媒介和纸质媒介采用不同的政策和措施。然而，媒介融合和互联网的高速发展使不同媒介的运作方式趋于融合，并呈现网络化、信息化、去中心化等完全不同于传统媒介的新特征，个人与组织的角色区分变得模糊，传者与受者的关联方式被重新定义。媒介融合还使得信息传播、社会交往、商务贸易、政治活动、教育等一系列原本界限清晰的社会活动走向融合，从而促使"改变"在整个社会的方方面面发生。更为重要的是，这些变化不是只发生在某个国家或区域内，而是在全球范围内同时发生，并相互关联、相互影响。

随着媒介融合程度的不断加深，媒介系统的网络化特征更加突出，这就使得媒介治理需要跨越行业和领域、跨越国界的解决方案。同时，媒介由于影响的广泛性和融合环境下监管的复杂性，仅仅依靠政府部门的监督和管理也难以实现有效的治理。

今天，在来自政治、经济和社会领域的各种力量的同时挤压下，形成于大众媒介时代的媒介治理思路和方式越来越不能满足现实需要：治理主体的价值取向不一致；治理理念与治理对象的现实需求不匹配；治理方式与媒介发展的现时状态不协调；治理结构难以实现不同类型主体间的利益平衡。由于"治理低效"的情况不可避免，探索有效的治理模式也就成为我国政府面临的新课题。因此，媒介融合的制度安排需要厘清媒介治理的目标，区分不同领域、不同层面的治理目标和治理需求，选择不同的治理手段，调动不同主体的能动性，使其在媒介治理结构中承担不同的责任与义务。结合我国媒介融合的现状和社会经济发展水平，在通过制度安排建构媒介治理模式时需要关注以下几个方面。

第一是建立合理的资源分配方式。信息技术的发展使媒介资源的结构和特征发生了变化。例如，数字电视的出现弱化了频道频率资源的稀缺性；电子杂志和网络小说的发展减少了对传统刊号和书号的需求；互联网由于所具有的无限连接和信息聚合功能而突破了传统媒体版面和时间的限制；内容版权、信息数据、网络域名、IP 地址等引发了新的行业竞争（如，互联网域名登记目前主要采用与商标注册类似的"先到先得"的方式，但这一方式常常因为某些品牌或个人的名字被抢先登记而引发有关知识产权的争夺战）。

事实上，信息时代的媒介资源并不是完全的"无限"，数字频道、无线频率仍然存在稀缺性。因此，对于存量、需求、使用范围不同的各类媒介资源，需要建立授权、有限授权、许可证、竞价等不同的分配和获取方式，并对不同类型和功能的"政治性媒介""公共性媒介""经济性媒介"进行相应的资源配给，才能更好地保证媒介系统发展的平等和高效。

第二是建立合理的治理主体结构，明确各类主体的分工。媒介融合的发生和发展实际上形成了对参与行业运作的各类主体不同程度的"赋权"。与大众媒介时代相比，公众不仅获得了更大的媒介选择权和媒介活动的参与权，还拥有了一定的传播权和转播权；三网融合的实现则使电信行业拥有了对传播渠道的控制权；媒介机构则能够更容易地通过用户注册及其媒介消费行为等途径收集大量客户资料，并拥有这些资料的使用权。这些新获得的权力缺乏完善的管理和约束机制，使得行业发展过程中不同主体间的权力和利益冲突常常发生。

例如，2009 年，Facebook 曾单方面修改使用条款，称"用户上传的资料即使删除，Facebook 仍然具有完全的使用权"，从而引发用户激烈抗议。因此，合理的媒介治理结构需要使不同类型的参与主体在拥有权利的同时也承担相应的责任，其中最为重要的就是建立不同类型主体的行为规范和自律机制。

第三是建立符合媒介发展和技术创新趋势的长效规制体系。信息技术的高速发展催生着新的媒介形态和媒介应用方式，使媒介融合在深度和广度上不断发展。无论是应对媒介系统自身的变化还是提高媒介系统对日新月异的环境的适应性，都需要建立符合技术创新趋势的长效规制体系。这个体系至少应该包括完善合理的法律制度、精简高效的监管机构、灵活有效的协调机制。

英国、新加坡等多个国家正在尝试针对新媒体和业务采用"一般性原则"或"类别化管理"的方式。这种方式通过法律明确某一类型业务经营者所需具备的基本条件和权利与义务，当机构或个人满足一定条件并进行备案登记后便被视为获得进入某一市场领域或开展某一类型业务的经营资格，而不需再逐个申请许可证。这一做法能够大幅提高市场的自由度和行业管理的效率，更为重要的是，其对提高制度框架在高速发展和变化的媒介形态和应用形式面前的主动性和灵活度有着明显的意义。

同时，由于媒介融合的全球化和跨国界特征，在长效规制的制定过程中，需要重点关注的是与国际治理思路和国际治理机构之间的衔接与合作。

当前，"全球化"和"信息化"相互作用，任何一个国家都难以独善其身。近年来，世界贸易组织、国际电信联盟、国际互联网协会、世界知识产权组织等在媒介资源的全球分配、国际争端的化解、国际贸易合作规则的制定以及应对数字鸿沟等方面的权力不断增大，作用也更加突出。2003年和2005年，联合国先后两次举办信息社会世界峰会（WSIS），参会国家达176个。WSIS试图建立包括政府、国际组织和机构、非政府组织、私营部门和媒体机构等多利益相关方共同参与的国际治理方式，推动平等、共享的信息社会的建设。

从日内瓦和突尼斯两次会议的结果来看，各主权国家在如何缩小数字鸿沟、三网融合的普遍接入和普遍服务、信息安全保护等问题上分歧明显。但是，会议至少为不同实力的国家和组织提供了一个对话和对抗的空间。WSIS代表了一种重要的趋势，即更多的非政府机构将参与全球媒介治理和公共领域的定义。因此，我们有必要在进行媒介治理结构探索的过程中，充分考虑这种趋势将对国家的媒介制度产生的深刻影响。

第六章 中国媒介融合制度安排和政策选择：基本框架与实现路径

第一节 制度安排：中国媒介运作的规则设定

一、政府部门结构和职责的厘清

媒介融合首先表现为信息格式和媒介形态的融合，但更重要的是媒介系统的组织结构、运行逻辑和外部关联的变化。这些变化是颠覆性的，又是持续的、发展的。因此，媒介制度的设计和政策安排是对媒介系统资源、组织、市场、公共服务和治理等方面规则的重新制定。在我国既有的媒介制度框架中，政府居于核心位置，发挥着主导作用。作为国家权力的行使者，政府所拥有的合法地位和强制力使其成为媒介融合制度安排与政策选择当然的主导者。

传统大众媒介时代，广电总局、新闻出版总署是传媒业的主要监管部门，分别负责对广播电影电视业和印刷出版业的监督和管理。随着新媒体的发展和媒介融合，文化部、公安部、工业和信息化部、国务院新闻办公室、国家工商行政管理总局等政府部门均对传媒业的监管有不同程度的介入。在这个管理结构中，广电总局、新闻出版总署分行业纵向管理的模式得以延续，同时还出现了对信息传播渠道和平台进行横向管理的工信部，专门进行互联网新闻管理的国务院新闻办公室，以及进行宏观规划管理的文化部。这些政府部门都属于同一行政级别，不存在从属关系，从而构成了纵横交错的复杂管理体系。这种多头管理的方式已经成为阻碍媒介融合、影响传媒业发展效率的制度障碍。政府既是媒介融合最重要的利益主体，也是媒介制度设计和制度供给的起点。因此，厘清政府部门的结构和职能，合理设定府间关系和不同领域的监管归口是媒介融合制度的核心内容。

从世界各国的实践经验来看，"融合监管"和"横向监管"是较为符合媒介融合和信息化特征的管理思路，也是全球范围内被普遍采用的监管方式。其中，"融合监管"主要是将不同类型、不同形态的媒介融合监管，将传媒业及与其紧密关联的通信业融合监管。"横向监管"则是依据融合后的传媒产业链和价值链构成，从内容、渠道、终端等不同层面进行监管。无论在哪个国家，"融合监管"和"横向监管"的实现，都不同程度地涉及行业主管部门的结构及管理权限的调整，这种调整主要包括三种方式。第一种是对既有行业主管部门的职责和权限进行调整。这种方式以美国为代表。美国联邦通信委员会（FCC）主要负责对美国国内各州和国际通信的监管，包括广播、电视、卫星、有线电视网、电话网等。为适应信息技术和媒介融合的发展需求以及放松管制的政策安排，《1996年电信法》对FCC的责权进行了调整，使之能够依据市场竞争状况的变化制定新的定性判断标准，更加灵活地进行行业监管。第二种是对媒介融合的相关行业主管部门进行合并重组。这种方式以英国为代表。2003年，英国出台新的通信法。该法案最重要的内容之一便是设立通信办公室（Ofcom）作为英国电信、广播电视行业的统一监管机构。Ofcom对英国原有的五家监管机构（电信管理局OFTEL、独立电视委员会ITC、广播标准委员会BSC、无线管制局RA和无线通信局RCA）的职能进行了整合。第三种是在国家政府机构改革的整体框架之下对媒介融合涉及的监管机构进行调整。这种方式以日本为代表。邮政省是日本传媒业的主要管理机构。1996年，桥本内阁正式推出"行政改革计划"方案。此次改革将日本政府的结构由原来的一府二十二省（厅）合并为一府十二省（厅）。其中，邮政省、总务厅、自治省合并为总务省，主管行政组织、运营管理、人事管理、电气通信、放送（新闻）、邮政事业公平贸易、灾害防御等事务，使日本媒介融合所涉及的主要行业领域实现了管理归口的统一，但其管理的范围大大超出了传媒、电信等媒介融合相关领域。

从我国的现实情况来看，政治体制改革是我国社会政治经济改革的内容之一。改革开放以来，我国先后进行了六次政府机构改革，其实质是政府管理体制、管理方式和管理机制的系统性调整。2008 年，被称为"大部制"改革的政府机构改革方案出台，大部制改革的目标是将业务相似、职能相近的部门进行合并，在精简政府、减少部门之间的职能交叉和权限冲突的同时，也减少横向协调的困难，理顺部门的职责关系。2013 年 3 月，《国务院机构改革和职能转变方案》出台，将国家新闻出版总署、国家广播电影电视总局的职责整合，组建国家新闻出版广电总局。然而，此次合并未涉及媒介融合发生的核心领域——广电和电信的主要监管机构广电总局和工信部。因此，从长期来看，通过"大部制"实现融合监管，提高管理效率，是信息化背景下我国政府机构调整的方向，但这一目标的实现还需要一些必要的中间步骤。

首先是基于融合后的媒介产业链和价值链结构调整部门分工。事实上，我国媒介的主管部门及其职责在媒介发展和政府机构改革的过程中一直处于动态调整之中。1949 年 6 月，设中国广播事业管理处，上级主管单位为中央宣传部；同年 11 月改为广播事业局，上级管理部门为政务院新闻总署；1982 年，改为广播电视部，并成为国务院组成部门；1986 年，改组为广播电影电视部；1998 年，正式成立国家广播电影电视总局，作为国务院直属机构。新闻出版总署的前身是 1985 年文化部设立的国家版权局，与国家出版局为一个机构、两块牌子；1987 年 1 月，国务院决定撤销文化部所属国家出版局，设立直属国务院的新闻出版署，保留国家版权局，继续保持一个机构、两块牌子的形式；2001 年，新闻出版署（国家版权局）升格为正部级单位，改称新闻出版总署（国家版权局），仍为一个机构、两块牌子。

在互联网和新媒体高速发展的背景下，1991 年 1 月，国务院新闻办公室组建，主要负责互联网新闻事业发展规划协调。在广电总局的职责中也增加了"信息网络视听节目服务机构和业务的监管并实施准入和退出管理""审查信息网络视听节目内容和质量""指导信息网络视听节目服务的科技工作"等内容。新闻出版总署的主要职责中也包括了对数字出版、网络出版的审批和监管。2013 年，新闻出版总署与国家广电总局合并组建新闻出版广电总局，其职责包括"推进广电网与电信网、互联网三网融合"；工信部则负有"统筹推进国家信息化工作，组织制定相关政策并协调信息化建设中的重大问题，促进电信、广播电视和计算机网络融合"的责任。

但是，这种分工模式仍然是在传统媒体管理的思路和框架之上形成的。媒介融合打破了不同媒介"内容—渠道—终端"的线性对应关系，形成互融互通的运作局面，这就使各个部门在管理范围、管理方式上不断发生冲突矛盾。融合后的媒介运作主要由"内容生产、内容集成、传输分发、终端接收"几个环节构成，同时又呈现"多主体内容生产、多平台集成、多渠道分发和多终端接收"的状态。以此为依据，可以将媒介管理所涉及的内容和领域划分为几个类别：内容生产业务、内容集成业务、信息传输业务、信息增值业务、终端设备制造业务以及软件技术开发业务。以上述媒介运作的环节构成为出发点进行政府部门间的分工，能够有效地避免监管冲突或监管真空现象的出现。例如，新闻出版广电总局负责内容生产、内容集成业务及主体资格的审查管理，工信部负责信息传输、信息增值、终端设备制造业务及主体资格的审查监管。

其次是建立跨部门的"合作监管"模式。作为行政分权体系下的具体职能部门，政府是一个集合的概念，各组成部分也必然考虑如何促使更有利于自己利益的制度的形成。因此，需要有效避免因为部门间的"博弈"而出现非整体利益最优的策略选择。"合作监管"是在部门分工基础上提高管理效率、降低协调成本的有效手段。在融合的背景下，促进整体经济的平稳发展和社会总体福利的提升将作为不同政府部门的共有信念，成为新的博弈均衡形成的基本前提。这一共有信念决定了"先整体后部分"的博弈规则，也定义和限制了不同政府部门的决策集合。青木昌彦认为，制度是促使博弈重复进行的共有信念的自我维系系统。我国拥有强大的行政组织体制，政府部门的各种权力均来自于上级部门的让与，是政治集权下的行政分权，这种体制规约着各科层的行政权力和职能范围，具有强制色彩。这一体制能够很好地保证不同部门博弈理念的同一性，从制度层面形成对共有信念的维系，也成为"合作监管"模式得以实现和维持的制度保障。

2014年5月，中国广播电视网络有限公司正式挂牌成立，该公司被期待成为来自广电系的"第四运营商"。值得关注的是，若该公司能够获得电信基础业务牌照，那么除了新闻出版广电总局外，电信业主管部门工信部也将加入对新公司的管理，这将成为我国媒介融合过程中政府部门"合作监管"模式的一次重要探索。

二、技术和服务标准的制定

技术标准是指一种或一系列具有强制性要求或指导性功能，内容含有细节性技术要求和有关技术方案的文件，其目的是让相关的产品或者服务达到一定的安全标准或者进入市场的要求。技术标准包括法定标准（de jure standards）和事实标准（de facto standards）两类。[①] 信息技术对不同媒介和产业原有技术的替代是媒介融合和产业融合发生的起点；信息技术的应用、创新与扩散是媒介系统结构整体性、持续性变化的原动力。信息化加速了经济全球化的进程和网络化趋势，强化了技术和服务标准对行业发展的作用与意义。

首先，以信息技术为基础的传媒产业具有显著的网络效应，包括直接网络效应和间接网络效应。信息技术的应用改变了媒介系统的基本"传一受"关系。每个媒介用户既是信息的接收者又是信息的传播者。特别是在网络媒体中，网民也是重要的信源之一。同一媒介的使用者可以直接增加其他使用者的效用。用户规模越大，则媒体网络的价值越高。消费者选择的除了传媒产品，还包括这个产品所关联的整个媒体网络。另外，信息技术需要借助一系列与之配套的硬件和软件才能发挥功能、体现价值。软、硬件的生产依赖于统一的通用技术标准。

其次，技术标准的应用能产生自然垄断的效用。在新技术发展初期，不同的企业和科研机构依据自己的技术优势进行技术研发和产品设计。当产业规模发展到一定程度后，技术标准的建立就成为产业再发展的一种客观需要。随着信息技术的复杂程度逐渐提高，技术开发将包含大量的基本专利，前期研发投入规模巨大。企业需要通过大范围的应用摊薄研发成本，获取规模效应。技术变迁研究表明，由于转换成本的普遍存在，一项技术被普遍采用后往往具有报酬递增和自我强化的机制，并在技术演进的过程中产生路径依赖。因此，确立了技术标准也就确立了相关产品和服务实现的技术路径。随着互联网向物联网的进一步发展，掌握技术标准的制

---

① 参见《投资与合作》专题部、《通信世界》调研部：《反私有协议白皮书》，2003 年。法定标准是指由国际或国家标准化组织批准和发布的标准；事实标准是指由广泛的实际应用所认可但未经任何标准化组织批准和发布的标准。

定权将意味着在更大的产业范围中掌握对市场和产业链的支配权。

本森（Besen）等的研究表明，在存在网络效应的产业中，一种技术标准的确立能将其他竞争者的标准淘汰出市场，并使竞争者承担巨大的沉默成本，即赢家通吃（winner-take-all）。[①] 因此可以说技术标准是企业与企业之间、产业与产业之间、国家与国家之间分工合作、利益分配的"游戏规则"。当前，信息技术应用的多样性和普遍性超过此前任何一种技术，并在不同产业间建立了广泛的技术关联。这就意味着，技术标准的确立所影响的不仅仅是单一产业的部分领域，而是多个相关产业。标准应用的先后和规模决定着市场的主导权由谁掌握，而掌握标准制定的主动权也决定着对相关产业领域和产业链的控制权。因此，"标准"成为产业发展的必争之地。

在媒介融合制度安排的框架中，技术和服务标准是不可或缺的部分。首先，通过制定技术和服务标准，能够明确发展目标，减少媒介未来发展的不确定性。以移动通信技术为例。欧洲 GSM 的 2G 标准从开发之初就得到了欧盟的确认，这促使欧盟各国运营商的采购计划在 GSM 标准的制定和研发尚未完成之时就得到了明确。明朗的市场前景和相对确定的用户规模进一步提升了各国进行标准研发的积极性，从而使 GSM 标准在世界上首先得到应用。

其次，通过制定技术和服务标准，能够避免重复建设，减少利益竞争导致的发展效率的损失。以手机电视标准为例。我国的手机电视业务经营始于 2003 年，但一直缺乏统一的技术标准，终端生产商也无法进行标准化生产，整个产业链的启动都有待标准的确立。2007 年 11 月 9 日，手机电视国标测试组和监理组第四次工作会议决定从 11 月 14 日起，正式进行手机电视标准测试。测试内容包括北京新岸线软件科技有限公司提交的 T－MMB 方案、清华大学提交的 DMB－T/H 方案、中国标准化协会提交的 CDMB 方案和尚视互动公司提出的 IMMB 方案。但是代表广电系统的泰美世纪公司并未按要求提交 CMMB 方案参评。广电系统的缺席使此次标准测评陷入尴尬而被迫暂停。2008 年 4 月，T－MMB 被国家发改委和国标

---

① 参见 Besen, Stan, "AM versus FM: The Battle of the Bands", *Industrial and Corporate Change*, 1992. 1, 357－96. Farrell, Joseph, and Carl Shapiro, "Standard Setting in High Definition Television", *Brookings Papers on Economic Activity: Microeconomics*, Brooking Institution, 1992, 1－93。

委牵头的专家评议组最终确定为手机电视/移动多媒体国家标准的技术方案，标准之争却未能因此终结。目前，手机电视业务中，国标 T – MMB、广电 CMMB、清华 DMB – T/H 互不相让，广电部门继续推进 CMMB 系统的网络覆盖和测试及产业化进程。

最后，通过制定技术和服务标准，能够规范行业发展，更好地保护消费者的基本利益。以宽带速率为例。我国固网宽带业务由中国电信、中国联通等少数几家大型通信企业垄断，但国家并没有宽带速率、价格等方面的技术和服务标准。2011 年 12 月，中国互联网数据中心（DCCI）发布《中国宽带用户调查》，数据显示，使用 4M 宽带的用户，理论上应享有 512KB/s 的网速，实际上，平均速度在 400KB/s 以下的占 91.2%；使用 2M 宽带的用户，理论上应享有 256KB/s 的网速，实际上，平均速度在 200KB/s 以下的占 83.5%；使用 1M 宽带，理论网速是 128KB/s，实际上，平均网速在 100KB/s 以下的占 67.6%。[①] 这也就意味着，我国互联网使用的实际宽带下载速率与运营商提供的名义宽带速率之间存在极大的差距。从宽带使用费用来看，内地固网宽带用户 1M 带宽折合每月费用约为 13.13 美元，是越南的 3 倍、韩国的 29 倍、中国香港地区的 469 倍。

三、相关法律的建立和健全

法律旨在创设一种正义的社会秩序（just social order）。[②] 合理、健全的法律体系是媒介系统秩序维持和媒介融合得以实现的基础条件，也是媒介融合制度设计"平等""安全"和"效率"的价值取向的综合体现。与政府部门的行政指令或针对具体问题的处理措施不同的是，法律体系具有逻辑上的自洽性和连续性。这两种特性使得法律具有明显的稳定性，也使之成为媒介制度框架中最为基础和核心的部分。因此，英、美等国都是以法律修订为基础，对媒介管理机构进行职能调整或设立新的监管机构。

中国特色社会主义法律体系由法律、行政法规、地方性法规三个层次，它们调整的社会关系的范围有所区别，其效力也存在差异。法律、行

[①] 《假宽带刺痛 1 亿多中国网民　每月支出为韩国 29 倍》，http：//finance. people. com. cn/GB/16707955. html，2012 – 3 – 31。

[②] ［美］E. 博登海默：《法理学：法律哲学与法律方法》，邓正来译，中国政法大学出版社 2004 年版，第 330 页。

政法规、地方性法规的效力等级由高到低依次是宪法、法律、行政法规、地方性法规。具体而言，宪法是我国的基本法，具有最高的法律效力，一切法律、行政法规、地方性法规、自治条例和单行条例、规章等都不得同宪法相抵触；法律的效力高于行政法规、地方性法规、规章；行政法规的效力高于地方性法规、规章；地方性法规、规章仅在本地区有效。按照法律体系的要求，下位法应与上位法相衔接、相协调，如果有超越权限或下位法违反上位法规定的情形的，将依法予以改变或者撤销，以避免不同法律效应的法律、规章的冲突和矛盾，保证法律体系的有机统一。也唯有如此，才能通过法律体系保障社会生活和国家运转的基本秩序。

目前，除宪法以外，我国传媒业和媒介融合相关的规章制度主要包括以下几个类别。

一是法律，如《中华人民共和国著作权法》《中华人民共和国电子签名法》《全国人民代表大会常务委员会关于维护互联网安全的决定》《广告法》等。

二是行政法规，如《信息网络传播权保护条例》《互联网信息服务管理办法》《广播电视管理条例》《电影管理条例》《有线电视管理暂行办法》《音像制品管理条例》《出版管理条例》等。

三是部门规章，如《广播电视安全播出管理规定》《广播电视广告播出管理办法》《电视剧内容管理规定》《互联网视听节目服务管理规定》《广播电视节目制作经营管理规定》《音像制品进出口管理办法》《出版物市场管理规定》《新闻记者证管理办法》《规范互联网信息服务市场秩序若干规定》《卫星移动通信系统终端地球站管理办法》等。

四是规范性文件，如《广电总局关于贯彻执行〈"广播电视广告播出管理办法"的补充规定〉的通知》《广电总局关于批准 ESPN、STAR Sports 在 2011 年度内继续供三星级以上涉外宾馆等单位申请接收的通知》《广电总局关于对石家庄市广播电视台违规问题的通报》《广电总局办公厅关于进一步加强电视剧文字质量管理的通知》《新闻出版总署关于加快出版传媒集团改革发展的指导意见》《关于启动网络游戏防沉迷实名验证工作的通知》等。

从上述法律体系结构来看，相关"法律"的内容很少，而与媒介融合密切相关的《新闻法》《电信法》等行业法律都处于缺位状态。由国务院和新闻出版广电总局、工信部等国家政府部门颁布的行政法规，及以此为依据制定的部门规章是我国传媒业和媒介融合发生发展的主要依据。

2000 年，我国颁布实施的《中华人民共和国立法法》对不同类型法规和规章的制定主体、规定内容和法律效力做出了明确规定。其中，第五十六条，国务院根据宪法和法律，制定行政法规。行政法规可以就下列事项作出规定：一是为执行法律的规定需要制定行政法规的事项；二是宪法第八十九条规定的国务院行政管理职权的事项。第七十一条，国务院各部、委员会、中国人民银行、审计署和具有行政管理职能的直属机构，可以根据法律和国务院的行政法规、决定、命令，在本部门的权限范围内，制定规章。部门规章规定的事项应当属于执行法律或者国务院的行政法规、决定、命令的事项。第七十二条，涉及两个以上国务院部门职权范围的事项，应当提请国务院制定行政法规或者由国务院有关部门联合制定规章。①

这也就意味着，我国媒介发展和运作依据的行政法规和部门规章是在国务院行政管理职权和国务院部委的部门权限内制定的。按照《立法法》的规定，各部门规章具有同等效力，在各自权限范围内施行。媒介融合常常会涉及多个相关行业，在行业法律缺失的情况下，不同部门从各自的职权范围出发制定的规章制度，也就常常出现分散、零散和混乱的情况，管理规范的稳定性也得不到保障。例如，2011 年 10 月，广电总局下发《关于进一步加强广播电视广告播出管理的通知》，要求非黄金时间电视剧每集（以 45 分钟计）中可以插播 2 次商业广告，每次时长不得超过 1 分 30 秒；黄金时间（19：00—21：00）电视剧每集中可以插播 1 次商业广告，时长不得超过 1 分钟。仅一个月后，广电总局下发《〈广播电视广告播出管理办法〉的补充规定》，正式取消电视剧插播广告。

与此同时，随着媒介融合的发展，许多新媒体、新业务领域更难以被明确地归入某一个或几个国务院部门的职权范围，因此在联合制定规章时也难免陷入部门管辖权限的争议之中，使规范出台的效率大大降低。例如，作为 4C（Computer、Communication、Consumer Electronics、Content）融合的重要产品，互联网电视被家电厂商视为 3G 时代的重要商机。然而，正是因为其实际使用过程中涉及内容、渠道两个关键环节，产业链横跨广电、电信两个领域，部门规章成为政府部门利益博弈的集中体现。

---

① 《中华人民共和国立法法》，http：//www.gov.cn/test/2005 - 08/13/content_ 22423.htm，2012 年 4 月 1 日。

2009 年 8 月，广电总局下发了《关于加强以电视机为接收终端的互联网视听节目服务管理有关问题的通知》，要求向彩电企业提供影视剧的内容提供商，需要获得广电总局颁发的《信息网络传播视听节目许可证》。缺乏充足而丰富的内容资源，互联网电视便失去了对市场的吸引力，厂商的销售预期难以实现。广电总局通过对视听牌照的控制将其影响力扩展至家电生产领域，这意味着其实际管理权限远远超出视听内容管理的范畴。

因此，在融合背景下，媒介发展相关法律的制定和健全需要包括以下几个方面的工作和内容。

首先是加快制定重要的实体性法律，尤其是与信息生产、传播和传输相关的法律，如《新闻法》《电信法》《公共信息服务法》《隐私保护法》等。改革开放以来，这类法律因立法条件不成熟、各方认识不一致等原因一直没有出台，但这些法律又与宪法内容密切关联，是行政法规和部门规章的制定依据。信息技术的发展和媒介融合在世界各国造成了巨大的法律缺口，"立法"已经成为各国政府媒介融合制度安排的共同选择。例如，美国将法律体系置于融合制度框架的核心位置。1978 年以来，美国先后出台一百余项涉及互联网管理的法律法规。因此，与媒介融合相关的实体性法律的建设是完善社会主义法律体系和深化改革的必然要求，也是建立传媒业行业秩序、规范市场行为、实现公共信息服务均等化的基础和保障。

其次是对现行法律进行及时的修改和完善。传媒业正处在发展的快车道，无论是自身运行方式还是生存环境都呈现多变的状态。例如，我国对报纸、杂志、广播电视、互联网等的服务主体都实行资格审批制度。互联网和移动互联网的普及使"个人"成为视频、音频和文字信息的生产者，"用户服务用户"成为普遍现象，而现有的主体资格管理体系却无法对"个人"主体进行审核和管理。因此，作为非判例法的国家，必然需要通过对已有的法律、行政法规等进行修改和调适，使之能够适应国家和行业的需求。法律的稳定性并不阻碍法律的发展和创新。但是，由于法律体系建设的目标在于增进社会的秩序价值，因此媒介融合相关法律的建设和创新不能与历史、传统相割裂，更不能与国家的法律框架相冲突。这样，遵循先例原则与遵守业已颁布的制定法规范，就会成为促进秩序的恰当途径。①

---

① ［美］E. 博登海默：《法理学：法律哲学与法律方法》，邓正来译，中国政法大学出版社 2004 年版，第 341 页。

最后是完善与法律配套的行政法规和司法解释。我国的法律体系由法律、行政法规、地方性法规三个层次构成，国家制定的法律通常都为各地和各个部门预留了深化改革和制定实施方案的空间。这种统一而又分层的立法权配置提高了法律体系对不同行业、不同地域的发展水平和现实状况的适应性，但同时也使得法律的实施需要有与之配套的行政法规、部门规章和地方性法规作为保障。在与媒介相关的法律体系中，行政性法规是行业发展的主要依据，数量最多，新法的制定和原有法律的修改，必然要求制定与之相应的行政法规和部门规章，同时也需要撤销或修改与新法相冲突的行政法规，这样才能实现法律体系的完整和统一。

四、行业自律体系的建设

与以"他律"为主的法律体系相对应，行业自律体系也是当前媒介制度的重要内容。20世纪40年代，在美国大众媒介所有权的垄断和集中趋势下，美国新闻自由委员会（The Commission on Freedom of the Press）发表了《一个自由而负责的新闻界》报告。这份报告的第五章对传媒业的自律（self-regulation）进行了专门的论述。这一章的开头写道："新闻界有承担服务公共利益的责任。在其他领域，已经组建了以此为目的的职业团体，犯错误的成员将受到团体内部的惩戒。我们将考察新闻界建立类似的组织和自律机制的可能性。"① 该报告随后又分别对电影业、广播业、报业、图书杂志业的自律机构、规则的建设展开了讨论。这份报告后来被认为是对媒介的"社会责任论"具有奠基意义的总报告。随后，传媒业的自律体系逐渐在世界各国受到重视并通过行业协会、行业公约等形式组建起来，其中以日本的广播电视自律体系最具代表性。20世纪50年代末期，日本开始在"电波三法"的基础上建设广播电视行业自律体系。日本商业广播电视机构组建商业广播电视联盟并制定《日本商业广播电视联盟节目基准》《日本商业广播电视联盟报道指针》；公共广播电视机构NHK制定《国内广播电视节目基准》和《国际广播电视节目基准》。

---

① The Commission on Freedom of the Press. *A Free and Responsible Press*, The University of Chicago Press, 1947, p. 69.

1996 年，NHK 与商业广播电视联盟联合制定公共和商业广播电视通用的《广播电视伦理基本纲领》。同时日本还设有专门的广播电视行业自律机构"广播电视伦理与节目提升机构"（Broadcasting Ethics & Program Improvement Organization）。信息时代，日本又制定了《网络事业者伦理准则》等行业自律规范。

在我国，新中国成立以后的很长一个时期内，媒介机构被视为党政机关的部门，并以行政事业单位的形式长期存在。在这种初始状态下，"媒体单位"既不是商业机构，又不同于西方国家的公共机构，媒介系统并未被视为独立的行业，行业自律和职业规范也就无从谈起。改革开放以后，媒介系统的市场属性和经济属性的彰显使之逐渐具有了许多独立行业的特征。随后，报业二重市场迅速形成，广告成为媒介机构最主要的资源补给方式，以电视剧为代表的内容市场高速发展，传媒业、传媒产业的概念开始被广泛使用。然而，从产权结构上来说，媒介的国有属性并没有发生改变，这种特征使国家和政府为广播、电视等大众媒介机构提供了公信力和权威性的背书，使媒介在一定程度上成为公权的代表。媒介系统内部应有的自我管理、自我监督的能力也就自然让位于行政规章和政府部门的监管。

在缺乏行业自律机构和自律体系的情况下，我国传媒业为了争夺收视率、销售量，扩大广告收入，有偿新闻、假新闻、信息失实、违法广告、炒作、侵权等现象屡禁不止，对传媒从业人员的资格缺乏规范、行为缺乏约束。2011 年 3 月，中央电视台《每周质量报告》对高档家具厂商达芬奇造假行为的专题报道，使该品牌遭到全国消费者及整个家具行业的质疑与诘问，但事后发现进行暗访和报道的央视记者李文学并没有获得记者资格证。2011 年 5 月，"药家鑫"案件仍处于司法程序时，各类媒体就展开了轰轰烈烈的舆论审判，许多报道的言辞中都体现出对"富二代"明显的怨恨和愤怒情绪，有失媒介应有的公正、客观立场。2011 年 7 月，石家庄广播电视台影视频道情感故事类栏目《情感密码》，雇人表演了一个"不孝"儿子对父亲出言不逊、百般欺辱的"我给儿子当孙子"的故事。

在新媒体领域，由于法律建设和行政监管相对滞后，而信息发布主体更加多元，由此导致行业失范和失序现象更为明显。2009 年，我国网络视频领域曾发生大范围的版权纷争。2011 年 1 月和 4 月，国家版权局先后要求 18 家网站报送共计 1372 部影视剧名单及其授权证明文件；12 月 30 日，国家版权局通报视频网站主动监管情况，18 家网站使用影视剧的平均正版率仍然约为 76%。2012 年 3 月中旬，大量关于"军车进京、北京出事"的谣言在互联网上流传；3 月 31 日，国家互联网信息办公室责成有关地方网络管理部门进行严肃查处，电信管理部门依法对梅州视窗网、兴宁 528 论坛、东阳热线、E 京网等 16 家造谣、传谣、疏于管理造成恶劣社会影响的网站予以关闭。被点名批评的新浪微博和腾讯微博分别关闭评论功能三天，对不良信息进行处理。

目前，开放性、交互性、网络化、海量信息等信息传播特征使得传统的行政监管方式在媒介融合时代显得更加被动和低效。侵犯版权和隐私、提供虚假信息、实施网络暴力等已经成为媒介融合所带来的最突出的问题之一，由此导致的无序与混乱成为社会发展的不安因素，也对传媒业的健康发展形成制约。媒介自律体系在维护国家网络空间信息安全和保护公众利益方面具有不可替代的作用。无论是保持传媒业的健康、可持续发展，还是促使媒介系统更好地发挥其社会功能，我国媒介自律体系的建设都已成为亟待解决的问题。

首先，需要明确传媒业自律体系的约束主体。在融合化和网络化的时代，"媒介"的内涵不断扩充，参与媒介生产和传播的主体数量和类型也不断增加。特别是互联网的发展赋予了每一个人使用媒介进行信息传播的权利，由个人或民间组织进行信息生产、交换、传播的社会化媒介是近年来行业发展的热点领域，并已经成为媒介系统的重要构成。因此，传媒业自律体系的约束范围不仅应该包括专业的媒介传播机构、传媒行业的从业人员，还应包括使用各类媒介进行信息传播的用户。

其次，需要建立专门的行业自律机构、自律公约和行为规范。自律实际上包括个人或主体的自我约束以及来自行业和群体的自律机构和自律公约的约束。其中，自我约束通常是以自愿为前提，其约束力可以来源于内部的个人理念、信仰、意识、情感，也可以来源于外在的守则和规范。专门的行业自律机构则是一种外在的约束力，但与法律和行政监管不同的是，这种约束力来源于行业内部，它的形成和建立是以行业成员的共同认识为基础。自律公约的达成是参与主体对自我行为的承诺，也是对自律机制的认可，以此为基础制定的行为规范对群体成员和新进入者都具有指导和约束意义。自律机构的运转和自律体系作用的发挥、维系有赖于全体成员的共同维护。

最后，行政部门需要适度放权。发挥传媒业自律体系的功能和作用不仅需要建立机构、形成公约，更需要实现行业内的监督和管理。这就要求自律机构和体系应该具备一定的指导、调查、执行和协调的权力和能力。目前，与传媒业相关的上述权力都由政府的行政主管部门执行。例如，我国网络媒体就曾经多次尝试建立自律机制，2006 年，北京网络媒体协会各成员网站共同推出了《北京网络媒体自律公约》；2009 年，七家搜索引擎服务商在充分讨论后，共同签署了《搜索引擎服务商自律公约》。但是，这些组织对违反公约的成员却没有任何处置权，公约的效力实现只能依靠自我约束，难以得到保障。因此，一个健康而有效的自律体系离不开相应的法律和行政法规，只有获得一定的授权，自律机制才能具有约束力，才能发挥功能。

第二节 政策选择：中国媒介发展的行动指引

一、既有政策的延续与完善

英国学者 H. K. 科尔巴奇在他撰写的一本名为《政策》的小册子中开篇道："政策是一种观念，贯穿于我们筹划生活的所有方法之中：应用于公共生活的广泛参与之中——公共官员、当选议员、政治活动者、专家、记者和其他一些人——应用于他们尝试着塑造一种组织公共生活的方法之中。"① 可见，政策是一个带有指引性和塑造性的概念。

从世界各国媒介发展、改革的过程来看，"政策"通常是一种观念和关注的体现，不同时期、不同决策者的政策取向、政策决策和政策执行都会对媒介制度、市场、公共服务等各个层面的组织形式、实践方向等产生不容忽视的重大影响。历史上，英国首相撒切尔夫人和美国总统克林顿都曾公开表示自己是新自由主义思想的拥护者。在他们执政期

---

① ［英］H. K. 科尔巴奇：《政策》，张毅、韩志明译，吉林人民出版社 2005 年版，第 1 页。

间，"自由化、私有化、商业化和放松管制"成为英、美两国政治经济政策的核心特征。受此影响，英国政府先后制定并发布白皮书《90年代的广电业：竞争、选择和质量》《1990年广播电视法》，开启了英国媒介市场化改革；1996年2月，美国总统克林顿签署《1996年电信法》，促进竞争和减少管制是新法最大的特征，美国传媒业兼并收购的浪潮随之兴起。在中国，1978年中国共产党十一届三中全会拉开社会主义改革开放的序幕，由此开始实行的经济改革政策、对外开放政策推动了一场全国性的社会政治经济改革，并使中国的经济连续三十多年保持高速增长。

我国媒介制度的变迁、媒介市场和传媒产业的成长亦发生于这一整体性政策框架之内：从1978年媒介经营性行为获得许可，到1996年文化体制改革的重要性得到明确强调，再到2003年文化体制改革正式启动；从1996年报业集团组建方式提出，到2005年非公资本获许有限进入新闻出版领域，再到2011年传播体系建设工程被列为"十二五"文化事业重点工程，宏观和微观的媒介政策作为中国媒介发展的指挥棒，一直为媒介的理论和实践提供着方向指引和原则指导。目前，我国的媒介政策大致可分为以下几个层面。

一是战略部署，例如，国民经济和社会发展的五年规划纲要、《文化产业振兴规划》（2009）、《"十二五"时期文化改革发展规划纲要》（2012）等。

二是指导意见，例如，《中共中央关于加强社会主义精神文明建设若重要问题的决议》（1996）、《关于深化文化体制改革的若干意见》（2006）、《中共中央关于深化文化体制改革、推动社会主义文化大发展大繁荣若干重大问题的决定》（2011）等。

三是步骤措施，例如，《关于深化新闻出版广播影视业改革的若干意见》（2001）、《关于进一步加强电视上星综合频道节目管理的意见》（2011）、《文化部"十二五"时期文化产业倍增计划》（2012）、《关于加快出版传媒集团改革发展的指导意见》（2012）等。

从这个政策结构来看，我国的媒介政策具有阶段性和工具性特征，通常是在一定时期内、针对特定目标制定，并依赖政府的科层制权威体系以自上而下的方式得以实施。在媒介融合的环境下，我国媒介发展仍然需要不同类型的政策作为指引和支撑。

一方面，政策选择需要保障政策导向的延续性。由于我国传媒业的特殊属性和特殊定位，在媒介改革的过程中政策回缩现象时有发生。例如，2003年，新闻出版总署发布《关于新闻出版业集团化建设的若干意见》，提出积极支持试点单位进行跨媒体的兼并重组，打造跨媒体、跨地域的传媒集团；2005年12月，在中宣部举行的"全国省级媒体总编辑会议"上，有关负责人提出，为贯彻落实中央《进一步加强和改进舆论监督工作的意见》，准备开始对跨地区办报现象进行清理整顿，以更好地落实媒体属地化管理原则。2003年，国家广电总局发布《关于促进广播影视产业发展的意见》，提出以资产和业务为纽带，推进广播电视经营性资源的区域整合和跨地区经营，对经营性资源进行多种媒体的多重开发和利用。2011年初国家广电总局再次明确，电台电视台作为党的重要新闻媒体和宣传思想文化阵地，必须坚持事业体制，坚持喉舌和公益性质，坚持以宣传为中心。改革中，不允许搞跨地区整合，不允许搞整体上市，不允许按频道频率分类搞宣传经营两分开，不允许搞频道频率公司化、企业化经营。2006年10月，新闻出版总署报刊司司长余昌祥表示，就新闻出版业而言，关于文化体制改革的最初提法是"新闻出版体制改革"，经过两年多试点，到今年召开深化文化体制改革会议，该提法变为"出版发行体制改革"。①

"政策"是一个连续的过程，包括政策主张的提出、政策方案的制定、行动路线的选择、行业实践的反馈等环节，还需要通过科层制的政策制定和实施机制逐步细化。政策从形成到实施需要一个过程，政策延续性的缺乏将使行业实践陷入十分被动的局面。例如，2011年10月，广电总局下发《关于进一步加强广播电视广告播出管理的通知》，要求非黄金时间电视剧每集（以45分钟计）中可以插播2次商业广告，每次时长不得超过1分30秒；黄金时间（19：00—21：00）电视剧每集中可以插播1次商业广告，时长不得超过1分钟；插播广告时，应当对广告时长进行提示。片头片尾广告、贴片广告等广告形式被禁止。仅一个月后，广电总局下发《〈广播电视广告播出管理办法〉的补充规定》，正式取消电视剧插播广告，并将2012年1月列为"禁止电视剧插播广告专项监管月"。而此

---

① 2006年中国传媒业大事记，http：//www.china.com.cn/city/zhuanti/07chuanmei/2007 - 12/19/content_ 9403539. htm。

时，中央电视台和多家省级卫视已经完成 2012 年黄金广告资源的招标工作，仅中央电视台、安徽卫视、浙江卫视、湖南卫视、江苏卫视的电视剧中插播广告资源中标金额就达到 30.5 亿元，其中安徽卫视电视剧中插播广告占招标总额的比重高达 88%。

在媒介融合的背景下，无论是技术的开发应用、新业务的开展、行业投资还是公共服务的提供，所涉及的主体类型和行业领域都更加复杂。因此，需要相关的媒介政策为企业和公众提供明确的政策目标和发展路线，使得政策的发展方向是可预期的，这是维持政策体系稳定性和统一性、降低媒介发展政策风险的有效途径。政策的延续性不仅是保障一个部门一个时期内先后出台政策的统一性的基础，还是保障由不同政府部门和各级行政机关制定的实施措施的协调性的方式。

另一方面，对既有政策进行及时的完善和补充也十分重要。我国的信息技术创新、媒介融合以及媒介体制改革实践正使传媒业成为一个快速变化、高速发展的行业，行业政策需要不断补充和完善才能在不同阶段和不同情况下更好地发挥指导和塑造的功能。例如，三网融合是我国媒介融合的重点，也是媒介体制改革的难点。1998 年，"三网融合"的概念首次在国内提出。1999 年，国务院办公厅转发信息产业部、国家广电总局《关于加强广播电视有线网络建设管理的意见》通过"专网专用"的规定划定了广电和电信部门的管理范围，在避免广电与电信企业竞争、冲突的同时也否定了广电与电信跨业经营的可能，三网融合随即搁置。三网融合被连续列入国家"九五""十五"和"十一五"发展规划，其中"十一五"规划中对"在 5 年内推进三网从技术方面整合基础设施资源"做了明确具体的安排。2010 年 1 月 13 日，国务院常务会议明确提出，鼓励广电和电信业务双向进入试点，混业经营终于获得政策许可。2011 年 12 月 31 日，国务院发布第二阶段试点地区（城市）名单的通知，42 个地区（城市）入围，三网融合试点已基本涵盖全国。2013 年，三网融合由试点阶段步入全面推广阶段。IPTV、OTTTV 等新媒体业务高速发展。2014 年，中国广播电视网络有限公司正式成立。然而，相对于三网融合的真正实现而言，这些突破只是开始，全国有线电视网络如何实现互联互通、融合性新业务的管辖权限如何归属、政府部门之间以及中央与地方之间的利益如何协调、对相关媒介机构的税收和财政支持政策如何落实，等等，这些问题都有待相关政策的进一步明确。

二、回应变革的政策调整与创新

传媒业的发展历程表明，作为"看得见的手"的国家政策一直是媒介发展的主导力量，来自政策层面的信息无论是鼓励还是约束都会对行业发展产生巨大的影响，因此政策的调整与创新一直都是各利益主体关注的焦点。信息技术的发展正在将我们带入新的媒介时代，"媒介融合"是过程也是结果。作为过程，"媒介融合"所指涉的是不同类型媒体所发生的信息格式、终端形态、生产流程、运作方式的融合重构；作为结果，"媒介融合"所指涉的是全新的媒介内涵和发展理念。这一系列变化的发生也就意味着新问题、新现象的不断涌现，媒介政策需要依据行业的发展进行动态的调整与创新。

一是政策重心兼顾"机构"和"个人"。在媒介融合的过程中，我国媒介政策关注的重心一直集中在"专业机构"：一是对传统媒介机构的数字化转型进行引导与促进，二是对新媒体企业进行规范与扶持。例如，1999年10月16日，中央发出了关于网络新闻宣传工作的第一个指导性文件《中央宣传部、中央对外宣传办公室关于加强国际互联网络新闻宣传工作的意见》。文件指出，要把中央主要新闻宣传单位作为网站建设重点，经过努力尽快办成全球性的名牌网站；各省、自治区、直辖市和计划单列市应集中力量建立一两个重点新闻宣传网站；新闻媒体网站要把握正确的舆论导向，努力提高互联网新闻宣传的针对性、时效性和艺术性；要进一步完善互联网新闻宣传的规范管理等。2006年，国家"十一五"时期文化发展规划纲要实施，其中第四部分"新闻事业"的内容包括推进新闻媒体建设、加大对重点新闻媒体的扶持力度、办好新闻网站、发展新兴传播载体等。

经过十余年的发展，我国信息基础设施的建设和数字化媒介的发展已经取得长足的进步。但是，提高公民的信息能力和媒介素养一直没有被纳入政策规划，也没有专门的政策文件对这些问题给予关注。事实上，随着媒介融合带来的媒介系统与社会政治经济系统的相互嵌入程度不断加深，媒介使用能力已经成为与个人社交、消费、医疗等日常生活密切相关的基本能力，公民对新媒体使用的技能和意识也关系政府社会管理的效率和国家信息竞争力的水平。

以互联网为例，随着我国政府信息化建设的推进，政府在进行信息发布时更加注重对互联网的应用。政府网站已经成为政府信息公开、公示的主要手段，"政务微博"也在2011年掀起高潮。但是，2012年1月，CNNIC发布的《第29次中国互联网络发展状况调查统计报告》显示，中国网民规模为5.13亿，普及率为38.3%。这也就意味着，通过互联网进行信息公开和公示的信息发布途径对我国超过60%的公民形成了一种事实上的"信息歧视"。CNNIC的报告同时显示，2011年有57.8%的农村非网民、45.7%的城镇非网民表示"不懂电脑/网络"是其不上网的原因。而从长远来看，将互联网作为政府信息发布的主要渠道和与企业、公民沟通的平台是政务改革的大势所趋，因此，我国在大力推进信息社会基础设施建设和技术开发的同时，提高公民对新媒体的认知、培养公民新媒体的使用技能和使用意识也是促进媒介发展和国家信息化建设的重要手段。

二是政策设计关注技术性特征。以信息技术为基础的媒介融合，使媒介形态和传播模式都发生了颠覆性的改变。新的媒介时代，信息与服务紧密关联，虚拟与现实实时互动，媒介不再有约定的呈现方式和消费环境，而是成为一种多主体的信息生产、网络化的传播互动、多平台的信息传输、多任务的同步实施、多终端的个性化呈现的新业态。因此，信息时代的媒介政策设计需要充分关注新的技术环境下的运作规律和发展逻辑。

以公共媒介服务政策为例。随着传媒体制改革的深化和媒介融合的展开，媒介机构和媒介系统的属性和特征都发生了变化。在大众媒介环境下，广播、电视、报纸的传媒产品通常是以低廉的价格或是以免费的方式提供给受众的，竞争性和排他性都较低，呈现公共物品的特征。这一时期，政府或政府主导下的国有媒介机构是产品与服务唯一合法的生产机构和单一的提供者。然而，随着信息技术的应用，有线电视系统降低了电视节目收费的难度，提高了电视内容的排他性；手机报、RSS技术等使个性化、专门化的信息定制成为可能，而定制化信息的竞争性和排他性都更加明显。随着部分媒介机构的"转企改制"，原本承担公共性媒介服务的媒介机构的成员结构发生了改变；大批具有现代企业特征的新媒体企业以及个人和非正式组织被赋予信息传播的主导权，同时在一定程度上发挥着公共服务的功能。

"微博"这个由互联网企业开发并运营的新的媒介应用形式，推出以来已经成为我国公众表达意见、政府了解民意的重要平台。而在微博信息真假混杂的情况下，一大批企业、非营利性组织和网民主动发起的辟谣活动，如新浪微博上由北京果壳互动科技传媒有限公司开设的微博账号"谣言粉碎机"、网民自发组织的微博账号"辟谣联盟"等，对净化微博信息空间起到了重要作用。

此外，公众的公共媒介服务需求也发生了变化，人们不仅要求公共媒介提供的信息丰富、公正、可信，还希望公共媒介的服务能够更容易地通过各种终端和渠道获得。因此，公共媒介政策不仅需要关注如何促进仍然保留事业属性的媒介机构更好地适应新的传播环境和公众需求，而且需要关注如何进一步鼓励和规范各类传播主体发挥公共服务的功能。

三、与改革进程匹配的经济政策和社会政策

无论信息技术如何进步、新媒体发展如何迅速，我国社会的整体改革设计依然是主导媒介政策最为重要的宏观框架。不同时期的媒介政策目标以及目标实现的先后顺序都必然因社会政治经济环境的变化而不断调整。

改革开放以来，我国在经济、文化和社会发展等方面都取得了巨大成就，尤其是在社会主义市场经济建设的过程中所呈现的持续高速增长已经造就了世界公认的"中国模式"但与此同时许多"中国式"的问题也逐渐凸显。当代中国正经历一个重要而深刻的制度变迁和社会转型，其基本内容集中表现为从计划经济向市场经济的转变。这是一个极其复杂的过程。它不是原有制度结构中某些安排的局部改变，而是整个制度结构的全面改造；也不是只对现行制度规则的运行过程做边际上的微调，而是全部经济秩序和经济活动的重塑与再造。[①] 这也成为中国传媒改革发展的前提和背景。传媒是纳入改革范畴的诸多领域和行业之一，服从于国家发展的整体战略设计。

在信息技术的推动下，媒介的传播范围和传播速度大幅提高，媒介系统在政治、经济和社会发展方面的外部性特征也更加突出。因此，政府在进行媒介政策选择时也常常会着眼于促使媒介发展与社会改革进程的节奏

---

① 参见张曙光《中国转型中的制度结构与变迁》，经济科学出版社 2005 年版，第 203 页。

和需求相匹配，即在国家发展的大博弈关系中进行策略选择。从媒介自身发展来看，只有其融合发展的节奏与国家社会经济发展的节奏相一致，整个媒介系统发展的平衡和可持续性才能实现。因此，与改革进程相匹配的经济政策和社会政策是引导媒介系统与社会系统协调发展的必要内容。

媒介发展中经济政策的设计取决于国家和政府对传媒业经济功能和产业价值的判断，涉及媒介生产力和生产关系的调整。传媒业具有低能耗、高附加值、知识密集和劳动密集的特点。在全球化和国家产业结构调整的背景下，国家对传媒产业经济功能的期待包括两个方面：一是作为文化产业的核心构成传媒产业的规模和竞争力不断扩大，二是作为媒介融合和产业融合的核心领域传媒产业对其他行业发挥辐射作用。目前我国传媒业实际上仍然处于分散弱小的状态，三网融合、媒介融合也在政府的协调和主导下缓慢推进，行业发展亟须资本注入和政策松绑。因此，当前媒介经济目标的实现至少需要两个方面的政策支持。

一是有效竞争促进政策。该政策的目标是促进传媒产业市场的有效竞争，保护市场公平竞争关系。首先是市场结构调控政策，即通过降低市场进入壁垒、拆分垄断企业、建立产业开发区等方式调节市场结构、限制垄断、鼓励竞争。20世纪90年代以来，国家对电信业先后进行的四次重大业务调整就属于此类政策。2010年初，国务院出台三网融合推进措施，鼓励广电和电信业务双向进入试点，同时采取"非对称进入"的策略对产业力量相对较弱的广电业给予一定的扶持和保护，其重要意义就在于培植竞争性市场，防止市场力量"一边倒"的局面发生。其次是市场行为调控政策，包括建立信用体系和有效的监察体系，保证相关制度和法律体系的执行，防止发生恶性竞争、商业贿赂、欺诈等不道德的市场行为，保障市场的公平与效率。其中，迅速变化和不断开放的传媒市场迫切需要建立信用体系及相应的维护手段。信用是一种无形资产，是市场活动的重要资源。传媒产业是与信用高度相关的产业，媒体的公信力、信息的可信度是传媒产品的核心价值，是产业发展的基础和根本。但是，我国传媒产业的信用评价机制、行业自律体系却是缺失的，传媒制度对媒介信用的约束软弱无力，对有偿新闻、虚假信息、色情信息等更多是在问题出现后通过"办法""意见"等行政手段进行处理。同时，极低的违约成本又使这些行政手段并不能从根本上杜绝上述现象的发生。从而使对传媒市场行为的调控存在高成本、滞后性、短时性和局限性等问题。在缺乏信用体系的环境中，事先"逆向选择"和事后"道德风险"规避将变得可能，非正当竞争更加普遍。在此情况下，传媒市场的发展将持续透支国家的信用，最终会将市场主体的违约成本转嫁给国家和国民。

二是幼稚产业保护政策。该政策的目标是培育传媒产业的核心竞争力，维护国家经济安全与文化安全。首先是产业竞争力培育政策。主要是通过财政政策、金融政策、产业组织政策等手段对传媒产业进行规范、引导和扶持。例如，对传媒产业采取税额扣除、低息贷款、财政拨款及相关行政管理等方式提供政策支持；为传媒产业发生设置"特区"，给予项目审批、外贸出口、招商引资等经济管理的自主权，鼓励创新，推动传媒产业规模的扩大和集群化发展。其次是国际贸易中的保护政策。国际贸易中的政策保护是以遵守 WTO 基本原则和协议为前提的，主要包括关税保护政策、非关税保护政策和相机保护政策。

媒介发展中的社会政策则取决于国家和政府对媒介社会功能和社会价值的判断，所涉及的是媒介系统的社会角色定位和职责安排。媒介融合使媒介传播具有了双向互动的网络化传播特征，这使得媒介在提供意见表达空间，以及发挥社会瞭望、社会交往、危机预警等社会功能方面具备了更多的优势和能力。例如，2011 年 8 月伦敦暴乱发生后，社交媒体上大量由用户上传的照片也成为警方证据的重要来源。但是，媒介融合同时带来了潜在的社会风险，例如社交媒体在伦敦暴乱的发生过程中也扮演了重要角色。因此，对处于社会转型的矛盾凸显期的中国而言，国家和政府对媒介社会功能的关注集中在两个方面：一是发挥媒介的公共服务功能，为公众提供参与社会管理和社会决策的渠道，从而使其在一定程度上成为缓冲社会矛盾的"减压阀"；二是对媒介发展可能带来的潜在风险进行预估和预防，引导各级政府部门、社会公众和组织合理使用媒介，理性面对新的媒介环境，防止出现新的社会焦虑和不安定因素。这就需要两个方面的社会性政策。

其一，促进公共性媒介建设的相关政策。首先需要确立公共媒介服务的"量"和"质"的标准。公共物品属性的传媒产品具有非排他性和消费上的非竞争性，需求弹性为零，无法通过市场机制确定最佳供给的数量和质量。因此，公共物品的"量"和"质"的标准职能依靠政府提供。量化标准包括公共性媒体报纸的数量、版面、出版周期，视听内容的形式、种类、产量，网站信息的更新速度、信息量等。质化标准则涵盖的范围较广、设计的难度也较大，但信息的客观、真实、准确、及时、健康和尽可能全面是公共性传媒产品基本的质量标准。同时，还应有公共媒介服务提供的激励政策。生产者是保证公共物品供给的行为主体。政府主导公共物品的供给，但政府并不具备公共产品的生产能力。公共物品属性的传媒产品仍然需要通过传媒机构提供。按照"公益性事业"和"经营性产业"两分开的传媒体制改革思路，我国将形成以事业性传媒机构为主体、以经营性传媒机构为补充的公共物品属性传媒产品的生产者结构。因此，需要针对不同类型和属性的生产者制定相应的激励机制，提高公共物品的供给效率，保障公共产品"量"和"质"的标准的实施和执行。

其二，对媒介发展可能带来的风险进行预防的相关政策。媒介技术是中立的，新的媒介技术所带来的潜在社会风险的根源在于国家改革发展中长期积累的结构性问题。例如在网络媒体上"食品安全""强拆""富二代""官二代"等相关事件特别容易引发"围观"，这些信息背后反映的是我国社会中普遍存在的贫富分化、特权阶层等问题。而在微博、博客等新媒体上，负面信息又更容易受到人们的关注，从而造成负面信息被片面放大的现象。因此对媒介风险的防范首先应对目前我国普遍存在的社会问题和社会矛盾给予充分的了解和审视，以此为基础制定相应的政策，并将对公民媒介应用技能的培训作为社会建设的重要内容来进行。例如，可以由政府制作提高媒介应用能力的宣传品，在公共场所发放，或在社区、学校等场所举办与媒介应用相关的课程或活动，告知人们正确使用媒介的方法，培养人们理解、分析和判断媒介信息的能力。

第三节　中国媒介融合制度安排和政策选择的实现路径

一、媒介治理思路的调整与政府角色的转变

中国的媒介融合并非一个孤立的过程，从宏观的角度来看，与之相伴随的是国家的社会经济改革和世界政治经济局势的变换；从中国媒介自身

来看，与之相伴随的是市场化、集团化、数字化、资本化等一系列创新性的发展。媒介系统因多样化的内生和外生变量而发生了内部结构的重组，同时也因更加广泛的社会互动而对传统媒介时代媒介制度所建构的系统网络和关联方式形成冲击。在我们尝试以各种制度或规则来对媒介发展的形态和方向予以修正或约束的同时，媒介系统自身的变化也在形塑着与之相关的关系和制度，这就要求对媒介治理的核心与逻辑进行相应的调整。不管是在全球还是一个国家范围内，无论是合理媒介体系的建构还是有效治理模式的设计，都需要以国家媒介治理思路的调整和政府角色的转变为基础。

大众媒介传播时代的媒介治理是政府集权下以媒介所有权为中心展开的。无论是欧洲的媒介私有化改革还是美国的放松管制政策的出台，均与当时政府和领导人的执政理念密切相关，政策的核心也都集中于对媒介所有权制度的调整。这一治理思路形成于稀缺的媒介资源和单向、线性的传播模式的条件下。然而，媒介融合带来的一个明显变化是，信息化的媒介资源、网络化的传播方式以及社会化的信息生产都使得媒介资源的稀缺性大幅降低，信息生产和传播的主动权更加分散，这也就意味着大众媒介时代以"产权"为核心的媒介治理和控制措施的有效性大大降低。

当前，信息技术仍然处于高速发展、不断创新的过程中，不断升级的硬件和软件不断实现着多样化的信息生产和传播体验，同时也持续构建着一个通过公众力量的积聚实现与权威力量对抗和竞争的话语空间。海选类娱乐节目经常采用的"短信投票"或"在线投票"决定选手去留的方式便是权力结构发生转变的直接体现。从更大范围来看，互联网的开放性使全体网民都有机会直接参与对政治事件的讨论、投票和表态。"电子投票""电子市政会议"问世以来，越来越多的人认为"全民投票""直接民主"时代的到来是值得期待的，这一趋势无疑形成了对政治权力架构中"代议制民主"的巨大挑战。正如吉登斯所言，这种"媒介化"环境使得政府越来越难以依赖旧的权力形式。它削弱了依靠传统符号和绝对尊重进行统治的政府的合法性。在这种情况下，独裁政府变得与其他的生活经历不合拍。比如，它缺乏应对全球电子竞技竞争所需要的灵活性和魄力。①

事实上，许多媒介治理中出现的问题是源于新技术使媒介与社会结

---

① ［英］安东尼·吉登斯：《社会学》（第四版），赵旭东等译，北京大学出版社2003年版，第408页。

构的嵌入程度持续加深。从某种程度上来说，媒介问题也就是社会问题。例如，网络媒体在住房、医疗、腐败、教育等与社会公平相关的问题上尤其具有"放大器"的效应。同时，媒介还成为一些社会风险的发动工具，2011 年突尼斯、埃及等中东国家出现了政局动荡，其中网络社交媒体扮演了重要角色。另一个值得关注的现象是，媒介融合在为公众提供相对开放和公平的表达和传播平台的同时又在造就着新的不公平问题，集中表现为多领域的"数字鸿沟"。例如，基础设施建设水平的差异使不同地区居民的资源使用机会和信息获取机会出现了不平等；教育水平和媒介技能的差异使不同社会背景的人群信息利用存在不公平，也制约了他们意见表达的充分程度和被关注的程度。因此，媒介治理问题不是单纯的舆论宣传问题或经济问题，而是社会治理的问题，应该回到我国社会发展与结构变迁的现实中去寻找治理的思路。

正处于转型期的中国社会兼具半封闭的、农业的、乡村的传统社会和开放的、工业的、城镇化的现代社会的特征，社会结构断裂、社会群体分化的现象十分明显。媒介融合与应用作为信息化建设的重要内容，其治理目标不仅是实现媒介系统自身运作方式的信息化，更重要的是使处于不同社会结构、生活状态、价值取向的社会群体的媒介应用水平达到在信息化社会中生存所需要的基准，使媒介系统在不同社会群体之间发挥协调、沟通和整合的功能。从目前的实践来看，媒介系统规模的扩大、传播主体和媒介形态的多元化已经使以政府为单一主体的治理方式在应对上述问题时显得十分乏力，依赖行政权威自上而下的管理方式不仅难以促进媒介发展的平衡、可持续，反而常常使治理者陷入被动。面对日益开放的传播系统，我们也需要采用更加开放的治理思路。多元主体参与的双向合作治理将是适合多元化社会发展现状和权力不断分散的媒介发展趋势的媒介治理思路。这一思路即将媒介治理由单一政府主体扩展为以政府为主体的，企业、社区、社会组织和公民共同参与的"共同体"，从而实现各类主体在信息、资源和治理能力等方面的互补。

这一治理思路的贯彻和实现最为核心的问题则是要求政府角色由全能型政府向有限且有效的政府转变。在我国既有的媒介治理结构中，政府不仅是媒介的监督者、管理者，同时也是媒介发展的主导者、媒介市场的参与者。随着媒介系统的结构性变化，一方面政府的多重角色形成了复杂的监管体系并导致部门间的利益竞争，制约了媒介的发展；另一方面政府与市场边界的模糊同时酝酿着市场失灵和政府失灵的双重风险。因此，在更加开放的媒介环境和治理思路下，政府应从一些领域逐步退出，将经济性的协调工作交给市场，将部分社会性的协调工作交给行业、公众和社会组织。这样，政府才能更好地将关注点集中于最为核心的、涉及面广泛的重大事务的协调和管理，例如行业法律的制定、国民媒介素养的提升等。

二、自发形成与理性选择相结合

制度是一个社会的博弈规则。制度一旦确立，依附于博弈规则形成的多元利益主体及其联系网络便成为制度稳定性的来源。当制度发生调整和变迁时，制度本身的稳定性和利益主体间的冲突、竞争使制度变迁产生成本。为了更好地降低和控制制度变迁的成本，1978 年以来的中国改革，摈弃了东欧和俄罗斯改革所采用的那种大规模的私有化和市场化的方式，而选择了渐进式的制度变迁和社会改革。边缘突破和增量改革也就成为我国媒介发展和媒介制度变迁的常态。这种在原有的制度框架和媒介组织结构体系内的调整，较好地保持了制度设计和制度创新的连续性，以及改革过程的可控性和稳定性，而"局部试点"也常常成为对理性选择的新制度进行效果检验和风险评估的必要过程。渐进式改革的另一个特征是，它并没有为未来的媒介制度和媒介结构设计一个理想的模式，也没有预先制定改革的步骤与进程。这就使得我国媒介运行长期处于混合型体制之下，利益主体对改革的未来收益预期不稳定，从长期来看，媒介系统的效率损失难以避免。特别是"产权"这一媒介制度的核心问题，在很长一段时间内一直处于悬而未议或议而未决的状态，媒介制度改革也在"媒介市场化可能带来的经济收益"和"媒介失控可能造成的巨大社会成本"的两难问题前徘徊。

媒介融合现象的发生为我国媒介制度的改革和设计提供了新的思路和空间。新的技术为媒介系统在传统的频道、频率、刊号等媒介资源以外提供了全新的资源体系，并在技术逻辑的基础上形成了最初的资源分配方式。这些资源并没有被纳入既有的媒介制度体系，其分配方式和获取方式首先以非正式制度的形式呈现，但对正式制度形成了影响。

首先，作为各类媒介融合的非专用性平台，互联网平台的控制权本身就是分散的，这使得政府进行制度选择的出发点也就有别于传统媒体。例如，IP 地址是网络媒体的基础资源，但其控制权并不由各国政府掌握，而是通过域名服务器提供，这些服务器分布于世界各地。1997 年，中国互联网络中心（CNNIC）成立，但它只限于负责运行和管理国家顶级域名 .cn、中文域名系统。由于与传统媒体相比，域名资源的稀缺性很低，20 世纪 90 年代互联网域名登记时普遍使用的是"先到先得原则"。这一原则为组织或个人提供了一个极为宽松的进入环境，同时也影响了相关制度的制定。2004 年《中国互联网络域名管理办法》正式出台，其中确定了我国域名注册服务遵循"先申请先注册"的原则，并没有对域名申请主体提出明确的资格限制。

其次，媒介融合为合理媒介结构的建设提供了可供尝试的途径。在网络域名的体系中，可以通过三级域名结构（顶级域名 + 类别域名 + 用户域名），明确区分并标示申请机构的性质。以 .cn 顶级域名为例，类别域名包括 9 种：ac 适用于科研机构，如 cnic.ac.cn；com 适用于工、商、金融等企业，如 icbc.com.cn；edu 适用于中国的教育机构，如 pku.edu.cn；gov 适用于中国的政府机构，如 miit.gov.cn；mil 适用于中国的国防机构，如 www.mil.cn；net 适用于提供互联网络服务的机构，如 cnnic.net.cn；org 适用于非营利性的组织，如 redcross.org.cn；"政务"适用于党政群机关、政务部门等；"公益"适用于非营利性单位。[①] 因此，在传统媒体与互联网对接的过程中，可以通过网络域名的分类明确其媒介属性和功能，这也为建立不同类型的媒体以及相应的管理体制提供了方便。

最后，媒介融合使更多的政策工具可被应用于媒介领域。在传统媒介时代，由于媒介资源的国有属性和媒介机构的混合型体制，许多政策工具的应用都受到了限制。面对媒介发展中出现的外部性问题，通常采用的都是由政府这一单一主体实施的自上而下的直接干预和管制。随着媒介融合的推进，媒介系统的生产方式、价值链结构都随之发生改变，对媒介运作中的每一个环节都可以采用不同的方式分类管理，如征税、补贴、产权重组等政策工具可以更加方便地应用于媒介领域。同时，媒介融合也为政府介入的顺序、环节和方式提供了更多选择。

---

① 《CN 域名注册常见问题及解答》，http：//www.cnnic.net.cn/jczyfw/cnym/cn01_ ymzc/201102/t20110215_ 20334. html，2012 年 4 月 10 日。

参考文献

1. ［美］安东尼·吉登斯：《社会的构成：结构化理论大纲》，李康、李猛译，上海三联书店1998年版。

2. ［美］B. 盖伊·彼得斯：《政治科学中的制度理论："新制度主义"》，王向明、段红伟译，上海世纪出版集团2010年版。

3. ［美］戴维·莫谢拉：《权力的浪潮——全球信息技术的发展与前景》，高铦等译，社会科学文献出版社2002年版。

4. ［美］丹尼斯·麦奎尔：《麦奎尔大众传播理论》，崔保国、李琨译，清华大学出版社2006年版。

5. ［美］丹尼尔·W. 布罗姆利：《经济利益与经济制度》，陈郁等译，上海三联书店2006年版。

6. ［美］道格拉斯·C. 诺思：《制度、制度变迁与经济绩效》，杭行译，上海三联书店2008年版。

7. ［美］德博拉·斯通：《政策悖论：政治决策中的艺术》，顾建光译，中国人民大学出版社2006年版。

8. ［美］E. 博登海默：《法理学：法律哲学与法律方法》，邓正来译，中国政法大学出版社2004年版。

9. ［美］H. 培顿·扬：《个人策略与社会结构——制度演化理论》，王勇译，上海三联书店2004年版。

10. ［美］罗伯特·吉本斯：《博弈论基础》，高峰译，中国社会科学出版社1999年版。

11. ［美］罗杰·费德勒：《媒介形态变化——认识新媒介》，明安香译，华夏出版社2000年版。

12. ［美］罗伯特·基欧汉、约瑟夫·奈：《权力与相互依赖》（第三版），门洪华译，北京大学出版社 2002 年版。

13. ［美］罗伯特·基欧汉：《局部全球化世界中的自由主义、权力与治理》，洪华译，北京大学出版社 2004 年版。

14. ［美］R. 科斯、A. 阿尔钦、D. 诺斯等：《财产权利与制度变迁》，上海三联书店、上海人民出版社 2002 年版。

15. ［美］门罗·E. 普莱斯：《媒介与主权：全球信息革命及其对国家权力的挑战》，麻争旗等译，中国传媒大学出版社 2008 年版。

16. ［美］曼瑟·奥尔森：《权力与繁荣》，苏长和等译，上海世纪出版集团 2005 年版。

17. ［美］乔纳森·H. 特纳：《社会学理论的结构》，邱泽奇等译，华夏出版社 2001 年版。

18. ［美］R. 科斯等：《财产权利与制度变迁》，刘守英译，上海三联书店 1991 年版。

19. ［美］W. 兰斯·本奈特、罗伯特·M. 恩特曼主编：《媒介化政治：政治传播新论》，董关鹏译，清华大学出版社 2011 年版。

20. ［美］约拉姆·巴泽尔：《国家理论：经济权利、法律权利与国家范围》，钱勇等译，上海财经大学出版社 2006 年版。

21. ［美］詹姆斯·G. 马奇、约翰·P. 奥尔森：《重新发现制度》，张伟译，生活·读书·新知三联书店 2011 年版。

22. ［美］朱·弗登博格等：《博弈论》，黄涛等译，人民大学出版社 2002 年版。

23. ［英］安东尼·吉登斯：《社会学》（第四版），赵旭东等译，北京大学出版社 2003 年版。

24. ［英］安德鲁·查德威克：《互联网政治学：国家、公民与新传播技术》，任孟山译，华夏出版社 2010 年版。

25. ［英］布赖恩·特纳：《BLACKWELL 社会理论指南》，李康译，上海人民出版社 2003 年版。

26. ［英］H. K. 科尔巴奇：《政策》，张毅、韩志明译，吉林人民出版社 2005 年版。

27. ［英］詹姆斯·卡伦：《媒体与权力》，史安斌、董关鹏译，清华大学出版社 2006 年版。

28. ［加］哈罗德·伊尼斯：《传播的偏向》，何道宽译，中国人民大学出版社 2003 年版。

29. ［瑞典］汤姆·R.伯恩斯：《经济与社会变迁的结构化：行动者、制度与环境》，周长城等译，社会科学文献出版社 2010 年版。

30. ［日］青木昌彦：《比较制度分析》，周黎安译，上海远东出版社 2001 年版。

31. ［日］青木昌彦、安腾晴彦编：《模块化时代——新产业结构的本质》，上海远东出版社 2003 年版。

32. 陈力丹、付玉辉：《论电信业和传媒业的产业融合》，《现代传播》2006 年第 3 期。

33. 陈浩文：《媒介融合的分类》，《中华新闻报》2007 年 7 月 4 日。

34. 陈锡添：《东方风来满眼春——邓小平同志在深圳纪实》，《深圳特区报》1992 年 3 月 26 日。

35. 陈华：《互联网新闻信息服务领域执法实践十年回顾》，《北京社会科学》2011 年第 2 期。

36. 丁柏铨：《媒介融合：概念、动因及利弊》，《南京社会科学》2011 年第 11 期。

37. 顾芳译：《英国政府通信白皮书》，中国法制出版社 2002 年版。

38. 高钢、陈绚：《关于媒体融合的几点思索》，《国际新闻界》2006 年第 9 期。

39. 耿得科、张旭昆：《博弈论视角下制度的设计与演化》，《经济论坛》2011 年第 2 期。

40. 关梅：《媒介融合的现状及其应对》，《新闻爱好者》，2008 年第 3 期。

41. 胡正荣：《媒介寻租、产业整合与媒介资本化过程——对我国媒介制度变迁的分析》，《媒介研究》2004 年第 1 期。

42. 胡正荣、李煜：《社会透镜——新中国媒介变迁六十年》，清华大学出版社 2010 年版。

43. 胡正荣主编：《新媒体前沿 2011》，社会科学文献出版社 2012 年版。

44. 黄少安：《制度变迁主体角色转换假说及其对中国制度变革的解释》，《经济研究》1999 年第 1 期

45. 黄晓京：《默顿及其结构功能主义理论》，《外国社会科学》1982 年第 8 期。

46. 何晓群：《博弈论与现代市场经济》，《统计教育》1995 年 4 期。

47. 陆晔：《媒介素养的全球视野与中国语境》，http：//academic. mediachina. net/article. php·id＝5539，2012－3－30。

48. 季莉：《在两极权力中冲撞与协商——论媒介融合中的融合文化》，《现代传播》2009年第1期。

49. 靳涛：《经济体制转型中的演进与理性》，厦门大学出版社2005年版。

50. 林毅夫：《关于制度变迁的经济学理论：诱致性变迁与强制性变迁》，载于〔美〕R. 科斯等：《财产权利与制度变迁》，刘守英译，上海三联书店1991年版。

51. 林毅夫等：《中国的奇迹：发展战略与经济改革》（增订版），格致出版社、上海三联书店1999年版。

52. 林默彪：《社会转型与转型社会的基本特征》，《社会主义研究》2004年第6期。

53. 卢现祥：《寻找一种好制度》，华中科技大学出版社2010年版。

54. 卢现祥：《西方新制度经济学》，中国发展出版社2003年版。

55. 李娜：《欧美公共广播电视危机与变迁研究》，中国传媒大学出版社2009年版。

56. 李培林：《另一只看不见的手：社会结构转型》，社会科学文献出版社2005年版。

57. 刘燕南：《公共广播体制下的市场结构调整：韩国个案》，《现代传播》2003年第4、5期。

58. 刘险得：《新功能主义及其评判》，《云南行政学院学报》2008年第2期。

59. 刘婧一：《媒介融合的动力分析》，《东南传播》2007年第8期。

60. 刘毅：《媒介融合的传媒经济学理论阐释》，《现代视听》2008年第8期。

61. 孟建、赵元珂：《媒介融合——作为一种媒介社会发展理论的阐释》，《新闻传播》2007年第2期。

62. 马雪松、周云逸：《社会学制度主义的发生路径、内在逻辑及意义评析》，《南京师范大学学报》2011年第5期。

63. 任孟山、朱振明：《试论伊朗"Twitter革命"中社会媒体的政治传播功能》，《国际新闻界》，2009年第9期。

64. 潘忠岐：《新功能主义扩溢理论及其批判》，《上海交通大学学报》

（哲学社会科学版）2003 年第 5 期。

65. 彭兰：《中国网络媒体第一个十年》，清华大学出版社 2005 年版。

66. 孙立平：《断裂——20 世纪 90 年代以来的中国社会》，社会科学文献出版社 2003 年版。

67. 宋昭勋：《新闻传播学中 Convergence 一词溯源及其内涵》，《现代传播》2006 年第 1 期。

68. 童兵主编：《技术、制度与媒介变迁——中国传媒改革开放 30 年论集》，复旦大学出版社 2009 年版。

69. 吴敬琏：《当代中国经济改革》，上海远东出版社 2004 年版。

70. 谢识予：《经济博弈论》，复旦大学出版社 2002 年版。

71. 肖燕雄：《论应对媒介融合的法制管理原则》，《新闻界》2006 年第 6 期。

72. 肖赞军：《媒介融合背景下中国传媒经营体制改革研究》，《湖南商学院学报》2008 年第 6 期。

73. 许颖：《互动·整合·大融合——媒体融合的三个层次》，《国际新闻界》2006 年第 7 期。

74. 徐桂华、魏倩：《制度经济学三大流派的比较与评析》，《经济经纬》2004 年第 6 期。

75. 杨瑞龙：《论制度供给》，《经济研究》1993 年第 8 期。

76. 郁建兴：《全球化：一个批评性考察》，浙江大学出版社 2003 年版。

77. 姚洋：《制度与效率——与诺斯对话》，四川人民出版社 2002 年版。

78. 郑瑜：《媒介融合：新媒体时代的发展观》，《当代传播》2007 年第 3 期。

79. 张曙光：《中国转型中的制度结构与变迁》，经济科学出版社 2005 年版。

80. 赵月枝：《文化产业、市场逻辑和文化多样性》，《新闻大学》2006 年第 4 期。

81. 赵凌云、操玲姣：《中国传统发展方式的总体性危机及其转变》，《江汉论坛》2010 年第 4 期。

82. 朱春阳：《媒介融合规制研究的反思：中国面向与核心议题》，《国际新闻界》2009 年第 6 期。

83. 张凤杰：《网络实名制：让虚拟网络实起来？》，《出版发行研究》

2010 年第 1 期。

84. 昝廷全、金雪涛：《传媒产业融合——基于系统经济学的分析》，《中国传媒大学学报》（自然科学版）2007 年第 3 期。

85. Alexander Dyck，"The Corporate Governance Role of the Media：Evidence from Russia"，NBER Working Paper No. 12525，Issued in September 2006.

86. Anderson and J. Gans，What is different about media merger，Working Paper，University of Virginia，2006.

87. Andrew Nachison，Good Business or Good Journalism？Lessons from the Bleeding Edge，A Presentation to the World Editors' Forum，Hong Kong，2001 - 6 - 5.

88. A. W. Branscomb，"Jurisdictional Quandaries for Global Networks"，in L. M. Harasim，ed.，*Global Networks：Computers and International Communication*. Cambridge：The MIT Press，1993.

89. Barbara A. Cherry，"Back to the Future：How Transportation Deregulatory Policies Foreshadow Evolution of Communications Policies"，*The Information Society*，24，2008，pp. 273 - 291.

90. Bruce E. Drushel，Kathleen German，*The Ethics of Emerging Media：Information，Social Norms，and New Media Technology*，Continuum International Publishing Group，2011.

91. G. R. Blackma，"Convergence between Telecommunications and Other Media：How Should Regulation Adapt"，*Telecommunication Policy*，1998，22（3）.

92. Besen，Stan，"AM versus FM：The Battle of the Bands，Industrial and Corporate Change"，Farrell，Joseph，and Carl Shapiro，*Standard Setting in High Definition Television*，*Brookings Papers on Economic Activity 1992：Microeconomics*，Brookings Institution，1992，357 - 396.

93. Chris Marsden，Damian Tambini，"What's Wrong with Competition Policy in New Media？"*Info*，Vol. 7，Issue 5，2005.

94. Dong-Hee Shin，"Technology Convergence and Regulatory Challenge：A Case from Korean Digital Media Broadcasting"，*Info*，Vol. 7，Issue 3，2005.

95. Dwayne Winseck，"Netscapes of Power：Convergence，Consolidation and Power in the Canadian Mediascape"，*Media Culture Society*，Vol. 24，

No. 6, 2002.

96. Ekwo, "The Impact of Media Convergence on Africa's Democracy: A Nigerian Perspective", *Dissertation Abstracts International Section A: Humanities and Social Sciences*, Vol. 72 (3 - A), 2011.

97. Frederik Holst, "Challenging the Notion of Neutrality-Postcolonial Perspectives on Information and Communication Technologies", *Social Dynamics 2. 0: Researching Change in Times of Media Convergence*, Frank & Timme, 2011.

98. Gerry Stoker, "Governance as Theory: Five Propositions", *International Social Science Journal*, Vol. 50, Issue 155, March 1998, pp. 17 - 28.

99. Georgios Terzis, European Media Governance, http://www. intellectbooks. co. uk, 2011/10/10.

100. Gary Mersham, "Social Media and Public Information Management", *Media International*, Australia, 2010/11.

101. Jeanne Pia, Mifsud Bonnici, *Self-regulation in Cyberspace*, T. M. C. Asser Press, 2008.

102. Klaus Bruhn Jensen, *Media Convergence: The Three Degrees of Network, Mass, and Interpersonal Communication*, Routledge, 2010.

103. Haekett, Zhao Yuezhi, *Sustaining Democracy? Journalism and Polities of Objectivity*. Toronto: Garamond Press, 1998.

104. Henry Jenkins, *Convergence Culture: Where Old and New Media Collide*, NYU Press, 2008.

105. Matthew R. Auer, "The Policy Sciences of Social Media", *The Policy Studies Journal*, Vol. 39, No. 4, 2011.

106. Marcus Michaelsen, "Linking Up for Change: The Internet and Social Movements in Iran", *Social Dynamics 2. 0: Researching Change in Times of Media Convergence*, Frank & Timme, 2011.

107. M. Raboy, "WSIS as a Political Space in Global Media Governance", *Continuum Journal of Media & Cultural Studies*, 2004.

108. Manuel Puppis, "Media Governance: A New Concept for the Analysis of Media Policy and Regulation, Communication, Culture & Critique", *Special Issue: Media Governance: New Policies for Changing Media Landscape*,

Vol. 3, Issue 2, June 2010, pp. 134 - 149.

109. Media Literacy: Ability of Young People to Function in the Media Society, www. soumu. go. jp, 2011/5/19.

110. Pradip Thomas, Zaharom Nain, *Who Owns the Media?*: *Global Trends and Local Resistances*, New York: Distributed exclusively in the U. S. by Palgrave, 2004.

111. Peter Humphreys, "The Politics of Media Policy: How Political?" *Cultural Trends*, Vol. 18, No. 3, September 2009, pp. 263 - 272.

112. Peter T. Leeson, Christopher J. Coyne, "The Reformers' Dilemma: Media, Policy Ownership, and Reform", *European Journal of Law and Economics*, (2007) 23: 237 - 250.

113. Richard Edelman, "Public Relations Is the Navigator of the New Media Economy", *Journal of Communication Management*, Vol. 5, Issue 4, 2001.

114. Review of Media Ownership Rules, www. ofcom. org. uk, 2006.

115. Sherille Ismail, Transformative Choicese: A Review of 70 Years of FCC Decisions, www. fcc. gov, 2010.

116. Saul Berman, "Media and Entertainment 2010 Scenario: the Open Media Company of the Future", *Strategy & Leadership*, Vol. 32, Issue 4, 2004.

117. Schulz, Winfried, "Public-Service Broadcasting in the Federal Republic of Germany", in Jay G Blumler & T. J. Nossiter, ed., *Broadcasting Finance in Transition*, Oxford University Press, 1991, p. 266.

118. Sue E. S. Crawford, Elinor Ostrom, "A Grammar of Institutions", *American Political Science Review*, Vol. 89, No. 3, September 1995.

119. Thomas, Pradip, CRIS and Global Media Governance: Communication Rights and Social Change, http://eprints. qut. edu. au/3480/, 2011.

120. United Nations ICT Task Force, *Reforming Internet Governance*, United Nations Publications, 2005.

后　记

　　《媒介融合的制度安排与政策选择》是在本人博士后研究工作报告的基础上修改完成的。初稿完成于 2012 年 6 月，修订稿完成于 2014 年 7 月。仅仅相隔两年时间，研究所涉及的信息技术、媒介形态、媒介市场、媒介制度都有了不同程度的发展和变化，有的论点得以验证，有的则需要调整。在感叹媒介融合发展之快、影响之深的同时，也为能亲身经历和记录这一进程感到幸运。书稿即将付梓，未尽之言还有许多，但唯有"感谢"二字最能表达此时的心境。

　　感谢博士后导师胡正荣教授的指导和支持。本研究的选题源于胡先生主持的"211 工程"三期重点学科建设项目"中国经济社会改革与媒介发展研究——传播学前沿理论方向建设"。在研究推进过程中，先生的学术理念和观点为我开启了新的研究视野；先生在理论体系的选择、研究框架建构以及文稿修改等方面的指导使这一宏大而复杂的研究最终能够完成并基本实现目标。

　　感谢博士生、硕士生导师张金海教授多年对我严格的学术训练和所传授的勤奋谦逊的为学之道，这些成为我学术道路上用之不竭的财富。

　　感谢李彬教授、匡文波教授、刘昶教授、刘燕南教授、隋岩教授在论文评审和答辩过程中为文稿的完善提出的宝贵意见。

　　感谢在交流和讨论中让我获益匪浅的年轻学者们：李继东、唐晓芬、张磊、刘斌、付玉辉、张新华、柯妍、周婷、姬德强。

　　感谢社会科学文献出版社社会政法分社张建中编辑在书稿申报、评审、修订、出版过程中给予的耐心帮助和辛勤付出。

　　感谢我的父母从来不问理由的支持，感谢代亮的一路陪伴。

　　书稿出版之时家中新生命也将诞生，以此为记，迎接生活和研究的新篇章。

王润珏

2014 年 7 月于北京